focus

Grammaire
du français

Anne Akyüz
Bernadette Bazelle-Shahmaei
Joëlle Bonenfant
Marie-Françoise Orne-Gliemann

FRANÇAIS LANGUE ÉTRANGÈRE

À titre indicatif, voici le niveau CECRL du contenu des chapitres et des unités de grammaire qui vous aidera à définir les priorités à étudier pour développer vos compétences de communication.

Niveau CECRL	Chapitres et unités
B1	Chapitre 1 : Unités 1, 2, 6, 7 Chapitre 4 : Unités 15, 16, 17, 21 Chapitre 5 : Unités 23, 24, 27, 28, 30, 31, 33 Chapitre 6 : Unités 35, 37, 39, 41, 43, 50
B1/B2	Chapitre 1 : Unités 3, 4, 7 Chapitre 2 : Unités 8, 9, 10, 11, 12 Chapitre 3 : Unités 13, 14 Chapitre 4 : Unités 18, 19, 20, 22 Chapitre 5 : Unités 26, 29, 34 Chapitre 6 : Unités 36, 45, 47, 51
B2	Chapitre 1 : Unité 5 Chapitre 5 : Unités 25, 32 Chapitre 6 : Unités 38, 40, 42, 44, 46, 48, 49

Introduction à *Grammaire du français*

Bienvenue dans l'ouvrage *Grammaire du français* de la collection Focus qui a pour objectif d'expliquer simplement et clairement les règles fondamentales de la grammaire du français et permet de s'exercer grâce à des activités variées écrites, audio et numériques. Cette grammaire vise à amener les apprenants au niveau B1 et B2.

Grammaire du français est un ouvrage de référence et d'entraînement prévu pour une utilisation en classe ou en autonomie. Les points d'ordre pédagogique suivants ont orienté sa réalisation :

- Nous nous sommes calées avec rigueur sur les niveaux du CECRL B1 et B2 non seulement pour les points grammaticaux mais également pour le lexique. Il est effectivement impératif que le lexique utilisé dans les exercices ne soit pas un obstacle à la réussite du travail grammatical. Nous nous sommes fixé la contrainte de ne pas dépasser trois thèmes grammaticaux par unité ; chacun de ces thèmes correspond au niveau du point grammatical traité.

- En ce qui concerne l'organisation du livre, nous avons regroupé les points grammaticaux par chapitres « thématiques » (les temps de l'indicatif, la structure de la phrase…) par souci de facilité. L'ordre de ces chapitres correspond à une progression des besoins communicatifs d'un apprenant qui doit pouvoir produire un discours cohérent sur des sujets familiers, dans ses domaines d'intérêt et des thèmes sociétaux, qui doit également savoir raconter un événement, une expérience ou un rêve, décrire un espoir ou un but et exposer des raisons ou des explications pour un projet ou une idée. Le chapitre 1 est donc plus facile que le chapitre 6. De même, à l'intérieur d'un chapitre, les unités vont de la plus facile à la plus difficile. Ce qui nous amène à préciser que ce livre n'a pas été conçu pour être utilisé de façon linéaire mais de façon pragmatique selon les besoins. C'est dans ce souci pragmatique que nous avons indiqué le niveau des unités (page précédente) pour permettre aux apprenants ce travail en spirale qui va de la découverte à l'approfondissement.

- Nous avons tenu à donner une large place à l'oral dans ce livre consacré à la grammaire. En effet, trop souvent, les apprenants se concentrent sur les exercices écrits et ne reconnaissent pas ce qu'ils ont étudié lorsqu'ils écoutent des Français s'exprimer. Inutile de rappeler l'écart entre la phonie et la graphie en français. C'est pour cela que, dans les pages de gauche, la plupart des déclencheurs des unités sont enregistrés pour poser la langue en contexte, voire contextualiser la règle.

- Les annexes sont des outils à la fois informatifs de synthèse mais aussi méthodologiques.

Ce travail est le résultat d'années d'expérience et a été fait avec passion. Nous espérons qu'il vous plaira. Merci à tous ceux qui nous ont aidées à le réaliser !

Les autrices

Mode d'emploi

Une illustration pour présenter la notion grammaticale en situation

28 Le subjonctif présent

J'ai appelé le consulat. Il faut que nous **prenions** un permis de conduire international mais j'étais surpris qu'aucun vaccin ne **soit** nécessaire.

1 Utilisation

Une formulation claire des règles grammaticales

Le subjonctif est un mode verbal souvent utilisé après un verbe ou une expression verbale + *que*. Ces expressions indiquent une subjectivité de la part du locuteur.
*Aucun vaccin n'**est** nécessaire.* C'est un fait, une réalité. → Le verbe *être* est à l'indicatif.
*Je suis surpris qu'aucun vaccin ne **soit** nécessaire.* C'est une réaction subjective. → Le verbe *être* est au subjonctif.

2 Formation régulière

Des explications sur les points particuliers, les erreurs fréquentes ou des formes incorrectes

- Pour former le subjonctif présent, on utilise le radical de la 3ᵉ personne du pluriel du présent de l'indicatif (*ils*) et on ajoute les terminaisons *e, es, e, ions, iez, ent*.
- Quand les verbes ont un radical différent à l'indicatif avec *nous* et *vous*, ils gardent ce radical au subjonctif pour ces deux personnes. Ces verbes ont donc deux radicaux au subjonctif.

De nombreux exemples avec un code couleur

Indicatif présent		Subjonctif présent	Indicatif présent		Subjonctif présent
Ils parlent	Il faut	que je parle que tu parles qu'il/qu'elle/qu'on parle que nous parlions que vous parliez qu'ils/qu'elles parlent	Ils prennent	Il faut	que je prenne que tu prennes qu'il/qu'elle/qu'on prenne qu'ils/qu'elles prennent
			Nous prenons		que nous prenions que vous preniez

3 Conjugaisons irrégulières

Des enregistrements pour entendre la grammaire à l'oral

		être	avoir	aller	faire	pouvoir	vouloir	savoir
que qu'	je/j' tu il/elle/on nous vous ils/elles	sois sois soit soyons soyez soient	aie aies ait ayons ayez aient	aille ailles aille allions alliez aillent	fasse fasses fasse fassions fassiez fassent	puisse puisses puisse puissions puissiez puissent	veuille veuilles veuille voulions vouliez veuillent	sache saches sache sachions sachiez sachent

4 Prononciation

Des informations sur la prononciation

⚠ Il ne faut pas confondre le subjonctif des verbes *avoir* et *aller*.
Avoir : *Il faut que tu **aies** un visa (que nous **ayons** un visa ; qu'ils **aient** un visa).*
Aller : *Il faut que tu **ailles** au consulat (que nous **allions** au consulat ; qu'ils **aillent** au consulat).*

+ Un bilan en fin de chapitre + Un livret de corrigés (des fiches de conjugaison et de constructions,

EXERCICES

5. Les autres modes et aspects du verbe **28**

1 Complétez avec le présent de l'indicatif, puis le présent du subjonctif.

répondre → ils *répondent* → Il faut que tu *répondes*.
1. attendre → ils .... → Il faut que nous ....
2. se taire → ils .... → Il faut qu'ils ....
3. réussir → ils .... → Il faut que tu ....
4. passer → ils .... → Il faut que nous ....
5. finir → ils .... → Il faut que je ....
6. arrêter → ils .... → Il faut qu'elle ....

2 Soulignez la (les) forme(s) verbale(s) au subjonctif. Écrivez l'infinitif du verbe.

tenons – tiens – *tiennent* → *tenir*
1. mets – mette – mettez → ....
2. comprend – comprenions – comprennent → ....
3. vient – venions – venez → ....
4. boive – boit – buviez → ....
5. voies – voyons – voient → ....
6. doit – doive – doivent → ....
7. recevions – reçoive – reçoivent → ....

3 Conjuguez les verbes au subjonctif présent.

Voyage à l'étranger
Il faut que vous *fassiez* des économies. (faire)
1. qu'on .... une carte bancaire. (avoir)
2. qu'elles .... peu de bagages. (prévoir)
3. que tu .... quelques mots courants. (savoir)
4. que nous .... les expressions de politesse. (apprendre)
5. que je .... une bonne assurance. (choisir)
6. qu'elle .... les guides touristiques. (lire)
7. qu'il .... avec un groupe. (partir)

4 À vous ! Donnez des conseils à un ami qui va partir en voyage. Utilisez le subjonctif présent.

Il faut que tu connaisses un peu les habitudes des habitants. ....

5 🎧 68 Transformez comme dans l'exemple. Rétablissez l'apostrophe si nécessaire. Écoutez pour vérifier.

Pour rester en bonne santé
Vous devez arrêter de fumer. → *Il faut que vous arrêtiez de fumer.*
1. Tu dois faire une prise de sang. → ....
2. On doit suivre un traitement. → ....
3. Je dois aller chez le dentiste régulièrement. → ....
4. Nous devons boire beaucoup d'eau. → ....
5. Elle doit être plus dynamique. → ....
6. Ils doivent perdre un peu de poids. → ....

101

Des exercices avec un lexique maîtrisé pour travailler et s'entraîner à l'oral et à l'écrit

Des exemples dans chaque exercice

Une activité de production pour réutiliser la notion linguistique dans une autre situation

Parcours digital

Un renvoi vers les 350 activités numériques

---

et de transcriptions **+** Des annexes verbales un glossaire grammatical et un index).

Sommaire

Chapitre 1 — Les temps de l'indicatif

Unité 1	Les valeurs du présent de l'indicatif	p. 8
Unité 2	L'accord du participe passé	p. 10
Unité 3	L'imparfait et le passé composé	p. 14
Unité 4	Le plus-que-parfait et le passé surcomposé	p. 18
Unité 5	Le passé simple	p. 22
Unité 6	Le futur proche et le futur simple	p. 24
Unité 7	Le futur antérieur	p. 26
▶ Bilan	**Les temps de l'indicatif**	p. 28

Chapitre 2 — Le nom, l'adjectif qualificatif, les déterminants

Unité 8	Les noms composés	p. 32
Unité 9	L'adjectif : accords particuliers	p. 34
Unité 10	La place de l'adjectif	p. 36
Unité 11	L'article et l'absence d'article	p. 40
Unité 12	Les adjectifs indéfinis	p. 42
▶ Bilan	**Le nom, l'adjectif qualificatif, les déterminants**	p. 46

Chapitre 3 — La structure de la phrase

Unité 13	La question avec inversion	p. 50
Unité 14	La négation	p. 54
▶ Bilan	**La structure de la phrase**	p. 58

Chapitre 4 — Les pronoms

Unité 15	Les pronoms compléments (1) : directs, indirects, *en* (quantité), *y* et *en* (lieu)	p. 60
Unité 16	Les pronoms compléments (2) : *en* ou *de* / *y* ou *à* + pronom tonique	p. 64
Unité 17	Les pronoms compléments (3) : les pronoms neutres *le*, *en*, *y*	p. 66
Unité 18	Les pronoms compléments (4) : les doubles pronoms	p. 68
Unité 19	Les pronoms démonstratifs et possessifs	p. 72
Unité 20	Les pronoms indéfinis	p. 74
Unité 21	Les pronoms relatifs *qui, que, où, dont*	p. 78
Unité 22	Les pronoms relatifs composés	p. 80
▶ Bilan	**Les pronoms**	p. 84

Chapitre 5 — Les autres modes et aspects du verbe

Unité 23	L'impératif	p. 88
Unité 24	La forme passive	p. 90

Unité 25	La forme pronominale à sens passif	p. 92
Unité 26	Les formes verbales en –*ant*	p. 94
Unité 27	L'infinitif	p. 98
Unité 28	Le subjonctif présent	p. 100
Unité 29	Le subjonctif passé	p. 104
Unité 30	Subjonctif ou indicatif ?	p. 106
Unité 31	Subjonctif ou infinitif ?	p. 108
Unité 32	Le subjonctif dans la proposition relative	p. 110
Unité 33	Le conditionnel présent	p. 112
Unité 34	Le conditionnel passé	p. 114
▸ Bilan	Les autres modes et aspects du verbe	p. 116

Chapitre 6 La phrase complexe

Unité 35	Le comparatif et le superlatif	p. 120
Unité 36	Les autres formes de la comparaison	p. 124
Unité 37	L'expression de la cause (1)	p. 126
Unité 38	L'expression de la cause (2)	p. 128
Unité 39	L'expression de la conséquence (1)	p. 132
Unité 40	L'expression de la conséquence (2)	p. 134
Unité 41	Les conjonctions de temps (1)	p. 136
Unité 42	Les conjonctions de temps (2)	p. 138
Unité 43	L'expression du but (1)	p. 140
Unité 44	L'expression du but (2)	p. 142
Unité 45	L'expression de l'opposition	p. 144
Unité 46	L'expression de la concession	p. 146
Unité 47	L'expression de l'hypothèse (1)	p. 148
Unité 48	L'expression de l'hypothèse (2)	p. 150
Unité 49	L'expression de la condition	p. 152
Unité 50	Le discours indirect au présent	p. 154
Unité 51	Le discours indirect au passé	p. 156
▸ Bilan	La phrase complexe	p. 158

Annexes

Annexe 1	La conjugaison des verbes au présent	p. 164
Annexe 2	La conjugaison du passé composé et de l'imparfait	p. 171
Annexe 3	Les participes passés	p. 172
Annexe 4	La conjugaison du futur simple	p. 175
Annexe 5	Les constructions verbales	p. 176

| Glossaire grammatical | p. 184 |
| Index par unité | p. 188 |

1 Les valeurs du présent de l'indicatif

Baudelaire (1821-1867) **naît** et **meurt** à Paris.

1 Utilisation générale

Le présent de l'indicatif est utilisé pour :
● exprimer une action en train de s'accomplir. Cette action peut avoir commencé dans le passé.
– Où est Maria ? – En entretien, elle **reçoit** le nouveau comptable.
Actuellement, je **suis** en vacances.
Il **est** en arrêt maladie depuis plusieurs semaines.
● décrire (un lieu, un objet, un événement, une habitude)
Cette maison **se situe** au centre-ville.
Ce vélo électrique **peut** rouler à 40 km/heure.
Les manifestants **défilent** dans le calme.
Chaque année, on **prend** des vacances à la montagne.
● exprimer une vérité générale, une valeur universelle (dans les dictons, proverbes).
L'eau **bout** à 100 °C. Mieux **vaut** tard que jamais.
● exprimer une action future.
Il est en vacances, il **rentre** la semaine prochaine.
● exprimer une action passée peu éloignée du présent (= passé récent).
J'**arrive** à l'instant. (= je viens d'arriver)
● exprimer un ordre.
Tu **arrêtes** de crier ou je **me fâche** !

2 Utilisation littéraire

Le présent de l'indicatif est utilisé pour :
● présenter une biographie (= passé composé ou passé simple → *Unité 5*).
Baudelaire (1821-1867) **naît** et **meurt** à Paris.
● créer un effet dramatique dans un récit au passé : c'est le présent de narration.
Elle marchait dans la rue. Tout à coup, un jeune garçon **se précipite** sur elle.

Pour les conjugaisons du présent → *Annexe 1*

EXERCICES

1. Les temps de l'indicatif

1 Conjuguez les verbes au présent.

Le Mont Saint-Michel
Ce site qu'on *appelle* (appeler) parfois simplement « le Mont » .... (accueillir) (1) chaque année un nombre très important de visiteurs qui .... (emprunter) (2) le pont-passerelle, un pont qui .... (se fondre) (3) merveilleusement dans le paysage. Le Mont Saint-Michel .... (s'élever) (4) au cœur d'une baie classée au patrimoine de l'UNESCO ; vous .... (parcourir) (5) ses ruelles, et vous .... (s'immerger) (6) dans mille ans d'histoire…

2 Voici des proverbes. Conjuguez les verbes au présent.

Deux précautions *valent* (valoir) mieux qu'une.
1. La parole .... (s'enfuir) mais l'écriture .... (demeurer).
2. C'est dans le besoin qu'on .... (reconnaître) ses vrais amis.
3. Le soleil ne .... (chauffer) que ce qu'il .... (voir).
4. Donner l'aumône n'................... (appauvrir) personne.
5. Jeune gouvernement .... (suivre) le vent.
6. L'argent ne .... (faire) pas le bonheur mais il y .... (contribuer).
7. Les petits cadeaux .... (entretenir) l'amitié.

3 Le verbe exprime-t-il une action passée, habituelle, en train de s'accomplir, future ou un ordre ? Écoutez et cochez.

La réunion démarre à l'instant.

	Ex.	1	2	3	4	5	6	7	8	9	10	11	12
Action passée	☑	☐	☐	☐	☐	☐	☐	☐	☐	☐	☐	☐	☐
Action habituelle	☐	☐	☐	☐	☐	☐	☐	☐	☐	☐	☐	☐	☐
Action en train de s'accomplir	☐	☐	☐	☐	☐	☐	☐	☐	☐	☐	☐	☐	☐
Action future	☐	☐	☐	☐	☐	☐	☐	☐	☐	☐	☐	☐	☐
Ordre	☐	☐	☐	☐	☐	☐	☐	☐	☐	☐	☐	☐	☐

4 Conjuguez les verbes au présent pour présenter une biographie de l'écrivain Charles Bonaparte, descendant de Napoléon Ier.

Avec Napoléon comme patronyme, Charles a choisi de redevenir Bonaparte. Il est né (1) en 1950. Jeune rebelle, il n'a pas voulu (2) respecter les traditions de son rang et a rompu (3) avec sa famille. Après un séjour en Afrique, il a rejoint (4) la Corse au début des années 2000. Côté cœur, il a suivi (5) l'exemple de son lointain ancêtre : il s'est marié (6) mais s'est séparé (7) deux fois de ses épouses dont sont nés (8) quatre enfants. Récemment il a décidé (9) de quitter la ville et s'est réfugié (10) dans un village du sud de la France où avec des voisins ils ont souvent hébergé (11) des migrants. Charles a peu publié (12), mais on a prédit (13) un grand succès à son livre *La liberté Bonaparte*, qui est paru (14) ces jours-ci.

Avec Napoléon comme patronyme, Charles *choisit* de redevenir Bonaparte. Il .... (1) en 1950. Jeune rebelle, il .... (2) respecter les traditions de son rang et .... (3) avec sa famille. Après un séjour en Afrique, il .... (4) la Corse au début des années 2000. Côté cœur, il .... (5) l'exemple de son lointain ancêtre : il .... (6) mais .... (7) deux fois de ses épouses dont .... (8) quatre enfants. Récemment il .... (9) de quitter la ville et .... (10) dans un village du sud de la France où avec des voisins ils .... (11) souvent des migrants. Charles .... (12) peu, mais on .... (13) un grand succès à son livre *La liberté Bonaparte*, qui .... (14) ces jours-ci.

L'accord du participe passé

Célia a **acheté** les places ?
Elle s'est **occupée** de les réserver ?

Non, c'est moi ! Je les ai **prises** en ligne.

1 L'accord du participe passé avec *être*

• Avec l'auxiliaire *être*, le participe passé s'accorde avec le sujet.
Paul est arrivé à l'heure mais Marie est arrivée en retard.
• Avec le pronom sujet *on* (utilisé à la place de *nous*), le participe passé est généralement au pluriel.
Marie : « Anne et moi, on est venues ensemble. »

2 L'accord du participe passé avec *avoir*

• Dans les conjugaisons des temps composés avec l'auxiliaire *avoir* :
– on n'accorde jamais le participe passé avec le sujet.
Il a réservé les places. Elle a réservé les places.
– on accorde en genre (masculin, féminin) et en nombre (singulier, pluriel) le participe passé avec le complément d'objet direct placé devant l'auxiliaire.
Les places, je les ai prises.

• Le complément peut être :
– un pronom complément direct *m', t', l', les, nous, vous* (→ Unité 15) :
Pierre a invité Marie. → Pierre l'a invitée.
– le pronom relatif *que* (→ Unité 21) :
J'ai pris les places. → Voici les places que j'ai prises.

⚠ Quand le pronom complément direct est *en*, on ne fait pas l'accord avec le participe passé.
Des billets, j'en ai réservé plusieurs.

EXERCICES

1. Les temps de l'indicatif

1 Écrivez le récit au passé composé.

Une histoire mystérieuse
Hier soir nous *sommes restés* sur le balcon toute la soirée. Tout à coup des « objets » brillants .... (1) (apparaître) dans le ciel noir. Ils .... (2) (descendre) très lentement, puis .... (3) (devenir) de plus en plus petits et .... (4) (partir) dans différentes directions. Certaines petites parties .... (5) (passer) devant nos yeux, sans bruit ! On .... (6) (demeurer) muets. Incroyable, ce phénomène !

2 Corrigez la forme du participe passé, si nécessaire.

Affaire de goût
Le pantalon que j'ai ~~achetée~~ te plaît ? *acheté*
1. Regarde les T-shirts qu'on a commandés ! ....
2. Elle a rendu la robe qu'elle avait eu pour son anniversaire. ....
3. Les lunettes que nous vous avons offert sont élégantes ! ....
4. Des vêtements, elles en ont donnés beaucoup ! ....
5. Vous aimez les bijoux que vous avez reçu ? ....
6. Tu as lavé l'écharpe que tu avais salie ? ....

3 Associez comme dans l'exemple.

1. Tu as vu la responsable ?
2. Vous avez contacté les clients ?
3. Vous avez fait combien de réunions ?
4. Tu n'as pas répondu à mon mail ?
   Ils ont signé les contrats ?
5. Vous avez les photocopies ?
6. Tu as eu des congés cette année ?
7. Vous avez eu une réponse ?

a. Non, je ne l'ai pas reçu !
b. On en a fait deux.
   Non, ils ne les ont pas lus !
c. Oui, oui, je l'ai vue hier.
d. Non, on n'en a pas eu.
e. Oui, je les ai appelés ce matin.
f. J'en ai pris deux semaines en août.
g. Désolée, je ne les ai pas faites !

4 Terminez les phrases comme dans l'exemple. Écoutez pour vérifier.

Ton manteau, tu l'as mis ? → Ta veste, *tu l'as mise ?*
1. Ton passeport, tu l'as pris ? → Ta carte d'identité, ... ?
2. Ton sac, tu l'as ouvert ? → Ta valise, ... ?
3. Ton nom, tu l'as écrit ? → Ton adresse, ... ?
4. Le paiement, tu l'as fait ? → La réservation, ... ?
5. Le message, tu l'as compris ? → L'explication, ... ?
6. Le mail, tu l'as transmis ? → La note, ... ?

5 À vous. Faites des phrases au passé composé.

Mes vacances, je les ai passées en Italie, je les ai adorées, ...
La nourriture, ...
Les gens, ...
....

2 L'accord du participe passé

3 Les verbes pronominaux

L'accord du participe passé avec les verbes pronominaux dépend de la catégorie à laquelle ces verbes appartiennent.

• Le participe passé s'accorde avec le sujet pour :
– les verbes qui sont essentiellement pronominaux (*s'absenter, s'obstiner, se soucier…*) :
*Les jeunes **se sont abstenus** de voter.*
– les verbes pronominaux de sens passif. (→ **Unité 25**)
*Les élections **se sont préparées** en deux mois.*

• Pour les autres verbes pronominaux, le participe passé s'accorde avec le complément d'objet direct (COD) quand il est placé **avant** le verbe. L'accord du participe passé suit la même règle que celle des verbes conjugués avec l'auxiliaire *avoir*.
*Les candidats **se** sont approchés.* (*se* = les candidats = COD du verbe *approcher*)
*C'est une promesse qu'ils **se sont faite**.* (*qu'* = une promesse = COD du verbe *se faire* ; *se* = COI)

⚠ Le participe passé ne s'accorde pas :
– quand le COD est un nom placé après le verbe :
*Ils **se sont serré la main**.* (*la main* = COD du verbe *serrer*)
– avec un complément d'objet indirect (COI) :
*Les candidats **se sont succédé** à la tribune.* (*se* = COI du verbe *succéder à*)

• Les participes passés des verbes *faire* et *laisser* sont invariables dans la structure *se faire / se laisser* + infinitif. *Ils **se sont fait** connaître. Elle **s'est laissé** critiquer.*

4 Les verbes *voir, regarder, entendre, écouter, sentir, envoyer, faire, laisser* + infinitif

Le participe passé de ces verbes s'accorde avec le COD seulement quand le COD fait l'action de l'infinitif.
*Les personnes que j'ai **vues** crier étaient contentes.* (*les personnes* = COD du verbe *voir* et sujet du verbe *crier*)
*Les résultats que j'ai **entendu** proclamer m'ont fait plaisir.* (*les résultats* = COD du verbe *entendre* mais non sujet du verbe *proclamer*)

5 Les verbes impersonnels

Le participe passé est invariable.
*J'ai été surprise par la participation qu'**il y a eu** à ce scrutin.*
*La chaleur qu'**il a fait** pendant le meeting a provoqué plusieurs malaises.*
*L'attention qu'**il a fallu** pour rester concentré était intense.*

EXERCICES

1. Les temps de l'indicatif

6 Lisez les phrases.
a. Indiquez s'il y a accord du participe passé ou non.

	Accord	Pas d'accord
La mairie s'est décidée à créer des pistes cyclables.	☑	☐
1 La maire s'est souciée de l'environnement.	☐	☐
2 Elle s'est occupée de rassembler plusieurs projets.	☐	☐
3 Les riverains se sont envoyé les projets.	☐	☐
4 Les gens se sont beaucoup parlé.	☐	☐
5 De nombreuses associations se sont réunies.	☐	☐
6 Certains opposants se sont absentés.	☐	☐
7 Les habitants se sont posé beaucoup de questions.	☐	☐
8 Mes voisins se sont opposés à ce projet.	☐	☐
9 Ce sont des décisions qui se sont prises ensemble.	☐	☐
10 Les travaux se sont achevés en avance.	☐	☐

b. Justifiez vos réponses. Écrivez le numéro des phrases de la partie a.
Accord avec le sujet : ....
Accord avec COD placé avant le verbe : *exemple*, ...
Pas d'accord car COD placé après le verbe : ....
Pas d'accord car COI : ....

7 Accordez le participe passé si nécessaire.

Mes amies, Manon et Anaïs se sont organisé*es* pour échanger leurs vêtements et leurs chaussures. Elles se sont adressé.......... (1) à leurs amies, puis elles se sont demandé.......... (2) si ça pourrait intéresser des amies d'amies, qui se sont tout de suite réjoui.......... (3) bien sûr. Elles se sont échangé.......... (4) des photos de vêtements et elles se sont entendu.......... (5) sur les prix. Anaïs s'est ainsi choisi.......... (6) une jolie paire de bottes, presque les mêmes que celles que je me suis acheté.......... (7) l'hiver dernier !

8 Transformez avec *se faire* comme dans l'exemple.

On les a critiqués. → *Ils se sont fait critiquer.*
1 On les a renvoyées. → ....
2 On l'a comprise. → ....
3 On t'a conseillée. → ....
4 On nous a convoqués. → ....
5 On vous a aidés. → ....
6 On les a exclus. → ....

9 Complétez avec le participé passé.

Résultats du concours de comédiens

Ma fille Léa attendait le jury avec les autres candidats. À un moment je l'*ai vue* (voir) se lever. Je l'ai .... (1) (apercevoir) se retourner, me chercher. La tension, je l'ai .... (2) (sentir) monter progressivement chez les candidats et leurs parents. Et puis les rideaux ont bougé, on les a .... (3) (regarder) s'ouvrir, lentement, alors, quelle émotion il y a .... (4) (avoir) dans la salle ! Les membres du jury sont arrivés. Une femme nous a salués. On l'a .... (5) (observer) ouvrir l'enveloppe qui contenait le nom des vainqueurs ! Je pensais à Léa, j'espérais entendre son nom et son prénom ! Et quand je les ai .... (6) (entendre) prononcer, j'ai sauté sur mon siège ! Vous n'imaginez pas quelle joie ça m'a .... (7) (faire) !

3 L'imparfait et le passé composé

> **4 Saint-Valentin** — 14 février
>
> ## Vous vous êtes rencontrés comment ?
>
> Nous **étions** dans le bus, il y **avait** beaucoup de monde, j'**étais** assis, je **lisais**. Chloé **était** debout à côté de moi. Soudain, le chauffeur **a freiné** et elle **est tombée** sur moi !
>
> Diego, 27 ans

1 Utilisation

L'imparfait et le passé composé sont utilisés en opposition pour raconter un événement au passé.
- Le verbe à l'imparfait donne des précisions sur les circonstances.

*Nous **étions** dans le bus, il y **avait** beaucoup de monde, j'**étais** assis, je **lisais**. Chloé **était** debout.*
- L'imparfait peut aussi exprimer des habitudes du passé.

*Avant, j'**allais** au bureau en voiture.* (= maintenant, je ne vais plus au bureau en voiture)

⚠ Avec les verbes qui expriment une action en train de se dérouler, on peut utiliser la forme progressive à l'imparfait à la place de l'imparfait simple pour insister sur le déroulement de l'action. *J'**étais en train de lire*** (= je lisais) *quand elle est tombée sur moi.*

- Le verbe au passé composé exprime une action d'une durée qui a des limites.

*Soudain, le chauffeur **a freiné** et Chloé **est tombée** sur moi.*
- Le passé composé exprime aussi une action qui a mis fin à une habitude du passé.

*Un jour, j'**ai eu** un accident.* (= cet événement a changé mes habitudes)

2 Les expressions de temps avec l'imparfait et le passé composé

- On utilise souvent *pendant que* devant le verbe à l'imparfait.

*Elle est tombée sur moi **pendant que** je lisais.*
- On utilise souvent *quand, tout à coup, soudain, brusquement, à ce moment-là, un jour...* devant le verbe au passé composé. ***Soudain**, le chauffeur **a freiné**.*

Pour les conjugaisons du passé composé et de l'imparfait → *Annexe 2*
Pour les participes passés → *Annexe 3*

EXERCICES

1. Les temps de l'indicatif

1 Cochez la réponse correcte.

	l'action s'est passée pendant le déroulement d'une autre	les 2 actions se sont passées l'une après l'autre
Elle descendait. Elle est tombée.	☒	☐
Elle est descendue. Elle est tombée.	☐	☒
1 a Vous êtes partis. Elle a crié.	☐	☐
b Vous êtes partis. Elle criait.	☐	☐
2 a Tu es sorti. Ils riaient.	☐	☐
b Tu es sorti. Ils ont ri.	☐	☐
3 a Je finissais mon travail. Elles sont arrivées.	☐	☐
b J'ai fini mon travail. Elles sont arrivées.	☐	☐
4 a Nous avons fait la vaisselle. Tu as cassé un verre.	☐	☐
b Nous faisions la vaisselle. Tu as cassé un verre.	☐	☐

2 Mettez les mots dans l'ordre pour faire une phrase.

Interruptions

s'amusaient / je / rentrée / suis / quand / Ils → *Ils s'amusaient quand je suis rentrée.*

1 regardais / Je / à ce moment-là, / le téléphone / le film, / a / sonné
   → ....

2 à neiger / Pendant que / il / jouions / dehors, / s'est / mis / nous
   → ....

3 tu / quand / Je / as / appelé / préparais / le gâteau
   → ....

4 nous / arrivés / quand / sommes / dormait / Il
   → ....

5 pendant que / est / je / Elle / travaillais / revenue
   → ....

6 on / Il / s'est / dînait / pendant qu' / endormi
   → ....

7 un grand bruit / Elle / soudain, / se reposait, / a entendu / elle
   → ....

3 Soulignez la phrase qui indique les circonstances et conjuguez au passé composé ou à l'imparfait.

Description et circonstances

Il (rentrer). <u>Tu (ne pas être) là.</u> → *Il est rentré. Tu n'étais pas là.*

1 Elle (ne pas avoir) d'espèces. Elle (payer) avec sa carte. → ....
2 Nous (rentrer). Il (faire) froid. → ....
3 Ils (sonner). Il n'y (avoir) personne. → ....
4 On (arriver). C' (être) trop tard. → ....
5 Vous (être) pressés. Vous (ne pas s'arrêter). → ....
6 Il (neiger). On (rester) à la maison. → ....
7 Nous (baisser) le chauffage. Il (faire) trop chaud. → ....

3 L'imparfait et le passé composé

4 **Conjuguez les verbes à l'imparfait ou au passé composé. Rétablissez l'apostrophe si nécessaire.**

On *est venus* (venir) en voiture parce qu'il y *avait* (avoir) une grève de métro.
1. Il .... (ne pas aller) travailler parce qu'il .... (être) malade.
2. Vous .... (partir) à l'étranger parce que vous .... (ne pas trouver) de travail ici.
3. Elle .... (prendre) l'escalier parce que l'ascenseur .... (ne pas marcher).
4. Il .... (perdre) son emploi parce qu'il .... (travailler) trop lentement.
5. Nous .... (ne pas changer) d'entreprise parce que nous .... (être) satisfaits.

5 **Conjuguez les verbes à l'imparfait ou au passé composé. Écoutez pour vérifier.**

Témoignage
– Alors, madame, qu'est-ce que vous *avez vu* ?
– Eh bien, deux hommes .... (monter) (1) dans le wagon du métro,
 ils .... (voler) (2) le sac de la dame à côté de moi, qui ....
 (lire) (3) un journal, et ils .... (ressortir) (4) très vite.
– Ils .... (être) (5) comment ?
– Ils .... (porter) (6) des vêtements élégants.
– Ils .... (dire) (7) quelque chose à la dame ?
– Oui, mais je .... (ne pas entendre) (8), désolée.

6 **Mettez les phrases en ordre pour reconstituer le récit.**

J'ai allumé toutes les lampes. / Je n'étais pas très rassuré. / J'ai fermé les volets. / Il faisait noir. / Je suis sorti de mon lit. / Je dormais profondément. / J'ai regardé dehors. / Je me suis recouché. / C'étaient les volets qui claquaient. / Un bruit m'a réveillé.

Quand l'orage a éclaté, je dormais profondément. ....
....
....
....
....
....
....

7 **Racontez ce qui s'est passé avec le passé composé et l'imparfait. Utilisez les informations données.**

Repeindre le salon   Être sur une échelle   Perdre l'équilibre   Tomber   Se casser la jambe
1. Arthur repeignait son salon, ...
....

Être sur la route   Partir en vacances   Voir de la fumée   S'arrêter   Appeler un garagiste
2. Émilie et Jean ....
....

EXERCICES

1. Les temps de l'indicatif

8 Conjuguez au passé. Écoutez pour vérifier.

Alfred et Florence *vivaient* (vivre) dans un petit village des Alpes. Alfred .... (diriger) (1) un bel hôtel et Florence .... (s'occuper) (2) de leur grand chalet. Ils .... (recevoir) (3) des touristes du monde entier. Un jour, une famille italienne .... (arriver) (4) ; il y .... (avoir) (5) les parents, Luigi et Carla, et leur fils de 6 ans, Umberto. Chaque jour, ils .... (faire) (6) du ski ensemble. Mais un après-midi, Umberto .... (disparaître) (7) ; Alfred, Florence, Luigi et Carla .... (partir) (8) à sa recherche…

9 Conjuguez au passé composé ou à l'imparfait.

Changer d'habitudes

Avant, il *faisait* (faire) du rugby. Un jour, il *s'est blessé* (se blesser). Maintenant, il joue aux échecs.

1. Maintenant, elle s'exprime facilement. Avant, elle .... (ne pas parler) français. Alors, elle .... (suivre) des cours.
2. Un jour, tu .... (découvrir) les ebooks. Avant, tu .... (emprunter) des livres à la bibliothèque. Maintenant, tu lis sur ta tablette.
3. Avant, vous .... (manger) beaucoup. Mais vous .... (beaucoup grossir). Aujourd'hui, vous faites un régime.
4. L'an dernier, nous .... (acheter) une caravane : nous voyageons plus. Avant, nous .... (faire) du camping
5. Avant, je .... (fumer). Il y a 6 mois, j'.................... (arrêter). Je me sens déjà mieux !

10 À vous ! Faites le récit d'expériences personnelles qui ont marqué votre vie : une grande peur, un accident, une aventure originale, un changement dans vos habitudes…

Un jour, j'étais ....

4 Le plus-que-parfait et le passé surcomposé

 J'ai appelé le serrurier parce que j'**avais oublié** mes clés dans l'appartement. Dès que le serrurier **a eu réparé** la porte, j'ai pu rentrer chez moi.

Dans un récit au passé, on utilise le plus-que-parfait ou le passé surcomposé pour exprimer l'antériorité d'une action par rapport au passé composé ou à l'imparfait.

1 Le plus-que-parfait

Utilisation
- On utilise le plus-que-parfait pour indiquer l'antériorité indéterminée dans le temps d'une action par rapport à un fait passé (à l'imparfait ou au passé composé).
- Le plus-que-parfait est souvent utilisé :
  – avec *déjà*. *Le train **était** déjà **parti** quand je suis arrivé.*
  – dans une proposition relative. *Elle a réveillé son voisin qui **s'était endormi**.*
  – dans une subordonnée de cause. *Il a appelé un taxi parce qu'il **avait manqué** son train.*

Conjugaison
Le plus-que-parfait est un temps composé.
Il est formé de l'auxiliaire *avoir* ou *être* à l'imparfait et du participe passé.
*J'**avais oublié** mes clés. Le train **était** déjà **parti**. Il **s'était endormi**.*
Pour le choix de l'auxiliaire et l'accord du participe passé : → Unité 2
⚠ Attention à l'ordre des mots à la forme négative ! *Je n'**avais pas pris** mes clés.*

Passé composé, imparfait ou plus-que-parfait ?

	*le train **est parti**.*	= le train est parti après mon arrivée
Quand je suis arrivé,	*le train **partait**.*	= le train était en train de partir quand je suis arrivé
	*le train **était parti**.*	= le train est parti avant mon arrivée

EXERCICES

1. Les temps de l'indicatif

1 Quel temps du passé entendez-vous ? Cochez.

	Passé composé	Imparfait	Plus-que-parfait
Tu avais fini de manger.	☐	☐	☑
1	☐	☐	☐
2	☐	☐	☐
3	☐	☐	☐
4	☐	☐	☐
5	☐	☐	☐
6	☐	☐	☐
7	☐	☐	☐

2 Associez.

Je sais pourquoi

Je n'ai pas répondu au téléphone
1 Je suis arrivé en retard
2 Je n'ai pas trouvé la route
3 J'ai reposé la question   parce que
4 J'ai gagné le match
5 J'ai raté mon examen

a j'avais oublié mon GPS.
b je m'étais bien entraîné.
c je n'avais pas compris.
d je ne m'étais pas réveillé.
• *je n'avais pas entendu la sonnerie.*
e j'avais mal lu les consignes.

3 Conjuguez les verbes au plus-que-parfait. Rétablissez l'apostrophe si nécessaire.

Rien ne va !

Tu as vendu le fauteuil que je t'*avais donné* (donner) !
1 Elle n'a pas rendu le livre qu'on lui .... (laisser).
2 Il a abîmé le vélo que sa sœur lui .... (prêter).
3 Il n'a pas lu le message qu'on lui .... (envoyer).
4 Elle a perdu le collier que ses parents lui .... (offrir).
5 Elle n'a pas aimé le dessin que nous .... (faire).
6 Vous n'avez pas suivi le régime que le médecin vous .... (prescrire).

4 Conjuguez au passé composé et au plus-que-parfait comme dans l'exemple.

Trop tard !

Elles viennent m'aider mais j'ai déjà terminé.
→ *Elles sont venues m'aider mais j'avais déjà terminé.*
1 Elle entre dans la salle mais le film a déjà commencé. → ....
2 La police arrive mais les voleurs se sont déjà enfuis. → ....
3 Il m'invite au restaurant mais j'ai déjà déjeuné. → ....
4 Je veux régler l'addition mais mon copain a déjà payé. → ....
5 Ils arrivent à l'aéroport mais l'avion a déjà décollé. → ....
6 Vous allez voir un ami mais il est déjà parti. → ....

5 À vous ! Donnez des explications sur un événement de votre vie : parlez des actions qui se sont passées avant.

Je n'ai pas réussi mon permis de conduire parce que je n'avais pas bien appris le code. ....

4 Le plus-que-parfait et le passé surcomposé

2 Le passé surcomposé

Utilisation

- On utilise le passé surcomposé pour indiquer l'antériorité **immédiate** d'une action par rapport à un événement passé au passé composé.

- Le passé surcomposé est utilisé avec des conjonctions telles que *après que, aussitôt que, dès que, lorsque, quand, une fois que.*
*Je suis monté dans le train dès que j'**ai eu acheté** mon billet.*

⚠ L'utilisation du passé surcomposé n'est pas obligatoire. Il peut être remplacé par un passé composé mais jamais par un plus-que-parfait.
*Je suis monté dans le train dès que j'**ai acheté** mon billet.*
Je suis monté dans le train dès que j'~~avais acheté~~ mon billet.

Conjugaison

Le passé surcomposé est un temps composé. Il est formé de l'auxiliaire *avoir* ou *être* au passé composé et du participe passé.
*J'**ai eu acheté**. Il **a été parti**.*
Pour le choix de l'auxiliaire et l'accord du participe passé : → **Unité 2**

⚠ Le passé surcomposé ne s'utilise pas avec les verbes pronominaux et rarement à la forme négative.

EXERCICES

1. Les temps de l'indicatif

6 Écoutez et cochez les verbes au passé surcomposé.

On a eu terminé.

Ex.	1	2	3	4	5	6	7	8	9	10
☑	☐	☐	☐	☐	☐	☐	☐	☐	☐	☐

7 Conjuguez les verbes soulignés au passé surcomposé.

Dès qu'on <u>a désigné</u> le président de séance, la réunion de copropriété a pu commencer.
→ *Dès qu'on a eu désigné le président de séance, la réunion de copropriété a pu commencer.*

1 Après qu'on <u>a débuté</u> la réunion, des retardataires sont arrivés. → ....
2 Dès qu'ils <u>sont entrés</u>, nous avons interrompu le débat. → ....
3 Quand ils <u>ont pris</u> place, la discussion a repris. → ....
4 Une fois que chaque intervenant <u>a donné</u> son avis, un vote a eu lieu. → ....
5 Quand on <u>a terminé</u> la réunion, tout le monde s'est levé. → ....
6 Aussitôt que tous les participants <u>sont partis</u>, on a fermé la salle. → ....

8 Conjuguez au plus-que-parfait ou au passé surcomposé.

1 Dès que nous *avons eu fini* (finir) le repas, j'ai demandé l'addition. J'ai voulu la régler mais mon ami .... (déjà payer).
2 Il a regardé le mode d'emploi parce qu'il .... (ne pas comprendre) comment monter le meuble. Aussitôt qu'il .... (relire) l'explication, il a pu le faire.
3 Une fois que les passagers .... (monter) dans l'avion, il a décollé. On est arrivés en retard à l'aéroport et l'avion .... (déjà partir).
4 Quand je .... (descendre) l'escalier, j'ai vu qu'il pleuvait. J'ai dû remonter car, avant de descendre, je .... (ne pas prendre) mon parapluie.
5 Mes voisins m'ont insultée parce que je .... (endommager) la porte d'entrée en déménageant. Ce n'était pas moi. Après qu'ils .... (réaliser) leur erreur, ils se sont excusés.

9 Complétez avec le plus-que-parfait ou le passé surcomposé.

Il était presque minuit, nous n'*étions pas encore arrivés* (ne pas arriver), nous avions beaucoup de retard et nous ne savions pas pourquoi le train .... (s'arrêter) (1) en rase campagne. Il .... (falloir) (2) descendre deux fois déjà pour changer de train et la nuit .... (venir) (3). Comme j' .... (oublier) (4) le chargeur de mon smartphone, je ne pouvais même pas contacter mon amie ! La plupart des passagers, dans le wagon, étaient inquiets. Un contrôleur .... (faire) (5) une apparition à un moment, mais après, on n'a vu personne ! Enfin il y a eu une annonce, le bar proposait de l'eau et des sandwichs ! Dès que les gens .... (comprendre) (6), ils se sont rués vers le wagon-bar. J'avais faim moi aussi, et comme je .... (ne rien prévoir) (7), je les ai suivis. C'était réconfortant de se réchauffer avec un café et d'échanger le peu d'informations que nous avions. Et enfin le train s'est remis à rouler, tout doucement d'abord… Une fois qu'il .... (repartir) (8), les gens ont enfin retrouvé le sourire et l'espoir d'arriver à destination avant le lendemain matin !

5 Le passé simple

Le 14 juillet 1789, le peuple parisien **descendit** dans la rue, **se dirigea** vers la forteresse de la Bastille et **s'empara** des armes qui s'y trouvaient.

1 Utilisation

- Dans un récit au passé, le passé simple a les mêmes valeurs que le passé composé mais met une **distance temporelle** entre le fait passé et le présent. Il situe l'événement dans un passé lointain.
- Il est employé à l'écrit dans un récit journalistique, un récit littéraire romanesque, une biographie, un récit historique. Pour créer un effet dramatique, il peut être remplacé par le présent de narration. → *Unité 1*
- Il est surtout utilisé à la troisième personne du singulier et du pluriel.

2 Formes

Le passé simple est formé d'un radical et de terminaisons. Le radical est le même à toutes les personnes. Les terminaisons sont de trois types et dépendent de l'infinitif du verbe ou/et de la forme de son participe passé.

- Terminaisons *-ai*, *-as*, *-a*, *-âmes*, *-âtes*, *-èrent* : pour les verbes à l'infinitif en *-er*
arriv**er** : j'arriv**ai**, tu arriv**as**, il/elle/on arriv**a**, nous arriv**âmes**, vous arriv**âtes**, ils/elles arriv**èrent**
- Terminaisons *-is*, *-is*, *-it*, *-îmes*, *-îtes*, *-irent* : pour les verbes au participe passé en *-i*, *-is*, *-it*, *-ert* et certains verbes au participe passé en *-u*
fini : je fin**is**, tu fin**is**, il/elle/on fin**it**, nous fin**îmes**, vous fin**îtes**, ils/elles fin**irent**

> Sur le même modèle : réussir (réussi), rire (ri), mettre (mis), dire (dit), souffrir (souffert), descendre (descendu)…

- Terminaisons *-us*, *-us*, *-ut*, *-ûmes*, *-ûtes*, *-urent* pour les autres verbes au participe passé en *-u*
pouvoir : je p**us**, tu p**us**, il/elle/on p**ut**, nous p**ûmes**, vous p**ûtes**, ils/elles p**urent**

> Sur le même modèle : courir (couru), falloir (fallu), savoir (su), vivre (vécu), vouloir (voulu)…

- Quelques verbes sont irréguliers : *être / je fus, faire / je fis, mourir / il mourut, naître / il naquit, tenir et ses composés / je tins, venir et ses composés / je vins.*
- Le radical peut être irrégulier : *écrire / j'écrivis, craindre / je craignis, rejoindre / je rejoignis.*
- ⚠ Attention à l'accent circonflexe sur la voyelle des terminaisons des personnes **nous** et **vous**.
Pour les verbes en *–cer*, on ajoute une cédille devant *–a* : je commen**ç**ai, nous annon**ç**âmes…
Pour les verbes en *–ger*, on ajoute un *e* devant *–a* : il mang**e**a, vous chang**e**âtes…

3 Le passé antérieur

- Dans le récit, le passé simple est utilisé avec l'imparfait, le plus-que-parfait et le passé antérieur.
- Le passé antérieur est utilisé pour exprimer l'antériorité immédiate d'une action au passé simple. C'est un temps composé formé de l'auxiliaire *être* ou *avoir* au passé simple et du participe passé. *Dès que le peuple **eut récupéré** des armes, il se rendit à Versailles.*

EXERCICES

1. Les temps de l'indicatif

1 Voici un extrait de roman policier.

a. Soulignez les verbes au passé simple et entourez les deux verbes au passé antérieur.

Camille *entendit* démarrer la voiture, elle guetta le bruit du moteur qui s'éloignait, jeta un œil au réveil, puis se retourna et se rendormit. Un cri terrible la fit sursauter ; dès qu'elle eut retrouvé ses esprits, elle sauta du lit et se mit à la fenêtre mais elle ne vit rien d'anormal. Il y eut alors un autre cri. Elle courut à l'escalier puis sortit dans la cour de la ferme et fut très surprise de ne trouver personne ! Tout à coup, des pas résonnèrent derrière elle. Aussitôt qu'elle eut compris qu'un danger menaçait, un frisson glacial la parcourut.

b. Complétez le tableau avec l'infinitif des verbes soulignés.

-ai, -as, -a, âmes, -âtes, -èrent	-is, -is, -it, -îmes, -îtes, -irent	-us, -us, -ut, ûmes, -ûtes, -urent
....	*entendre*, ...	....
....	....	....

2 Complétez la biographie de Marie Curie. Conjuguez les verbes au passé simple.

Marie Curie, de son vrai nom Maria Sklodowska, *naquit* (naître) à Varsovie en 1867. Pendant son enfance, la famille Sklodowska .... (devoir) (1) faire face à des problèmes financiers graves qui .... (faire) (2) naître en Maria une détermination et une force considérable. Maria .... (arriver) (3) à Paris en 1891. Elle .... (entrer) (4) à la Sorbonne et .... (obtenir) (5) une licence de physique et une licence de mathématiques. C'est dans le milieu scientifique qu'elle .... (rencontrer) (6) Pierre Curie. Tous deux .... (se marier) (7) en 1895. Maria .... (poursuivre) (8) ses études, ... (être) (9) reçue première à l'agrégation de physique et .... (commencer) (10) ses travaux sur le rayonnement de l'uranium. En 1898, les époux Curie .... (annoncer) (11) la découverte de deux éléments radioactifs alors inconnus : le polonium et le radium. En 1903, Marie Curie, son mari et Henri Becquerel .... (recevoir) (12) le prix Nobel de physique. Après la mort de son mari, en 1906, elle le .... (remplacer) (13) à son poste et .... (devenir) (14) la première femme professeure à la Sorbonne. Parallèlement, elle .... (se consacrer) (15) à ses recherches sur le radium pour lesquelles elle .... (avoir) (16) un deuxième prix Nobel, celui de Chimie, en 1911. Atteinte d'un cancer dû probablement à la radioactivité, elle .... (mourir) (17) en 1934.

3 Réécrivez ce récit au passé simple.

Suivant Patricia, je contourne une colline et m'enfonce dans une haute brousse. Il me faut souvent avancer sur les genoux, et parfois même, je dois ramper. Quand la petite fille s'arrête enfin, elle prête longuement l'oreille, observe la direction du vent et me dit : « Ne bougez pas ! » Puis elle part et est comme dévorée par les buissons.
[...] Tout à coup, un rire enfantin sonne comme un tintement de clochettes dans le silence de la brousse. Et mon rire lui répond, plus merveilleux encore. Quand nos deux rires cessent, j'entends Patricia m'appeler. Je gravis la pente, me raccroche aux arbustes, écarte le mur végétal… et je vois la petite fille, assise entre les pattes d'un lion.

D'après *Le Lion*, Joseph Kessel (1898-1979).

Suivant Patricia, je *contournai* une colline et ....
....

4 À vous ! Vous écrivez le récit d'une anecdote familiale de manière distanciée. Utilisez le passé simple et le passé antérieur.

En 2018, nous vécûmes une curieuse aventure ....

6 Le futur proche et le futur simple

Utilisation

Outre les utilisations principales du futur proche (exprimer un projet) et du futur simple (formuler des prévisions, des prédictions, un programme), ces deux temps sont également utilisés dans des situations de communication très précises.

- Le **futur proche** est utilisé pour :
– informer sur l'imminence d'un fait
*Je n'ai pas le temps de ranger la maison ; je **vais partir**.*
*Regarde le ciel, il **va pleuvoir**.*
– rassurer ou mettre en garde.
*Ne t'inquiète pas, on **va réussir**.*
*Attention, vous **allez vous faire** mal !*
Pour exprimer ces valeurs, le futur simple est impossible.

- Le **futur simple** est utilisé pour :
– faire une promesse.
*Je **viendrai** ce soir, c'est promis.*
– donner un ordre, une consigne.
*Vous **prendrez** ce médicament pendant un mois.*
– exprimer une décision catégorique.
*Je ne **partirai** pas sans toi !*
– indiquer la conséquence d'un projet exprimé au futur proche.
*On va prendre le train de 6 heures, comme ça, on **arrivera** plus tôt.*

Pour la conjugaison du futur simple → *Annexe 4*

EXERCICES

1. Les temps de l'indicatif

1 Associez.

– *Attends-moi ! J'arrive !*
1 – Tu es passé à la banque ?
2 – Tu vas prendre le métro ?
3 – Il fait trop froid ici !
4 – Tu as donné des nouvelles à tes parents ?
5 – Tu n'en as pas assez de ce boulot ?
6 – Je suis fatiguée de notre vie de couple !
7 – Tu as vu l'heure ? Il faut y aller !

a – Tu as raison, on va allumer le chauffage.
b – Non, je vais y aller à pied !
– *Oui mais dépêche-toi, l'avion ne va pas nous attendre !*
c – Oui, je vais me préparer !
d – Tu ne vas pas me quitter ?!
e – Non, ils vont s'inquiéter ! Je vais le faire.
f – Si, je crois que je vais donner ma démission !
g – Ah mince ! Trop tard ! elle va fermer !

2 Écoutez et indiquez si les phrases expriment une mise en garde ou l'intention de rassurer.

Ne courez pas, vous allez tomber.

	Ex.	1	2	3	4	5	6	7	8	9
Mettre en garde	✓	❏	❏	❏	❏	❏	❏	❏	❏	❏
Rassurer	❏	❏	❏	❏	❏	❏	❏	❏	❏	❏

3 Complétez avec le verbe au futur simple ou au futur proche.

– Tu vas aller la voir ? – Pas question, je n'*irai* pas la voir !
1 – Vous allez prendre rendez-vous ? – Oui, on .... rendez-vous immédiatement !
2 – Tu vas téléphoner, j'espère ! – Promis, je .... à mon arrivée.
3 – Tu ne conduiras pas tout seul, hein ! – Non, je te promets, je ne .... pas tout seul !
4 – Tu vas payer pour moi ? – Oui ! Je .... pour toi, c'est promis !
5 – Vous répondrez au mail rapidement ! – Oui oui, je .... tout de suite !
6 – On va s'arrêter bientôt ? – Bien sûr, on .... dans deux minutes !

4 Transformez les phrases pour formuler des projets et leurs conséquences.

Ils modernisent le quartier. Ça donne de la valeur aux immeubles.
→ Ils *vont moderniser* le quartier. Ça *donnera* de la valeur aux immeubles.
1 On prolonge la ligne de métro. Je mets moins de temps pour aller en centre-ville.
→ On .... la ligne de métro. Je .... moins de temps pour aller en centre-ville.
2 Il y a une nouvelle gare, on n'a plus besoin de prendre le bus.
→ Il .... une nouvelle gare. On .... de prendre le bus.
3 Les tarifs ne changent pas. Les riverains apprécient.
→ Les tarifs .... Les riverains ....
4 On installe des pistes cyclables. Je fais plus souvent du vélo.
→ On .... des pistes cyclables. Je .... plus souvent du vélo.
5 Ils construisent un nouveau parc. Les enfants peuvent jouer près de chez eux.
→ Ils .... un nouveau parc. Les enfants .... jouer près de chez eux.
6 Je prends des photos. Je te les envoie par mail.
→ Je .... des photos. Je te les .... par mail.

5 À vous ! Vous avez l'intention de faire des travaux dans votre logement. Vous informez votre entourage en présentant ce projet et ses conséquences sur votre vie quotidienne.

Je vais faire des travaux dans mon appartement ....
....

7 Le futur antérieur

Ah ! Ce n'est pas beau !

Attends ! Tu jugeras quand il **aura terminé** !

🎧 12

1 Utilisation

● Le futur antérieur indique que l'action secondaire (action 2) s'est déroulée avant l'action principale (action 1).

Tu jugeras quand il aura terminé !
   action 1   action 2

● Le verbe de la proposition principale est au futur simple ou à l'impératif.
● L'action secondaire est généralement introduite par une conjonction de temps : ***quand, lorsque, dès que, aussitôt que, une fois que***.
*Tu jugeras **quand** il aura terminé.*
*Appelez-moi **dès que** vous aurez reçu le contrat.*

2 Conjugaison

Le futur antérieur est un temps composé. Il est formé de l'auxiliaire ***avoir*** ou ***être*** au futur simple et du participe passé (pour le choix de l'auxiliaire et l'accord du participe passé → *Unité 2*).

🎧 13

J'aurai fini
Tu seras arrivé(e)
Il/Elle/On aura terminé
Nous serons parti(e)s
Vous aurez couru
Ils/Elles se seront arrêté(e)s

⚠ Attention à l'ordre des mots :
● avec un verbe pronominal.
*On continuera quand tu **te** seras excusé(e).*
● dans la phrase négative.
*Je **n'**aurai **pas** fini avant midi.*

EXERCICES

1. Les temps de l'indicatif — 7

1 🎧 14 Écoutez et dites si vous entendez le futur antérieur. Cochez.

Bons contacts

	Futur antérieur
Il aura répondu.	☑
1	☐
2	☐
3	☐
4	☐
5	☐
6	☐

2 Conjuguez les verbes au futur antérieur.

Claire, appelle-moi quand tu *seras arrivée*. (arriver)
1. Prévenez-nous lorsque vous .... une décision. (prendre)
2. Je vous rejoindrai aussitôt que j' .... mon travail. (finir)
3. Christian, viens me voir dès que tu .... (se décider)
4. Marie enverra un message lorsque son avion .... (atterrir)
5. On déménagera une fois qu'on .... un nouvel appartement. (trouver)

3 Faites une phrase comme dans l'exemple. Utilisez un futur simple et un futur antérieur selon l'ordre chronologique des actions.

Nous ferons la fête / J'aurai une promotion (quand) → *Nous ferons la fête quand j'aurai eu une promotion.*
1. Le DRH te donnera sa réponse / Tu passeras deux entretiens / (dès que)
   → ....
2. On enverra les convocations / On choisira la date / (lorsque)
   → ....
3. Ils quitteront l'entreprise / Ils donneront leur démission / (une fois que)
   → ....
4. Tu obtiendras les informations / On rédigera le rapport / (aussitôt que)
   → ....

4 Complétez les phrases avec le futur simple ou le futur antérieur.

On *vivra* (vivre) mieux quand les guerres *auront disparu* (disparaître).
1. On .... (respirer) mieux quand la pollution .... (être) éliminée.
2. Quand les chercheurs .... (découvrir) l'origine de ce virus, ils .... (chercher) un vaccin.
3. Les mers .... (redevenir) propres quand elles .... (être) nettoyées.

5 À vous ! Complétez cette phrase avec des verbes au futur antérieur.

Je serai totalement heureux(se) lorsque *j'aurai résolu tous mes problèmes* ....
....

Bilan   Les temps

1 Quelle est la valeur des phrases au présent ? Associez. Unité 1

Tu m'aides ou je m'en vais !

1 Il venait d'avoir 20 ans. Il part en Angleterre et fait de nombreux exploits.
2 La chance sourit aux audacieux.
3 Ils nous rejoignent à l'instant.
4 Cette voiture se conduit très facilement.
5 Nous participons régulièrement à des colloques.
6 Elles lisent silencieusement depuis une heure.
7 Ils déménagent dans quelques jours.

a Une action en train de s'accomplir
b Une action future
c Une action passée proche du présent
   Un ordre
d Une description
e Une vérité générale
f Un présent de narration
g Une habitude

2 Complétez la forme du participe passé. Unité 2

C'est le grand ménage !

Les verres, je les ai lavé*s*.
1 La table en bois, je l'ai ciré..... .
2 Les rideaux, je les ai repassé..... .
3 Mes dossiers, je les ai trié..... .
4 Les lettres, je les ai classé..... .
5 Les livres, je les ai rangé..... .
6 Les vêtements, je les ai empilé..... .
7 La vaisselle, je l'ai essuyé..... .

3 Complétez la forme du participe passé si nécessaire. Unité 2

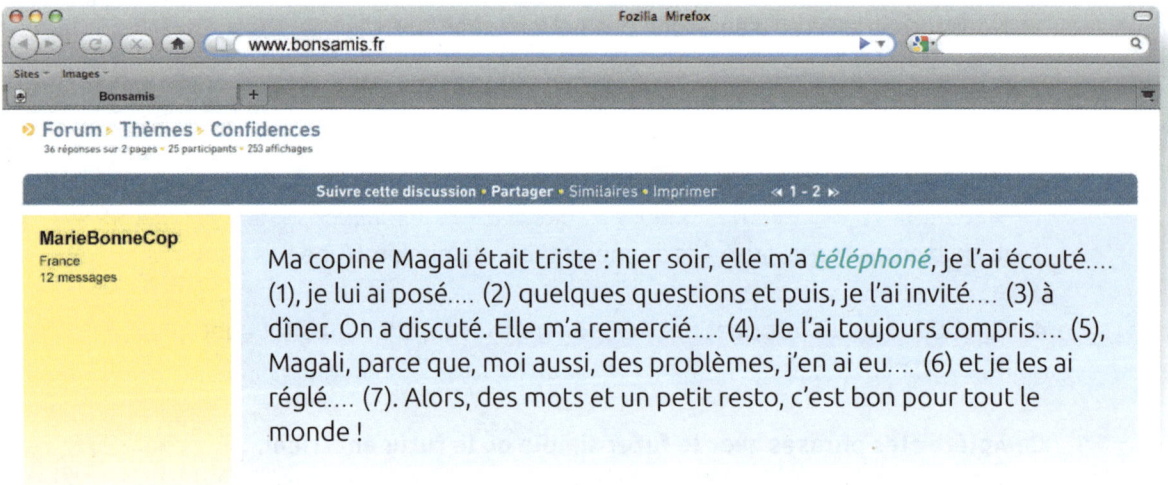

Ma copine Magali était triste : hier soir, elle m'a *téléphoné*, je l'ai écouté.... (1), je lui ai posé.... (2) quelques questions et puis, je l'ai invité.... (3) à dîner. On a discuté. Elle m'a remercié.... (4). Je l'ai toujours compris.... (5), Magali, parce que, moi aussi, des problèmes, j'en ai eu.... (6) et je les ai réglé.... (7). Alors, des mots et un petit resto, c'est bon pour tout le monde !

4 Complétez la forme du participe passé si nécessaire. Unité 2

Une belle histoire !

Ils s'étaient vu*s*, ils s'étaient regardé..... (1), ils s'étaient plu..... (2), ils s'étaient souri..... (3), ils s'étaient parlé..... (4). Elle ne s'était pas évanoui..... (5), ils s'étaient promené..... (6), ils s'étaient fâché..... (7), puis ils s'étaient réconcilié..... (8). Ils s'étaient approché..... (9) d'un banc et elle s'était serré..... (10) contre lui. Ils s'étaient fait..... (11) prendre en photo par un passant. Mais il s'était mis..... (12) à pleuvoir et ils s'étaient fait..... (13) mouiller. Ils s'en étaient allé..... (14). Plus tard, ils se sont revu..... (15), ils se sont souvenu..... (16) de ce doux moment, et finalement ils se sont marié..... (17).

de l'indicatif

1. Les temps de l'indicatif

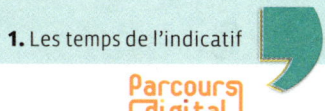

5 Conjuguez les verbes au passé composé ou à l'imparfait. Unité 3

Séjour à Madrid
– Tu *as passé* (passer) deux mois en Espagne, c'est ça ? Comment ça .... (se passer) (1) ?
– C'........................... (être) (2) génial ! J'........................... (faire) (3) beaucoup de progrès en espagnol. Maintenant, je suis bilingue.
– Tu .... (être) (4) inscrite dans une école ?
– Non, j'........................... (être) (5) fille au pair ; il y .... (avoir) (6) cinq enfants. Je .... (devoir) (7) parler espagnol parce qu'ils ne .... (parler) (8) pas français bien sûr. Et puis un jour, les parents .... (remarquer) (9) une chose : je .... (prononcer) (10) comme une enfant !
– Comment est-ce qu'ils .... (réagir) (11), alors ?
– Ils .... (décider) (12) de me présenter à des jeunes de mon âge.
Ça .... (changer) (13) ma vie !

6 Vous entendez le passé composé, l'imparfait ou le plus-que-parfait ? Cochez. Unités 3 et 4

Les noces d'or de mes grands-parents
La famille s'est réunie le week-end dernier.

	Ex.	1	2	3	4	5	6	7	8	9	10
Passé composé	☑	❑	❑	❑	❑	❑	❑	❑	❑	❑	❑
Imparfait	❑	❑	❑	❑	❑	❑	❑	❑	❑	❑	❑
Plus-que-parfait	❑	❑	❑	❑	❑	❑	❑	❑	❑	❑	❑

7 Conjuguez les verbes au passé composé, à l'imparfait ou au plus-que-parfait. Unités 3 et 4

Journal d'une maman occupée
Tout *était* prêt pour le départ en vacances ! Mon mari, qui malheureusement .... (ne pas terminer) (1) un travail important, ... (devoir) (2) nous rejoindre plus tard. Après le petit déjeuner, il .... (mettre) (3) les valises dans le coffre de la voiture et nous .... (conduire) (4), les enfants et moi, à l'aéroport. Il .... (régner) (5) une atmosphère joyeuse dans la voiture ! Les enfants .... (chanter) (6) et .... (rire) (7), tellement contents de prendre l'avion ! Nous .... (arriver) (8) très vite, nous .... (trouver) (9) le comptoir d'enregistrement mais, quand j'........................... (ouvrir) (10) mon sac pour présenter les billets et les passeports, ils n'y .... (être) (11) pas ! Mon mari les .... (glisser) (12) dans le mauvais sac ! Il .... (repartir) (13) très vite à la maison pendant que j'........................... (attendre) (14) auprès de l'hôtesse avec les enfants. Nous .... (avoir) (15) tellement peur de manquer l'avion ! L'histoire .... (se terminer) (16) de manière heureuse : il .... (revenir) (17) à temps et nous .... (pouvoir) (18) embarquer.

Bilan Les temps

8 Complétez le résumé d'un roman de Georges Simenon avec le passé composé, l'imparfait ou le plus-que-parfait. Unités 3 et 4

Une nouvelle aventure de Maigret

Un jour, la femme du commissaire Maigret *a demandé* (demander) à celui-ci d'enquêter sur une famille fortunée qui .... (venir) (1) de déplorer la disparition d'une adolescente, ce à quoi madame Maigret .... (refuser) (2) de croire. Maigret, qui .... (prendre) (3) sa retraite deux ans auparavant, ... (accepter) (4) par curiosité. Au cours de son enquête, il .... (se fâcher) (5) parce qu'il .... (découvrir) (6) des choses qu'il ne .... (soupçonner) (7) absolument pas. Au fil des ans, la famille de la victime .... (construire) (8) un empire colossal : elle .... (balayer) (9) les obstacles sur son passage et .... (faire) (10) plusieurs victimes ; argent et amour .... (vivre) (11) parallèlement mais de manière très conflictuelle. Et puis, un jour, l'adolescente .... (entendre) (12) une conversation qui .... (révéler) (13) toutes les noirceurs de sa famille.

9 Lisez ce témoignage. Conjuguez les verbes au plus-que-parfait ou au passé surcomposé. Unité 4

La violence de la pandémie effrayait toute la population. Dès que les États *ont eu saisi* (saisir) la gravité de la situation, ils ont encouragé les chercheurs à développer des vaccins. Dès le début, nous .... (demander) (1) son avis à notre médecin, qui nous .... (conseiller) (2) d'être prudents dans l'attente de médicaments. Il .... (se montrer) (3) confiant et .... (prévoir) (4) de vacciner tous ses malades. Mais les vaccins n'..................... (arriver) (5) que petit à petit. Le jour où le médecin nous a téléphoné, quel soulagement ! On s'est bien sûr précipités dans son cabinet dès qu'on .... (obtenir) (6) un rendez-vous !

🎧 16 **10 Écoutez ce texte inspiré d'un roman de Fred Vargas et complétez.** Unités 4 et 5

La porte du café *claqua* devant Adamsberg, qui .... (1) du mal à récupérer sa veste tombée sur le trottoir, puis à l'enfiler dans le bon sens. Ses pas chancelants le .... (2) mécaniquement jusqu'à l'entrée du sentier de portage. Il .... (3) la vague conscience que Noëlla .... (4) l'y attendre, tapie dans l'ombre comme le loup gris. Dès qu'il .... (5) sa lampe de poche, il l'..................... (6), balayant les alentours d'un geste incertain. Adamsberg .... (7) résolument sur le sentier. Malgré l'ivresse, la mémoire du chemin, logée dans la plante de ses pieds, le .... (8) courageusement, même s'il .... (9) à un tronc de temps à autre, suite à quelque écart de direction. Pas assez pour éviter la branche basse qui .... (10) le passage et sous laquelle il .... (11) habituellement. Il .... (12) le bois en plein front et .... (13) tomber au sol, les genoux d'abord, puis le visage, sans que ses mains puissent l'empêcher de tomber. Une nausée .... (14) Adamsberg à sa stupeur. Son front .... (15) si violemment qu'il .... (16) du mal à ouvrir les paupières. Quand il .... (17) à fixer son regard, il ne .... (18) rien. Que du noir.

1. Les temps de l'indicatif

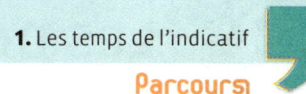

11 **Retrouvez l'extrait original de *Stupeur et tremblements* d'Amélie Nothomb. Conjuguez les verbes soulignés au passé simple.** Unité 5

Monsieur Saito m'a présentée brièvement à l'assemblée. Après quoi, il m'a demandé si j'aimais les défis. Il était clair que je n'avais pas le droit de répondre par la négative.
– Oui, ai-je dit.
Ça a été le premier mot que j'ai prononcé dans la compagnie. Jusque-là, je m'étais contentée d'incliner la tête.
Le « défi » que m'a proposé monsieur Saito consistait à accepter l'invitation d'un certain Adam Johnson [...].
– Qui est Adam Johnson ? ai-je eu la sottise de demander.
Mon supérieur a soupiré avec exaspération et n'a pas répondu.

Monsieur Saito *me présenta* brièvement à l'assemblée. Après quoi, il me .... (1) si j'aimais les défis. Il était clair que je n'avais pas le droit de répondre par la négative.
– Oui, ...-je (2).
Ce .... (3) le premier mot que je .... (4) dans la compagnie. Jusque-là, je m'étais contentée d'incliner la tête.
Le « défi » que me .... (5) monsieur Saito consistait à accepter l'invitation d'un certain Adam Johnson [...].
– Qui est Adam Johnson ? ....je (6) la sottise de demander.
Mon supérieur .... (7) avec exaspération et .... (8).

Amélie Nothomb, *Stupeur et tremblements*, Albin Michel, 1999.

12 **Conjuguez les verbes au futur proche et associez leur valeur (a., b. ou c.).** Unité 6

| a. informer sur l'imminence d'un fait | b. rassurer | c. mettre en garde |

Entrons dans la salle, elle *va arriver* (arriver) → *a*
1 Dépêchons-nous, les portes .... (fermer). → ....
2 Achète le programme, autrement, nous .... (ne rien comprendre). → ....
3 Attendez-moi, je .... (rentrer) avec vous. → ....
4 Chut ! Ça .... (commencer). → ....
5 Il faut réserver la table, il .... (ne plus y avoir) de places. → ....
6 Ne t'inquiète pas, on .... (trouver). → ....

13 **Transformez les phrases comme dans l'exemple.** Unités 6 et 7

D'abord, tu lis la critique, puis tu vas voir le film. → Tu *iras* voir le film quand tu *auras lu* la critique.
1 On va chez le médecin et après on passe à la pharmacie.
→ On .... à la pharmacie quand on .... chez le médecin.
2 Pour commencer, il trouve une recette, ensuite il prépare le gâteau.
→ Aussitôt qu'il .... une recette, il .... le gâteau.
3 J'éteins la lumière et ils s'endorment.
→ Ils .... quand j' .... la lumière.
4 Vous envoyez votre réponse et nous prenons une décision.
→ Nous .... une décision quand vous .... votre réponse.
5 Ils s'achètent un appartement mais, d'abord, ils obtiennent un crédit.
→ Quand ils .... un crédit, ils .... un appartement.
6 Tout le monde s'assoit et il commence son discours.
→ Il .... son discours quand tout le monde ....
7 Nous nous installerons dans notre nouveau logement et nous invitons nos amis.
→ Nous .... nos amis une fois que nous ....

31

8 Les noms composés

Un ouvre-boîte

Deux ouvre-boîte**s**

Un sac à main

Deux sac**s** à main

1 Formation

Les noms composés sont formés de plusieurs mots associés (nom, adjectif, préposition, verbe). Ils peuvent être composés :
- de deux mots reliés par un trait d'union : *le sous-sol, le tire-bouchon, un ouvre-boîte…*
- de deux mots reliés par une préposition (*à*, *de* ou *en*) : *une salle de bains, le rez-de-chaussée, une chambre à coucher, un arc-en-ciel…*

⚠ Les mots ne sont pas toujours reliés par un trait d'union.

2 Orthographe

- Au singulier, pour certains noms composés, le nom placé en seconde position peut être au pluriel. *Un porte-document**s** ; un porte-bagage**s** ; un porte-clé**s*** (= pour porter des documents, des bagages, des clés) ; *une boîte aux lettre**s*** (= pour mettre des lettres).
- Au pluriel, l'accord dépend de la nature des mots : les verbes et les prépositions sont invariables, les noms et les adjectifs sont variables.
un taille-crayon → *des taille-crayon**s*** (verbe – nom)
une grand-mère → *des grand**s**-mère**s*** (adjectif – nom)
un canapé-lit → *des canapé**s**-lit**s*** (nom – nom)

⚠ Au pluriel, pour certains noms composés, le nom placé en seconde position reste au singulier. *Un porte-monnaie* → *des porte-monnaie* (= qui portent la monnaie) ; *un porte-bonheur* → *des porte-bonheur* (= qui apportent le bonheur) ; *une pomme de terre* → *des pommes de terre* (= qui viennent de la terre) ; *un après-midi* → *des après-midi* (= qui arrivent après midi).

⚠ Pour les noms composés d'origine étrangère, seul le deuxième mot s'accorde : *des week-end**s**, des night-club**s***.

EXERCICES

2. Le nom, l'adjectif qualificatif, les déterminants

1 Complétez les noms composés avec les mots suivants.

~~bouchon~~   lit   fenêtre   serviette   pain   citron   linge   ordures   boîte

Un tire-*bouchon*

1. Un ouvre ....
2. Une porte ....
3. Un lave ....
4. Un canapé ....
5. Un presse ....
6. Un vide ....
7. Un grille ....
8. Un porte ....

2 Écoutez et complétez avec *à* ou *de* et/ou un trait d'union (-). 🎧 17

Une chambre *à* coucher

1. Une salle .... bains
2. Le rez .... chaussée
3. Le garage .... vélos
4. La cave .... vin
5. La salle .... jeux
6. Le local .... poubelles
7. Un deux .... pièces
8. Une boîte .... lettres
9. Un gratte .... ciel

3 Mettez les noms composés au pluriel.

Un porte-manteau → *Des porte-manteaux*

1. Un porte-bonheur → ....
2. Un après-shampoing → ....
3. Un chausse-pied → ....
4. Un sac à main → ....
5. Un sous-vêtement → ....
6. Une brosse à dents → ....
7. Une boucle d'oreille → ....
8. Un sèche-cheveux → ....
9. Un rouge à lèvres → ....
10. Un porte-monnaie → ....
11. Une robe à fleurs → ....
12. Un fer à repasser → ....

4 Retrouvez les membres de la famille. Écrivez des noms composés commençant par *grand*, *beau*, *petit* et *arrière*. Accordez les adjectifs.

C'est le père de mon mari. C'est mon *beau-père*.

1. C'est le fils de ma fille. C'est mon ....
2. C'est la mère de mon père. C'est ma ....
3. C'est le père de mon grand-père. C'est mon ....
4. Ce sont les enfants de mon fils. Ce sont mes ....
5. C'est la nouvelle femme de mon père. C'est ma ....
6. Ce sont les parents de ma femme. Ce sont mes ....
7. Ce sont les sœurs de mon mari. Ce sont mes ....

5 À vous ! Répondez aux questions avec des noms composés de votre choix.

1. Citez trois objets de la maison que vous utilisez souvent.
   ....
2. Citez trois vêtements ou accessoires que vous avez dans votre armoire.
   ....
3. Citez trois pièces de la maison ou trois lieux d'habitation.
   ....

9 L'adjectif : accords particuliers

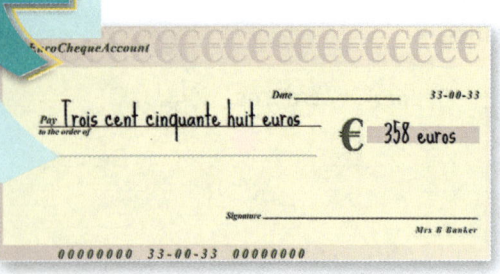
trois cent cinquante-huit euros

une veste noir et blanc

Cette valise pèse lourd !

Il est trois heures et demie.

1 Les adjectifs numéraux (chiffres et nombres)

- Les adjectifs numéraux sont invariables : *quatre semaines, huit minutes, onze mois, mille fois…*
- **Vingt** et **cent** prennent un **s** quand ils sont multipliés : *quatre-vingts euros* (= 4 × 20), *deux cents euros* (= 2 × 100) ; mais ils sont invariables quand on ajoute un autre nombre : *quatre-vingt-huit euros* (= 4 × 20 + 8), *deux cent dix euros* (= 2 × 100 + 10).
- ⚠ **Million** et **milliard** sont des noms, ils s'accordent donc : *quatre millions, six milliards*.

2 L'adjectif *demi*

Demi est invariable quand il est placé devant le nom. Il n'est jamais au pluriel.
Il s'accorde seulement en genre quand il est placé derrière le nom :
une demi-heure → des demi-heures ; une heure et demie → deux heures et demie.

3 Les adjectifs employés comme adverbes

Des adjectifs, souvent courts, précisent la manière dont l'action est faite. Ils sont utilisés comme des adverbes et sont au masculin singulier :
*Cette robe coûte **cher**. Ces fleurs sentent **bon**. Elle parle **bas**.*

4 Les adjectifs de couleur

Les adjectifs de couleur s'accordent généralement avec le nom qu'ils accompagnent :
une lumière bleue, des chaussures rouges.
Les adjectifs de couleur sont invariables :
- quand la couleur évoque une matière ou un objet.
Des yeux marron (= de la couleur du marron) ; *des chaises orange* (= de la couleur de l'orange).
Exceptions : *des chemises roses, mauves ou violettes ; des cheveux châtains*.
- quand la couleur est précisée par un adjectif ou un nom : *des chaussures bleu foncé, une robe bleu ciel et une veste bleu marine*.
- quand la couleur est exprimée par deux adjectifs : *une veste noir et blanc*.

5 Prononciation et orthographe

- On fait la liaison avec un nom qui commence par une voyelle ou un *h* muet : *deux euros, cent euros, quatre-vingts euros*.
- Il y a un trait d'union entre les dizaines et les unités : *trente-trois, cent quatre-vingt-deux*.
- Quand *demi* est placé devant le nom, il y a un trait d'union : *une demi-heure*.

EXERCICES

2. Le nom, l'adjectif qualificatif, les déterminants

1 Écrivez les nombres suivants en toutes lettres.

100 → *cent*

1. 120 → ....
2. 428 → ....
3. 395 → ....
4. 700 → ....
5. 106 → ....
6. 580 → ....
7. 681 → ....
8. 2 500 → ....

2 Complétez les expressions avec la forme correcte du mot *demi*.

Une *demi*-heure

1. Une baguette et ....
2. Une .... bouteille
3. Trois .... journées
4. Six mois et ....
5. Une page et ....
6. Une .... finale

3 Complétez avec les formes correctes des adjectifs.

(lourd) Ces cartons sont *lourds*. Ces cartons pèsent *lourd*.

1. (pareil) Mes deux sœurs sont .... Elles s'habillent ....
2. (fort) Elle crie .... Ses cris .... dérangent tout le monde.
3. (juste) Nous ne nous sommes pas trompés, nous avons vu .... Tous les résultats sont ....
4. (faux) La guitariste a joué .... toute la soirée. Toutes les notes étaient ....
5. (net) Ils n'avaient pas les idées .... Leurs discussions ont été arrêtées ....
6. (cher) – Ces peintures valent .... ?
   – Oui, elles sont ....

4 Complétez avec les couleurs proposées. Accordez les adjectifs, si nécessaire.

rouge   noir   jaune   blanc   orange   vert

Le lait et la farine sont *blancs*.

1. Les haricots peuvent être .... , ... , ... ou ....
2. La viande est .... ou ....
3. Les carottes sont ....
4. Les citrons sont .... ou ....
5. Les olives sont .... ou ....

5 Écoutez et écrivez l'adjectif.

Défilé de mode

Elle porte une robe *bleue* avec des rayures *bleu foncé*.

1. Il a une chemise .... et une cravate ....
2. Les jupes de ces petites filles sont .... avec des pois ....
3. Ses chaussures sont .... avec des lacets ....
4. Cette robe .... est portée avec une veste ....
5. Regardez ces foulards .... et ces ceintures .... !

10 La place de l'adjectif

À vendre | Particuliers | Professionnels

Jolie table rouge
50 €

Petit ordinateur portable
75 €

Belle lampe ancienne
25 €

1 Place de l'adjectif : cas général

● Dans un groupe nominal, l'adjectif qualificatif se place en général derrière le nom :
un canapé **confortable**, un ami **japonais**, une table **ronde**, des meubles **blancs**.
● Quelques adjectifs courts se placent devant le nom : beau, joli, petit, grand, gros, bon, mauvais, jeune, vieux, nouveau. J'ai un **nouveau** lit et un **joli** tapis.
● Certains adjectifs d'appréciation comme excellent(e), fantastique, merveilleux/merveilleuse, magnifique peuvent se placer devant ou derrière le nom. C'est un **magnifique** tapis. C'est un tapis **magnifique**.

⚠ Devant un nom masculin commençant par une voyelle ou un h muet, trois adjectifs ont une forme particulière :
beau → bel : un **bel** appartement
vieux → vieil : un **vieil** homme
nouveau → nouvel : un **nouvel** ordinateur

⚠ Souvent l'article des devient de ou d' devant les adjectifs placés avant le nom.
On a vu **de** jolis tableaux.

2 Prononciation

● Quand l'adjectif est placé devant un nom qui commence par une voyelle ou un h muet, on fait la liaison : Il a un petit appartement dans les nouveaux immeubles.
● Quand l'adjectif grand est placé devant un nom qui commence par une voyelle ou un h muet, on fait la liaison ; on prononce t : Voici mon grand ami Léon. Dans cette ville, il y a un grand hôpital.
● Quand les adjectifs bon, premier et dernier sont placés devant un nom qui commence par une voyelle ou un h muet, ils sont prononcés comme l'adjectif au féminin.
C'est un bon acteur. C'est mon premier ordinateur.

EXERCICES

2. Le nom, l'adjectif qualificatif, les déterminants

10

1 Mettez l'adjectif à la place correcte et complétez avec l'article *un, une, des,* ou *de/d'*.

C'est *un* homme *élégant*. (élégant)
1 Ce sont .... amis .... à moi. (grands)
2 Cet enfant a .... cheveux .... (beaux)
3 C'est .... femme .... (agréable)
4 Ce sont .... acteurs .... (bons)
5 C'est .... peintre .... (intéressant)
6 Ce sont .... musiciens .... (excellents)

🎧 20 **2** Écoutez et écrivez les formes correctes des adjectifs *beau, nouveau* et *vieux*.

Chez moi, il y a :
une *vieille* télévision,
1 un .... escalier,
2 un .... réfrigérateur,
3 un .... tableau,
4 un .... lit,
5 une .... carte du monde,
6 un .... appareil photo,
7 un .... ordinateur.

🎧 21 **3** Mettez les mots dans l'ordre. Écoutez pour vérifier.

Je cherche
canapé / beau / bleu → un *beau canapé bleu,*
1 portable / ancien / ordinateur → un .... ,
2 tapis / vieux / rond → un .... ,
3 basse / petite / table → une .... ,
4 confortable / chaise / nouvelle → une .... ,
5 joli / rectangulaire / miroir → un .... ,
6 meuble / anglais / petit → un .... ,
7 électrique / piano / vieux → un ....

4 À vous ! Présentez les objets qu'il y a autour de vous. Utilisez des adjectifs.

Il y a une grande table ....

5 Décrivez chaque personne en utilisant les adjectifs. Attention à la place et aux accords !

vieux – rouge – noir – blanc – grand – violet – marron

1 Il porte un *vieux* pantalon .... ,
un .... tee-shirt .... et
une .... chemise ....
Il a aussi des .... chaussures
.... et une ....
casquette ....
2 Elle porte une .... robe
.... avec une .... veste
.... Elle a une ....
paire de chaussures .... et un
.... sac ....

10 La place de l'adjectif

3 Place et sens des adjectifs

Certains adjectifs changent de sens selon leur place.

ancien / ancienne	*Je collectionne les voitures **anciennes**.* (= qui ne sont plus construites maintenant)	*Mon **ancienne** voiture était verte.* (= je n'ai plus cette voiture)
cher / chère	*C'est une maison très **chère**.* (= elle vaut beaucoup d'argent)	***Chère** amie…* (= que j'aime bien)
curieux / curieuse	*Je n'aime pas les gens trop **curieux**.* (= indiscrets)	*C'est une **curieuse** personne.* (= bizarre)
dernier / dernière	*La **dernière** ville que j'ai visitée est Istanbul.* (= je n'ai pas visité une autre ville depuis)	*Le mois **dernier**, je suis allé à Istanbul.* (= nous sommes en mai, j'y suis allé en avril)
différent / différente	*Chaque année, je passe mes vacances dans des endroits **différents**.* (= variés)	*Il y a **différents** pays où j'aimerais aller.* (= plusieurs)
drôle / drôle	*J'ai un frère **drôle** et un frère pas **drôle** du tout.* (= amusant)	*Ils ont une **drôle** de voiture.* (= bizarre)
grand / grande	*Il n'aime pas les femmes trop **grandes**.* (= de grande taille)	*C'est une très **grande** sportive.* (= elle fait beaucoup de sport)
pauvre / pauvre	*Ce sont des personnes **pauvres**.* (= sans argent)	*Je plains cette **pauvre** femme.* (= malheureuse)
petit / petite	*Je préfère les hommes **petits**.* (= de petite taille)	*C'est un **petit** voyageur !* (= il ne voyage pas beaucoup)
prochain / prochaine	*La semaine **prochaine**, je suis en vacances.* (= la semaine après cette semaine)	*Le **prochain** train est à 8 heures.* (= le train qui va arriver)
propre / propre	*Dans cette ville, il y a beaucoup de rues **propres**.* (≠ sales)	*J'ai mon **propre** ascenseur.* (= un ascenseur personnel)
seul / seule	*C'est une personne **seule**.* (= sans amis, sans parents)	*Il n'y a qu'une **seule** personne dans la salle.* (= pas d'autres personnes)
simple / simple	*C'est un exercice **simple**.* (= pas difficile)	*C'est une **simple** formalité.* (= rien de plus)

4 Ordre des adjectifs

- Quand plusieurs adjectifs accompagnent le nom, on les place selon un ordre précis. Le plus proche du nom est celui qui définit le sens du nom.
*Une élection **présidentielle** espagnole.*
- L'adjectif numéral est toujours placé devant les autres adjectifs.
*Les **quatre** premiers étages, les **deux** dernières places, les **trois** prochains trains.*

EXERCICES

2. Le nom, l'adjectif qualificatif, les déterminants

6 Associez les adjectifs soulignés à leur signification.

J'ai une nouvelle voiture. → = j'ai changé
1 Je préfère les hommes <u>grands</u>.
2 J'ai rendez-vous place des <u>Grands</u> Hommes.
3 J'aime bien cette <u>ancienne</u> gare.
4 Je suis revenu le mois <u>dernier</u>.
5 Je ne prête pas ma voiture <u>neuve</u>.
6 Je te le répète pour la <u>dernière</u> fois !

a = maintenant, c'est un musée
b = après, c'est fini
c = célèbres
d = il y a 4 semaines
e = qui n'a jamais été utilisée
f = par exemple, de plus d'1,80 m

7 Mettez l'adjectif à la place correcte. Écoutez pour vérifier.

Je suis retourné dans mon *ancienne* maison (ancienne).
1 J'ai trouvé le .... quartier .... (propre).
2 Mes amis vivent dans le même immeuble, à .... étages .... (différents) !
3 Leur appartement a son .... ascenseur .... (propre).
4 Il n'y a pas de terrasse mais un .... balcon .... (simple).
5 Moi, j'habite un .... immeuble .... (ancien).
6 Mes cousins habitent le même village, dans des .... maisons .... (différentes).

8 Associez les phrases de même sens.

Dans mon immeuble

La dame du 4ᵉ est une vieille amie. → *On se connaît depuis longtemps.*
1 On a un gardien très curieux.
2 Ma voisine a un drôle de chien.
3 Il y a un grand chirurgien au 5ᵉ.
4 Il y a une nouvelle famille au 3ᵉ.
5 Des étudiants habitent au dernier étage.
6 Au 2ᵉ, il y a un couple assez pauvre.

a Ils vivent sous les toits.
b Ils ont peu d'argent.
c Il est très connu.
d Il ressemble à un lapin.
e Ils sont là depuis peu de temps.
f Il veut tout savoir.

9 Mettez les mots dans l'ordre pour retrouver le texte de la carte postale.

collègues / chers / Mes → *Mes chers collègues*
Je passe / derniers / en Sicile / mes / deux / jours / de vacances → ......
antiques / J'ai visité / des / sites / magnifiques → ......
des / J'ai vu / montagneux / paysages / splendides → ......
J'ai aussi fait / rencontres / agréables / différentes → ......
soirée / Hier, / il y avait / une / grande / internationale → ......
trois / J'ai rencontré / vraiment sympathiques / filles / espagnoles → ......
prochaine / Elles m'invitent / à Madrid / l'année / ! → ......
À très bientôt au bureau ! Charlotte

10 À vous ! Écrivez une carte postale de vacances. Attention à la place des adjectifs !

Mes vacances se passent bien. Je suis dans un petit village touristique. ......

11 L'article et l'absence d'article

Oh ! Il nous a parlé **d'**humour, **de** créativité, **d'un** exploit, **de la** réussite du siècle ! C'est dur…

Je veux de l'humour, de la créativité, un exploit, la réussite du siècle !

Qu'est-ce qu'il a dit, le metteur en scène ?!

Le nom est généralement précédé d'un article défini, indéfini ou partitif.
Dans certains cas, les articles sont omis.

1 Verbes suivis de la préposition *de*

Quand le verbe est suivi de la préposition *de* :
- les articles définis *le*, *les* sont contractés avec la préposition et deviennent *du*, *des*.
- l'article indéfini pluriel *des* et les articles partitifs *du*, *de la*, *de l'* sont omis.

Constructions verbales directes (animer quelque chose, demander quelque chose, vouloir quelque chose…)	Constructions verbales avec *de* (s'occuper de quelque chose, avoir besoin de quelque chose…)
*Elle anime **le** stage jeunesse.* (article défini)	→ *Elle s'occupe ~~de le~~ **du** stage jeunesse.* (article défini contracté)
*J'anime **les** formations senior.* (article défini)	→ *Je m'occupe ~~de les~~ **des** formations senior.* (article défini contracté)
*Il veut **des** renseignements.* (article indéfini pluriel)	→ *Il a besoin ~~des~~ **de** renseignements.* (absence de l'article indéfini pluriel)
*Elle demande **du** temps.* (article partitif)	→ *Elle a besoin ~~du~~ **de** temps.* (absence de l'article partitif)
*Il demande **de l'**aide.* (article partitif)	→ *Il a besoin ~~de l'~~ **d'**aide.* (absence de l'article partitif)

2 Autres cas

- Il n'y a pas d'article pour une information générale ; il y a un article quand l'information est précisée :
– après la préposition **sans** : *Il est sans revenu. / Il est sans le moindre revenu.*
– devant un nom de profession précédé de *être* ou *devenir* :
Elle est devenue déléguée du personnel. / Elle est devenue une déléguée indispensable.
- Il n'y a pas d'article devant le complément de nom introduit par *à* ou *de* quand le complément de nom caractérise le nom : *une salle de cinéma, des problèmes d'argent, un coffret à bijoux.*
⚠ On conserve l'article défini quand *à* a le sens de *avec* : *un gâteau à la framboise.*
- Dans la structure négative de l'article indéfini ou du partitif, il n'y a pas d'article. Mais l'article partitif et l'article indéfini sont présents pour souligner un élément par rapport à un autre. *Elle ne veut **pas d'**augmentation spéciale. / Elle ne veut pas **une** augmentation spéciale mais **un** salaire équitable.*

EXERCICES

2. Le nom, l'adjectif qualificatif, les déterminants

1 Transformez comme dans l'exemple.

De temps en temps, il garde des enfants. (s'occuper de) → *De temps en temps, il s'occupe d'enfants.*

1. Le samedi, je garde les enfants de ma sœur. (s'occuper de) → ....
2. Je me rappelle l'ancien directeur. (se souvenir de) → ....
3. Ce travail demande de la patience et du courage. (avoir besoin de) → ....
4. Vous voudriez le conseil du responsable. (avoir besoin de) → ....
5. Le commercial présente les nouveaux prototypes. (parler de) → ....
6. Tu évoques souvent des difficultés dans ton travail. (parler de) → ....

2 Soulignez la forme correcte.

Voici une recette *de / du* chef Varan que j'ai testée !
Poulet *au / du* (1) chocolat
Faire griller des blancs *de / du* (2) poulet. Pour la sauce, prendre une tablette *du / de* (3) chocolat noir et faire fondre. Ajouter *de la / de* crème (4) *du / de* (5) lait *de / de la* (6) vache et des grains *de / de la* (7) coriandre et bien mélanger. Mettre dans un plat les morceaux *de la / de* (8) viande et les recouvrir avec la sauce *du / au* (9) chocolat. À déguster avec du riz *des / aux* (10) épices.

3 Complétez avec la préposition *de* ou les articles *du, de la, de l', des,* si nécessaire.

Bonjour à toutes et à tous,
Nous sommes globalement contents *des* résultats obtenus ce semestre. Notre entreprise, parfois accusée .... (1) négligences et .... (2) manque .... (3) créativité, a su retrouver la confiance .... (4) consommateurs. Grâce à notre collègue Monsieur Legrand, qui est chargé .... (5) communication à l'international, nous avons retrouvé une image positive auprès du public. Nous sommes particulièrement fiers des chiffres .... (6) usine de Madrid. Madame Point, responsable .... (7) projet « Acier », a convaincu nos partenaires et moi-même qui ai pu aussi m'occuper .... (8) suivi du projet à Paris. Donc, sans .... (9) hésitation, nous affirmons ne plus avoir besoin .... (10) publicité actuellement !

4 Complétez avec un article si nécessaire. Écoutez pour vérifier.

1. Olivier Bancel est *le* conseiller .... président .... République.
2. Camille Flaux est .... préfet .... département. Il sera .... préfet longtemps, je pense.
3. Sans .... vote .... majorité .... députés, la loi ne sera pas adoptée.
4. Il est .... maire sans être dans un parti politique. Il est sans .... étiquette.
5. Jeanne Souve est .... sénatrice. Mais elle a été .... consule pendant plusieurs années.

5 Complétez avec *de, du, de la, des, un* ou *une.*

Elle a changé, elle ne fait plus *du* tennis, elle fait *de l'* escalade.
1. Il ne joue pas .... clarinette, il joue .... saxo.
2. Je n'ai jamais fait .... planche à voile, et toi ?
3. Tu as arrêté ? Tu ne fais plus .... mots croisés ?
4. Elles ont .... guitare, pas .... mandoline.
5. Nous faisons .... chant choral, nous ne faisons pas .... théâtre.
6. Ils n'ont pas .... castagnettes, ils ont .... batterie !

12 Les adjectifs indéfinis

1 Utilisation

Les adjectifs indéfinis expriment généralement une quantité qui peut être :
- la totalité. *J'ai vu **tous** les films de Jean-Luc Godard.*
- la pluralité. *J'ai vu **plusieurs** films de Jean-Luc Godard.*

Ils peuvent exprimer aussi la similitude, la différence ou un choix indifférent.
*Ton ami et moi, nous avons les **mêmes** goûts.*

2 *Tout(e)(s), chaque et aucun(e)*

• ***Tout*** exprime la totalité d'un ensemble. ***Tout** le groupe est là.* (= le groupe entier)
Tout est suivi d'un nom avec un déterminant (articles défini ou indéfini, adjectifs démonstratif ou possessif). Il s'accorde avec ce nom.

Tout (ms) **Tous** (mp)	*Vous avez vu **tout le** spectacle.* *Il a vu **tous les** spectacles de ce chanteur ?*
Toute (fs) **Toutes** (fp)	*Elle écoute cette chanson **toute la** journée.* *Vous avez aimé **toutes ces** chansons ?*

⚠ ***Tout le monde*** (= tous les gens) est suivi d'un verbe au singulier. *Tout le monde chant**e**.*

• ***Chaque*** présente tous les éléments d'un ensemble, un par un.
*Le chanteur a présenté **chaque** musicien de son groupe.* (= tous les musiciens, l'un après l'autre)
Chaque est invariable et est suivi d'un nom singulier.

• ***Aucun*** (masculin) et ***aucune*** (féminin) sont toujours suivis d'un nom singulier sans article.
Ils indiquent une quantité nulle et sont toujours employés avec *ne*.
*Il n'y a **aucune** fille dans le groupe de musiciens.* (= il n'y a pas une seule fille)

• ***Tout*** et ***chaque*** expriment aussi l'idée de répétition, de périodicité dans le temps.
*Il va au concert **tous les mois**. = Il va au concert **chaque mois**.* (= une fois par mois)
⚠ On ne dit pas *chaque trois mois* mais *tous les trois mois*.

🎧 25 Prononciation

On ne prononce pas le *s* final de *tous*. *Vous connaissez tous les artistes ?*

EXERCICES

2. Le nom, l'adjectif qualificatif, les déterminants

1 Associez.

1 Tout
2 Toute
3 Tous
4 Toutes

a le groupe
b mes frères
c tes cousines
   ma famille
d la classe
e le monde
f l'équipe
g les enfants
h nos amis
i mes copines

2 Complétez avec *tout le, toute la, tous les* ou *toutes les*.

Je voudrais voir *tous les* pays, ... villes (1), traverser .... ponts (2), ... rivières (3), ... forêts (4), visiter .... musées (5), ... monuments (6), raconter à .... monde (7) que .... planète (8) est merveilleuse !

3 Transformez avec *aucun, aucune* comme dans l'exemple.

Le village a bien changé

Avant, il y avait des magasins. → *Aujourd'hui, il n'y a aucun magasin.*

1 Avant, vous trouviez des cafés. → ....
2 Avant, on avait des boulangeries. → ....
3 Avant, nous avions des épiceries. → ....
4 Avant, il y avait des trains. → ....
5 Avant, ils avaient des hôtels. → ....

4 Complétez avec *chaque* ou *tous*.

Habitudes

1 – Vous regardez la télé *tous* les jours ? – Oui, ... soir, je regarde un film.
2 – Tu vas à la piscine .... les week-ends ? – Oui, ... dimanche, sans exception !
3 – Vous partez en voyage .... les étés ? – Non, pas .... été, nous n'avons pas toujours l'argent.
4 – Vous déménagez .... année ? – Non, mais environ .... les trois ans.

5 Complétez avec *chaque, tous les / toutes les* ou *aucun / aucune*. Écoutez pour vérifier.

Notre hôtel ferme *tous les* hivers, de novembre à mars.

1 .... réservations sont faites pour les vacances de Pâques.
2 Nous n'avons .... possibilité avant le 10 mai.
3 .... membres de notre personnel sont bilingues.
4 À la piscine, il est demandé à .... famille de surveiller ses enfants.
5 .... baignade n'est autorisée après 20 heures.
6 Des spectacles sont organisés .... soir.
7 .... soirées sont gratuites.

12 Les adjectifs indéfinis

3 Quelques, plusieurs et certain(e)s

Ces trois adjectifs indéfinis sont toujours suivis d'un nom au pluriel sans article.
Quelques et *plusieurs* sont toujours au pluriel.

- ***Quelques*** indique un petit nombre. Il a souvent le même sens que l'article indéfini *des*.
J'ai **quelques** amis musiciens. (= je n'en ai pas beaucoup)

- ***Plusieurs*** indique une quantité supérieure à deux sans donner de précision.
J'ai **plusieurs** amis musiciens.

- ***Certain(e)s*** indique une quantité extraite d'un ensemble.
Certaines amies musiciennes sont célèbres. (= plusieurs amies parmi toutes mes amies)

4 Même(s) et autre(s)

Ces adjectifs peuvent être utilisés au singulier ou au pluriel. Ils sont précédés d'un déterminant et suivis par un nom.

- L'adjectif *même* indique une similitude.
J'aime la **même** chanson que toi.
Ma sœur et moi, nous aimons les **mêmes** chanteurs.

- L'adjectif *autre* indique une différence.
Mon frère aîné est chanteur et mon **autre** frère est guitariste.

Le pluriel de *un autre, une autre* est *d'autres*.
J'aimerais écouter ~~des autres~~ chansons. → J'aimerais écouter **d'autres** chansons.

5 N'importe quel(s)/quelle(s)

Cet adjectif s'accorde avec le nom qui suit. Il indique un choix indifférent.
J'aimerais savoir jouer d'un instrument, de **n'importe quel** instrument : du piano, de la guitare, du violon.

Prononciation
On fait la liaison avec *quelques, plusieurs* et *certain(e)s* quand le nom qui suit commence par une voyelle ou un *h* muet. Je connais quelques artistes marocains. J'aime plusieurs artistes canadiens. Certains artistes sont connus.

EXERCICES

2. Le nom, l'adjectif qualificatif, les déterminants

 6 **Soulignez la forme qui convient selon le contexte. Écoutez pour vérifier.**

C'est bien, il y a *quelques / plusieurs* trains par jour.
1. Vite, on a seulement *plusieurs / quelques* minutes avant le départ du train !
2. Vous avez encore un grand choix, il reste *plusieurs / quelques* places.
3. On entendait beaucoup d'informations, *certaines / plusieurs* annonces étaient même en anglais.
4. Je suis presque seul dans le wagon, il y a juste *plusieurs / quelques* passagers.
5. Beaucoup de voyageurs sont bloqués : *plusieurs / quelques* trains sont supprimés !
6. C'est vraiment génial, on a *plusieurs / quelques* billets pour le même tarif !
7. Nous vous demandons de patienter encore *plusieurs / quelques* instants.

7 **Transformez les phrases avec *le/la/les même(s)* ou *un/une/d'autre(s)*.**

J'ai des idées. (=) → Nous avons *les mêmes* idées.
Tu as un projet. (≠) → Ils ont *un autre* projet.
1. Il a une qualité. (≠) → Vous avez ....
2. Ils ont des défauts. (≠) → Nous avons ....
3. Vous avez une impression. (=) → J'ai ....
4. On a des réactions. (=) → Elle a ....
5. Tu as un intérêt. (≠) → On a ....
6. J'ai une organisation. (=) → Tu as ....
7. Vous avez des sentiments. (≠) → Ils ont ....

8 **Complétez ces consignes avec *n'importe quel(s)/quelle(s)*.**

Attention, vous devez vous préparer, vous n'allez pas passer *n'importe quel* examen !
1. À cet examen, il faudra vous présenter correctement, vous ne mettrez pas .... vêtements.
2. Révisez bien la littérature, vous pouvez être interrogés sur .... textes !
3. Et réfléchissez bien, n'écrivez pas .... réponse si vous ne savez pas !
4. Pour les mathématiques, ne donnez pas .... explications aux problèmes posés.
5. Et, s'il vous plaît, revoyez bien les différentes périodes pour l'histoire, n'écrivez pas .... dates !
6. Et c'est la même chose pour l'économie, ne dessinez pas .... graphique !

9 **À vous ! Observez le dessin. Faites des phrases avec des adjectifs indéfinis pour décrire la scène. Utilisez les noms *homme, cliente, serveuse, enfant*.**

Il y a plusieurs clients dans le café. ....
....
....
....
....
....

Bilan — Le nom, l'adjectif qualificatif,

1 Complétez avec *à*, *de*, *d'* ou un trait d'union puis mettez les noms composés au pluriel. Unité 8

    Un presse-fruits → Des *presse-fruits*
1. Une queue .... cheval → Des ....
2. Un couteau .... fromage → Des ....
3. Un croque .... monsieur → Des ....
4. Un ouvre .... boîte → Des ....
5. Un faire .... part → Des ....
6. Une boîte .... outils → Des ....
7. Une salle .... attente → Des ....

2 Retrouvez les noms composés et mettez-les au pluriel. Unité 8

    paquetcadeau : *des paquets-cadeaux*
1. arcenciel : des ....
2. chefdœuvre : des ....
3. porteserviette : des ....
4. sacàdos : des ....
5. gratteciel : des ....
6. arrièreboutique : des ....
7. tasseàcafé : des ....
8. machineàécrire : des ....
9. nightclub : des ....

3 Écrivez les nombres en lettres et complétez *demi* si nécessaire. Unité 9

1. Au cours des *douze* (12) derniers mois de l'année, la population française a augmenté de .... (187 000) personnes. Elle est actuellement de .... (67 800 000) habitants.
2. Marseille, la deuxième ville de France, compte .... (873 716) habitants, dont plus de .... (6,5) % de jeunes.
3. .... (89 400 000) visiteurs étrangers sont venus en France en 2018.
4. L'objectif du gouvernement est de recevoir .... (100 000 000) de touristes étrangers pour .... (60 000 000 000) d'euros de recettes.
5. Chaque Français consomme une baguette et demi........ par jour et une dem........ bouteille d'eau par jour.

4 Accordez les adjectifs si nécessaire. Unité 9

    Elle a acheté une robe vert*e*, qui était bon........ marché.
1. J'adore tes bottes marron........, mais elles ne montent pas trop haut........ ?
2. Regarde ces chemises bleu........, j'aime bien la bleu........ clair........, et toi ?
3. J'ai égaré une de mes chaussettes rouge........ et vert........ .
4. Tu portes des talons haut........ ?
5. Ma petite sœur fait toujours tout pareil.... que moi pourtant nous ne sommes pas pareil........ !
6. Où est-ce que vous avez trouvé ces tee-shirts orange........ ?

les déterminants

2. Le nom, l'adjectif qualificatif, les déterminants

5 **Accordez les adjectifs en genre et en nombre.** Unité 9

Objets de la maison

J'adore
les placards *noirs*
1. la table gris..... foncé.....
2. les couvertures rose.....
3. la moquette vert..... pâle.....
4. les chaises marron.....

Je déteste
5. l'armoire violet..... et mauve.....
6. les étagères orange.....
7. les draps jaune..... et blanc.....
8. les couettes blanc.....
9. les parquets jaune..... citron.....

6 **Indiquez si vous entendez un adjectif ou un adverbe. Écoutez et cochez.** Unité 9

Ses explications sont très claires.

	Ex.	1	2	3	4	5	6	7	8
Adjectif	☑	☐	☐	☐	☐	☐	☐	☐	☐
Adverbe	☐	☐	☐	☐	☐	☐	☐	☐	☐

7 **Complétez avec les formes correctes des adjectifs.** Unité 9

(haut) Elle parle à voix *haute*. Elle chante trop *haut*.
1. (bon) Ça sent .... Il y a une .... odeur.
2. (dur) Il travaille .... Ses conditions de travail sont ....
3. (droit) Tenez-vous .... La route est en ligne ....
4. (bas) Les valeurs bancaires sont tombées .... Elles sont .... en ce moment.
5. (court) Elle a les cheveux .... Ses cheveux sont coupés ....
6. (gros) Il a gagné .... Il a gagné une .... somme.
7. (grand) Ouvrez .... les fenêtres. Ce sont de .... fenêtres.

8 **Mettez les mots dans l'ordre pour faire une phrase. Écoutez pour vérifier.** Unité 10

Quelle consommation !

petit / J'aimerais / téléphone / portable / un → *J'aimerais un petit téléphone portable.*
1. Il a acheté / ultrarapide / un / ordinateur / bel → ....
2. sa / tablette / dernière / Regarde / blanche → ....
3. tableau / premier / C'est / numérique / notre → ....
4. livres / vieux / inintéressants / les / Nous n'aimons pas → ....
5. allemand / Vous vendez / téléviseur / vieux / votre → ....
6. Leurs / séries / enfants / adorent / jeunes / étrangères / les → ....
7. fonctionne / système / mauvais / informatique / trop lentement / Ce → ....

9 **Mettez l'adjectif à la place correcte selon son sens. N'oubliez pas l'accord en genre et en nombre !** Unité 10

seul = sans amis, sans parents → C'est un homme *seul*.
1. cher = que j'aime beaucoup. → Je vous présente Amélie, ma .... voisine ....
2. curieux = bizarre → C'est une .... journaliste ....
3. grand = très connu → C'est vraiment un .... roman ....
4. dernier = après, les vacances étaient finies. → Le .... jour .... de mes vacances, je me suis reposé.
5. pauvre = peu d'argent → C'est un .... pays ....
6. propre = à eux → C'est leur .... plage ....
7. petit = pas important → C'est un .... film ....

Bilan — Le nom, l'adjectif qualificatif,

10 Soulignez la forme correcte. Unité 11

Chaque été, je m'occupe *des* / *d'* enfants de ma sœur pendant quinze jours. Je les emmène découvrir une région de France. On se raconte plein de choses, on parle *des* / *de* (1) nouveaux jeux de l'école, *de* / *de la* (2) vie en général, et on fait *des* / *de* (3) visites. Ils font d'ailleurs preuve *de* / *de la* (4) patience parce que je leur fais visiter tous les vieux châteaux de la région ! Ils me connaissent bien, ils savent que je suis passionnée *des* / *de* (5) vieilles pierres et que j'ai besoin *de* / *des* (6) découvertes et *des* / *de* (7) sensations ! Je n'ai pas *d'* / *des* (8) enfants, et ne me suis jamais occupée *des* / *d'* (9) enfants, excepté ceux de ma sœur. Après l'année scolaire, nous avons toujours envie *de* / *de la* (10) liberté et *de* / *des* (11) grands espaces !

11 Entourez la forme correcte. Unité 11

– En vacances, je veux être loin de tout, loin de mon travail, *sans* / *pas une* connexion, je ne veux surtout pas *des* / *de* (1) contacts avec la « civilisation ».
– Ah bon ? !
– Je ne veux pas *de* / *du* (2) téléphone, et encore moins *une* / *de* (3) télévision !
– Pas *une* / *de* (4) radio non plus pour écouter un peu *de la* / *de* (5) musique ?
– Non, je te dis, je ne rêve que *d'un* / *du* (6) silence ; je veux vivre *sans* / *sans du* (7) bruit, *sans* / *sans la* (8) moindre communication avec les autres.
– Et Internet ?
– Ah non ! Je ne veux pas recevoir *des* / *d'* (9) e-mails sans arrêt !
– Mais ce n'est pas *une* / *de* (10) vie !
– Pour moi, les vacances, c'est la tranquillité, et je ne veux pas avoir *des* / *de* (11) préoccupations. Moi, je refuse d'avoir *des* / *de* (12) contraintes en vacances, je veux me reposer *sans des* / *sans* (13) obligations !

12 Complétez avec *de* ou un article si nécessaire. Unité 11

– Tu sais, j'ai vu Noham hier. Nous avons parlé *de* voyages, ... (1) paysages fabuleux.
– Ah oui ? Il était où ?
– En Afrique du Sud. Il m'a montré .... (2) photos .... (3) paysages magnifiques, ... (4) parc Kruger, ... (5) animaux qu'il y a vus, ... (6) péninsule du Cap qu'il a visitée. Il est revenu la tête pleine .... (7) merveilleux souvenirs.
– Tu me fais rêver ! J'ai tellement envie .... (8) voyages, ... (9) évasion, tu vois, j'aimerais partir librement, sans .... (10) contraintes.

13 Complétez avec *de, d', de l', du, de la* ou *des*. Unité 11

Bienvenue à Darrouges !
Dès votre arrivée, présentez-vous à l'entrée *du* domaine. Vous aurez besoin .... (1) pass reçu par retour .... (2) mail. Si vous êtes en compagnie .... (3) bénéficiaires .... (4) gratuité, pensez à apporter un justificatif.
Votre billet vous permet d'accéder à l'ensemble .... (5) espaces ouverts : le château, le potager .... (6) ferme et les serres qui se trouvent à environ vingt minutes .... (7) marche .... (8) entrée. Attention, elles ne sont ouvertes qu'en début .... (9) après-midi. Les visiteurs épris .... (10) botanique pourront suivre le parcours pédagogique proposé. Bonne visite !

les déterminants

2. Le nom, l'adjectif qualificatif, les déterminants

14 Complétez avec la forme qui convient. Unité 12

> toutes   aucun (× 2)   chaque (× 2)

– J'ai donné tous les dossiers à *chaque* participant.
– Mais non, moi je n'ai eu .... (1) dossier ! Je n'ai même pas .... (2) les dates des réunions !
– Si, on a décidé .... (3) premier lundi du mois !
– Pourtant, ... (4) collègue ne m'en a parlé.

> toute   chaque   aucune   tous

– Nos collègues de Périgueux ont visité l'entreprise ?
– Ah non, ... (5) visite n'a été programmée. Ils sont encore là .... (6) la semaine.
– Organisez-vous, il faudra leur montrer .... (7) service et les accompagner dans .... (8) les ateliers.

15 Dites le contraire avec un adjectif indéfini. Unité 12

	Je fais la même croisière.	→ Je fais *une autre* croisière.
1	Ils visitent quelques îles.	→ Ils ne visitent .... île.
2	On ne connaît pas chaque plage.	→ On connaît .... les plages.
3	Je vais aux mêmes endroits.	→ Je vais à .... endroits.
4	Nous emportons plusieurs livres.	→ Nous n'emportons .... livre.
5	Tu choisis d'autres dates.	→ Tu choisis .... dates.
6	Le capitaine ne salue aucun passager.	→ Le capitaine salue .... les passagers.

16 Mettez les mots dans l'ordre pour faire une phrase. Unité 12

Le professeur en colère

retard / matins, / arrivent / Tous / certains / en / élèves / les
→ *Tous les matins, certains élèves arrivent en retard.*

1 oublient / documents / Chaque / des / jour, / ils
→ ....
2 temps / relève / tout / le / fautes / les / Je / mêmes
→ ....
3 donne / activités / Je / à / plusieurs / élèves / supplémentaires / certaines
→ ....
4 chaque / suis / explications / Je / jour / épuisé / mes / de / répéter / toutes
→ ....
5 classes, / ne / rencontre / problème / je / Avec / aucun / autres / les
→ ....
6 difficile / n'importe quel / Je / proposer / peux / leur / exercice
→ ....

17 Complétez avec *toutes, Certains, même, autres, n'importe quelle, quelques, tous, chaque*. Unité 12

Fête

Tous les étudiants sont invités à la fête de l'université ! C'est la .... (1) équipe que l'an dernier qui organise. .... (2) profs ont préparé .... (3) scènes de théâtre, et d' .... (4) enseignants vont chanter avec leur chorale. Vous pouvez proposer .... (5) les activités que vous voulez, ... (6) activité sera évaluée, ... (7) idée sera la bienvenue !

13 La question avec inversion

Votre avis nous intéresse !

Est-ce la première fois que vous venez dans notre centre ?   ❏ Oui / ❏ Non
Que pensez-vous de la qualité de nos services ?   +++ / + / - / ---
Le programme d'activités vous a-t-il convenu ?   ❏ Oui / ❏ Non

1 Utilisation

Généralement, on utilise la question avec inversion du sujet dans une situation formelle.

Situation familière	Situation standard	Situation formelle
Vous êtes satisfait ?	*Est-ce que vous êtes satisfait ?*	*Êtes-vous satisfait ?*

2 Inversion simple : le sujet est un pronom

- Dans la question avec inversion simple, on place le verbe avant le pronom sujet.
***Venez**-vous souvent ?*
- Quand le verbe est conjugué à un temps composé, l'auxiliaire est placé devant le pronom sujet. ***Avez**-vous aimé votre séjour ?*
- Avec l'inversion, le mot interrogatif est toujours au début de la phrase.
***Pourquoi** avez-vous choisi notre centre ? **Comment** pouvons-nous améliorer nos prestations ?*

⚠ Attention à l'ordre des mots avec un verbe pronominal !
Quand vous inscrivez-vous ? Quand s'est-il inscrit ?

- Quand on pose une question sur une chose avec l'inversion, on utilise *que/qu'*.
*Tu fais quoi comme sport ? **Que** fais-tu comme sport ?*
Si on ajoute une préposition, on conserve *quoi*.
De quoi ils parlent ? → ***De quoi** parlent-ils ?*

3 Prononciation et orthographe

- Quand le verbe se termine par un *d* et que le pronom commence par une voyelle, on fait la liaison, on prononce [t]. *Que répond-il à cette question ?*
[t]
- En français très formel, avec le verbe *pouvoir*, on dit : ***Puis-je** vous poser une question ?*
- Quand le verbe se termine par une voyelle et que le pronom sujet commence par une voyelle, il y a un *-t-* entre le verbe et le pronom.
*Aime-**t**-elle les centres de vacances ? Y a-**t**-il une salle de repos ? Pourquoi a-**t**-il choisi ce centre ?*
- Il y a toujours un trait d'union entre le verbe et le pronom sujet.
Que pensez-vous de nos services ?

EXERCICES

3. La structure de la phrase **13**

1 Mettez les mots dans l'ordre pour faire une phrase.

Enquête

vous / répondre / - / ? / Pouvez / à quelques questions
→ *Pouvez-vous répondre à quelques questions ?*

1. - / âge / vous / avez / Quel / ? → ....
2. actuellement / Où / vous / - / habitez / ? → ....
3. déménager / Quand / vous / pensez / - / ? → ....
4. commencez / - / votre travail / vous / ? / À quelle heure → ....
5. pendant le week-end / faites / Que / - / ? / vous → ....
6. ce quartier / - / ? / vous / Pourquoi / aimez → ....
7. moyen de transport / prenez / ? / - / Quel / vous → ....

2 Transformez avec l'inversion. Ajoutez -t- si nécessaire.

Vous avez une réservation ? → *Avez-vous* une réservation ?
1. Vous prenez un apéritif ? → .... un apéritif ?
2. Nous pouvons avoir la carte ? → .... avoir la carte ?
3. Il y a un menu enfant ? → .... un menu enfant ?
4. Vous commandez tout de suite ? → .... tout de suite ?
5. Vous voulez autre chose ? → .... autre chose ?
6. Vous désirez des cafés ? → .... des cafés ?

3 Transformez comme dans l'exemple. Écoutez pour vérifier. (32)

Comment vous appelez-vous ? (Elle) → *Comment s'appelle-t-elle ?*
1. Pourquoi nous arrêtons-nous ? (On) → ....
2. Vous promenez-vous seul ? (Il) → ....
3. À quelle heure vous levez-vous ? (Elle) → ....
4. Où nous installons-nous ? (On) → ....
5. Comment vous soignez-vous ? (Il) → ....
6. Pourquoi vous couchez-vous de bonne heure ? (Elle) → ....

4 Écrivez la question avec *que* ou *quoi* et l'inversion.

Un peu d'écologie

Tu fais quoi de tes déchets ? → *Que fais-tu de tes déchets ?*
1. Il se chauffe avec quoi ? → ....
2. Nous pouvons améliorer quoi ? → ....
3. Il conserve l'eau de pluie dans quoi ? → ....
4. On a économisé quoi avec ce changement ? → ....
5. Ils vont remplacer leur chauffage électrique par quoi ? → ....
6. Pour quoi vous vous engagez ? → ....

5 À vous ! Préparez un questionnaire pour un sondage sur la qualité de vie de la région où vous habitez. Utilisez l'inversion.

Êtes-vous satisfait des transports en commun de votre région ? ....
....

13 La question avec inversion

4 Inversion complexe : le sujet est un nom

• Quand le sujet est un nom, on ne peut pas poser une question avec l'inversion simple ; on reprend le sujet avec le pronom correspondant.
*Les animateurs sont-**ils** sympathiques ? Combien de fois le directeur est-**il** venu vous voir ?*
*Cette tradition existe-t-**elle** chez vous ? Vos amies voyagent-**elles** beaucoup ?*

• Avec l'inversion, le mot interrogatif est toujours au début de la phrase.
Quand *votre amie s'est-elle inscrite ?*

⚠ Attention à la place des pronoms personnels compléments :
*Quand le programme **vous** a-t-il été présenté ? Les activités vont-elles **leur** plaire ?*

• On utilise la question avec inversion complexe dans des situations formelles. La structure donne une solennité à la question. Elle est surtout utilisée à l'écrit ou dans une prise de parole très officielle.

5 Forme interro-négative

• La forme interro-négative combine la question avec inversion (simple ou complexe) et la négation.
Ne faites-vous pas *de sport ? Pourquoi Sophie **ne s'entraîne-t-elle pas** ?*

• Cette question est soit totale, soit avec ***pourquoi***, ***où*** et ***quel***. On ne l'utilise pas avec ***quand***, ***combien*** et ***comment***.

EXERCICES

3. La structure de la phrase

6 Lisez les questions et dites si l'inversion est simple, complexe ou si la forme est interro-négative.

	Inversion simple	Inversion complexe	Forme interro-négative
Cette période de l'Histoire est-elle connue ?	☐	☑	☐
1 Quand a-t-on élu un président pour la première fois ?	☐	☐	☐
2 N'est-ce pas un élément nécessaire à l'exercice du pouvoir ?	☐	☐	☐
3 Combien d'empereurs y a-t-il eu en France ?	☐	☐	☐
4 Les citoyens ont-ils tous les mêmes droits ?	☐	☐	☐
5 Ces injustices ne sont-elles pas encore présentes ?	☐	☐	☐
6 Pourquoi Paris est-elle la capitale ?	☐	☐	☐
7 Ce chef d'État n'avait-il pas trop de privilèges ?	☐	☐	☐

7 Mettez les mots dans l'ordre pour formuler une question. Écoutez pour vérifier.

lieu / - / a / elle / en quelle année / t / la Révolution française / - / eu / ?
→ *En quelle année la Révolution française a-t-elle eu lieu ?*

1. les femmes / - / ont / quand / obtenu / le droit de vote / elles / ?
→ ....
2. elle / a / combien de temps / - / la Seconde Guerre mondiale / t / duré / - / ?
→ ....
3. été / - / l'Union européenne / t / créée / a / pourquoi / elle / - / ?
→ ....
4. est / à celle / en quoi / - / l'Histoire de France / elle / de nombreux pays européens / liée / ?
→ ....
5. Napoléon Ier / il / où / - / décédé / est / ?
→ ....
6. elle / la Commune de Paris / - / déroulée / quand / s'est / ?
→ ....

8 Transformez les questions avec une inversion complexe.

L'accident a eu lieu le matin ? → *L'accident a-t-il eu lieu le matin ?*
1. Cet accident s'est produit à un carrefour ? → ....
2. La voiture a dérapé à cause d'une vitesse excessive ? → ....
3. Le conducteur a eu son permis de conduire récemment ? → ....
4. Les secours sont arrivés vite ? → ....
5. L'avenue a été fermée longtemps ? → ....
6. Les blessés ont dû être transportés à l'hôpital ? → ....

9 Retrouvez la question posée à la forme interro-négative.

– *N'a-t-il pas l'intention de se présenter ?* – Si, il a l'intention de se présenter !
1. – .... ? – Non, nous n'avons pas voulu l'aider !
2. – .... ? – Si, il a changé de programme !
3. – .... ? – Si, nous l'avons soutenu au début !
4. – .... ? – Non, son projet ne nous paraît plus intéressant.
5. – .... ? – Si, il a dépensé énormément d'argent.
6. – .... ? – Si, ses sympathisants ont un peu perdu confiance.

14 La négation

1 Différentes formes de la négation

ne... pas	exprime le contraire de la phrase affirmative.	Il n'y a **pas** de bruit !
ne... plus	= avant, oui ; maintenant c'est fini ; négation de *encore, toujours*.	– Tu habites toujours/encore à Paris ? – Non, je **n**'habite **plus** en France !
ne... pas encore	l'action n'est pas réalisée au moment où on parle ; négation de *déjà*.	Le musée **n**'est **pas encore** ouvert. (= il va ouvrir plus tard) – Tu as déjà visité ce quartier ? – Non, **pas encore** !
ne... jamais	= pas une seule fois ; négation de *toujours, souvent, quelquefois, déjà*.	Il **n**'envoie **jamais** de cartes postales. Il écrit toujours des mails.
ne... personne personne... ne	= pas une seule personne ; négation de *quelqu'un, tout le monde*.	Je **ne** connais **personne** dans cette ville et **personne ne** me connaît.
ne... rien rien... ne	= pas une seule chose ; négation de *quelque chose, tout*.	Je **n**'ai **rien** compris. **Rien ne** m'intéresse !
ne... aucun(e) aucun(e)... ne	= pas une seule chose ; négation de *un(e), des, tous, toutes, plusieurs, quelques...*	On **n**'a signalé **aucune** alerte météo. **Aucune** alerte météo **n**'a été signalée.
ne... nulle part	négation de *quelque part, partout*.	– Il neige quelque part ? – Non, il **ne** neige **nulle part**.

⚠ *ne... aucun(e) / aucun(e)... ne* → **Unités 12 et 20**

⚠ Devant un verbe à l'infinitif, les négations *ne... pas, ne... plus, ne... jamais, ne... pas encore, ne... rien* sont regroupées et placées devant ce verbe.
*Je regrette de **ne plus** habiter au centre-ville.*

EXERCICES

3. La structure de la phrase

1 Dites si la négation donne des informations sur le temps, le lieu, les personnes ou les choses. Cochez.

	le temps	le lieu	les personnes	les choses
Tu n'aimes rien.	☐	☐	☐	☑
1 Je ne sors jamais.	☐	☐	☐	☐
2 On ne voit personne.	☐	☐	☐	☐
3 Elles ne se sont présentées nulle part.	☐	☐	☐	☐
4 Il n'est pas encore marié.	☐	☐	☐	☐
5 Nous ne comprenons rien.	☐	☐	☐	☐
6 Je n'ai vu ça nulle part.	☐	☐	☐	☐
7 Ils ne conduisent plus.	☐	☐	☐	☐

2 Mettez les mots dans l'ordre pour faire une phrase. Rétablissez l'apostrophe si nécessaire.

Activités sportives

jouent / plus / ils / au tennis / ne → *Ils ne jouent plus au tennis.*
1 de sport / jamais / elles / fait / ne / ont → ....
2 pas encore / on / gagné / ne / a / de match → ....
3 elle / plus / de compétition / ne / veut / perdre → ....
4 jamais / ne / elle / les règles / respecte → ....

3 Transformez comme dans l'exemple.

Elle chante souvent. (ne… plus) → *Elle ne chante plus.*
1 Je m'amuse tout le temps. (ne… jamais) → ....
2 Nous invitons des copains. (ne… personne) → ....
3 Elle a beaucoup d'amis. (ne… aucun) → ....
4 Vous pensez tout réussir. (ne… rien) → ....
5 Tout le monde a voulu me parler. (personne… ne) → ....
6 Ici, tout me plaît. (rien… ne) → ....

4 Répondez à la forme négative. Rétablissez l'apostrophe si nécessaire.

– Bonjour, vous avez déjà choisi ? – Non, nous *n'avons pas encore choisi.*
1 – Vous cherchez quelque chose ? – Non, je ....
2 – Vous attendez quelqu'un ? – Non, nous ....
3 – Vous avez déjà payé ? – Non, je ....
4 – Vous avez encore la carte client ? – Non, je .... la carte client.
5 – Vous réservez souvent sur Internet ? – Non, nous .... sur Internet.
6 – Vous avez des bons d'achat ? – Non, je .... bon d'achat.
7 – Vous avez déjà rempli le chèque ? – Non, je .... le chèque.
8 – Vous avez vu cet article où ? – Problème ! Je ....

5 À vous ! Quelles sont les choses que vous n'avez pas encore faites et que vous ne faites plus ?

Je ne suis jamais monté(e) en haut de la tour Eiffel. ....

14 La négation

2 Cas particuliers de la négation

ne... ni... ni **ni... ni... ne**	exprime le contraire de la phrase affirmative.	– Tu aimes le rock et le rap ? – Je **n'**aime **ni** le rock **ni** le rap !
ne... que	= seulement ; exprime une restriction.	Je **ne** parle **que** le français.
sans + nom, pronom ou infinitif (présent ou passé)	exprime l'absence de *de* ; peut être utilisé avec *ni*.	Il est parti **sans** permis de conduire **ni** carte de grise. Il s'est absenté **sans** avoir donné d'explication !

3 Combinaisons de la négation

ne... plus **ne... jamais**	+	rien personne aucun(e)	Vous **n'**avez **jamais rien** vu !
ne... plus	+	jamais	Je **ne** veux **plus jamais** retourner là-bas !
ne... plus **ne... jamais**	+	ni... ni...	Il a tout oublié ; il **ne** sait **plus ni** lire **ni** écrire.
sans	+	aucun jamais rien personne	Elles sont entrées **sans rien** dire, **sans** regarder **personne**.

⚠ *Plus / jamais / rien / personne / aucun(e) / ni... ni* peuvent être en position initiale.
Ni mes amis **ni** mes collègues **ne** m'ont **plus** téléphoné. **Personne ne** m'a **jamais** dit ça.

⚠ Trois ou quatre négations peuvent se combiner.
Ils **ne** communiqueront **jamais plus rien** à **personne**.
Elle **n'**a **plus aucun** souvenir de ce voyage.

EXERCICES

3. La structure de la phrase

6 Complétez le dialogue avec les négations proposées.

~~ni... ni... ne~~   ne... que (× 3)   sans (× 2)   ne... ni... ni

– Moi, je ne m'intéresse qu'à la diplomatie. *Ni* l'économie *ni* l'écologie *ne* me passionnent.
– Oui, mais comment on peut vivre sur Terre .... (1) se sentir concerné par l'environnement ? Il .... y a pas .... (2) les relations internationales.
– De nos jours, on .... parle .... (3) du réchauffement climatique .... (4) vraiment se soucier d'autres problèmes !
– C'est vrai. On .... mentionne .... les conditions des femmes .... (5) le bien-être des enfants. On .... peut pas traiter .... (6) un seul problème !

7 Transformez les phrases avec *ne... que*, *ne... ni... ni* ou *sans*.

Elle écoute seulement de la musique country. → *Elle n'écoute que de la musique country.*
1 Je n'aime pas le rap et je n'aime pas le métal. → ....
2 Tu as du mal à te concentrer si tu n'as pas de musique. → ....
3 On ne va pas au concert si on n'a pas réservé. → ....
4 Ils ne savent pas se détendre et ne savent pas s'amuser. → ....
5 Pourquoi achètes-tu seulement des CD de musique pop ? → ....
6 Et l'opéra et la musique classique m'intéressent. → ....

8 Soulignez la forme correcte.

Un mauvais « expert »

On n'a <u>jamais rien</u> / rien jamais écouté d'aussi mauvais.
1 *Plus personne* / *Personne plus* ne s'exprime comme ça.
2 *Aucun plus* / *Plus aucun* expert ne présente les données de cette manière.
3 *Jamais personne* / *Personne jamais* ne fait de telles erreurs.
4 On n'avait *jamais encore* / *encore jamais* assisté à une conférence aussi nulle.
5 Je ne lirai *aucun plus* / *plus aucun* article de lui, *ne ni* / *ni ne* regarderai son site.

9 Mettez les mots dans l'ordre pour faire une phrase.

motivée / jamais / rien / ne / a / l' → *Rien ne l'a jamais motivée.*
1 n' / encore / ni / elle / obtenu / son permis de conduire / a / ni / son bac
   → ....
2 rien / on / partir / à / voulait / sans / personne / dire
   → ....
3 jamais, / ne / il / de / a envoyé / plus / m' / message
   → ....
4 encore / allés / nulle part / loin de / vous / n' / jamais / êtes / chez vous
   → ....

10 À vous ! En termes de goûts, de loisirs, qu'est-ce que vous n'aimez pas, qu'est-ce que vous n'aimez plus faire... ? Utilisez des combinaisons de la négation.

Je suis sportif mais je n'aime ni le basket ni le foot. ....

Bilan — La structure

1 Utilisez l'inversion simple pour reformuler les questions. Unité 13

Organiser des vacances

Est-ce que vous avez des projets ? → *Avez-vous des projets ?*

1. Quand est-ce qu'il va partir ? → .... partir ?
2. Pourquoi est-ce qu'elle ne s'est pas renseignée avant ?
→ .... avant ?
3. Où est-ce qu'ils pensent aller ? → .... aller ?
4. Comment est-ce que tu as réservé ton billet ?
→ .... ton billet ?
5. Est-ce qu'on est sûrs d'avoir de la neige ? → .... d'avoir de la neige ?
6. Avec qui est-ce qu'il voyage cette année ? → .... cette année ?
7. Est-ce qu'elle a une bonne assurance ? → .... une bonne assurance ?

2 Un policier interroge un témoin. Transformez ses questions avec l'inversion complexe. Unité 13

L'agresseur avait une arme ? → *L'agresseur avait-il une arme ?*

1. Cet individu ressemblait à quoi ? → ....
2. L'agression a eu lieu où précisément ? → ....
3. Combien de personnes se sont interposées ? → ....
4. Comment a réagi l'agresseur ? → ....
5. Où se trouvait la victime exactement ? → ....
6. Les secours sont intervenus rapidement ? → ....
7. Pourquoi la victime n'a pas voulu témoigner ? → ....
8. Par où l'agresseur a pris la fuite ? → ....

3 Transformez avec l'inversion complexe (IC) ou la forme interro-négative (IN). Unité 13

La réunion se tiendra demain soir (IC) ? → *La réunion se tiendra-t-elle demain soir ?*
Vous avez commandé le buffet ? (IN) → *N'avez-vous pas commandé le buffet ?*

1. Les délégués se sont tous exprimés ? (IC) → ....
2. Tout le monde a pu donner son avis ? (IN) → ....
3. Les débats ont terminé tard ? (IC) → ....
4. Les participants avaient préparé leurs interventions ? (IC) → ....
5. Vous pensez avoir obtenu satisfaction ? (IN) → ....
6. L'assistant a envoyé le compte rendu ? (IN) → ....

4 Écrivez le contraire. Unité 14

On s'est déjà inscrits. → *On ne s'est pas encore inscrits.*

1. Nous avons rempli tous les formulaires. → ....
2. J'ai lu cette information quelque part. → ....
3. On a eu besoin de passeport et de carte d'identité. → ....
4. Ils nous ont encore demandé de signer. → ....
5. Quelqu'un nous a reçus. → ....
6. J'ai voulu dire quelque chose. → ....

de la phrase

3. La structure de la phrase

5 **Associez les deux colonnes.** Unité 14

1. On fait un régime.
2. On a quinze ans.
3. On déteste les légumes verts.
4. On ne doit pas manger salé.
5. On a les dents fragiles.
6. On est allergique au lait.
7. On cuisine toujours à la maison.

a. On ne boit pas encore d'alcool.
b. On achète du pain sans sel.
c. On ne commande jamais de plats cuisinés.
d. On ne mange rien de sucré.
e. On ne prend aucun laitage.
f. On ne consomme ni épinards ni poireaux.
g. On ne se régale plus de gâteaux.

6 **Transformez les phrases à la forme négative.** Unité 14

Déménagement

J'ai tout changé dans mes habitudes → *Je n'ai rien changé dans mes habitudes.*

1. Tout le monde m'a accueilli gentiment. → ....
2. Je prends encore souvent le bus. → ....
3. J'ai déjà organisé une fête. → ....
4. Tous les voisins m'ont apporté quelque chose.
   → ....
5. Je peux me déplacer partout à pied. → ....
6. Je connais déjà tous les habitants de l'immeuble.
   → ....
7. Et la décoration et l'aménagement me conviennent.
   → ....

7 **Mettez les mots dans l'ordre pour faire une phrase.** Unité 14

ne / on / encore / signalé / rien / a / nous → *On ne nous a encore rien signalé.*

1. jamais / alertés / ne / a / nous / personne → ....
2. ne / nulle part / on / vu / rien / a → ....
3. aucun / sans / arrivés / ils / bruit / sont → ....
4. papiers / bagages / se / ils / installés / ni / sans / sont → ....
5. jamais / il / a / ne / eu / problèmes / plus / y / de → ....
6. mais maintenant, / d'eux / aucune / plus / on / a / trace / ne → ....

8 **Complétez les phrases avec les négations proposées.** Unité 14

Attention, les enfants !

| ne… ~~nulle part~~ | ~~sans~~ | sans | personne | aucun | ne… jamais (× 2) | ne… que | ni… ni | ne… rien |

Vous *ne* partez *nulle part sans* m'avertir !

1. .... suivez .... inconnu !
2. Vous .... faites .... ce que je vous dis !
3. .... achetez .... me demander !
4. Vous .... acceptez .... bonbons .... gâteaux de .... !

15 Les pronoms compléments (1) :
directs, indirects, *en* (quantité), *y* et *en* (lieu)

1 Les pronoms compléments directs – COD

Ils sont utilisés avec les verbes construits sans préposition :
aimer quelqu'un / quelque chose, connaître quelque chose/ quelqu'un, voir quelque chose / quelqu'un…

Pour les personnes	Pour les choses
Il **me** regarde.	
Je **te** préviens.	
Nous **le/la** connaissons bien.	Le rapport, je **le** termine ce soir. L'information, je **la** communique.
Il **nous** invite.	
Je **vous** remercie.	
On **les** attend.	Les documents, je **les** ai.

⚠ Avec les verbes *aimer, détester*… on utilise **ça** à la place des pronoms *le, la, les* quand le complément représente une chose. *Tu aimes le ski ?* → *Oui, j'aime* **ça**. (*Je l'aime*)

2 Les pronoms compléments indirects – COI

Ces pronoms, utilisés avec des verbes suivis de la préposition *à*, remplacent seulement des noms désignant des personnes.

Il **me** parle.	Ils **nous** ont téléphoné.
Je **t'**écris.	Elle va **vous** expliquer.
On **lui** téléphone.	Je **leur** ai menti.

⚠ Avec certains verbes construits avec *à*, on conserve la préposition *à*. → **Unité 16**

⚠ Avec l'impératif affirmatif, *me* et *te* deviennent *moi* et *toi*. *Parle-**moi**.* → **Unité 23**

EXERCICES

4. Les pronoms **15**

1 Complétez avec un pronom.

– Madame, vous désirez ?
– Bonjour, la veste bleue dans la vitrine, vous *l'*avez en noir ?
– Oui, toutes les vestes, vous .... (1) trouvez au premier étage.
– Je .... (2) remercie.

– Mademoiselle, je peux .... (3) aider ?
– Oui. Ce parfum est nouveau, je pense ?
– Oui, on vient de .... (4) créer !
– Je peux .... (5) essayer ?
– Mais bien sûr, mademoiselle !

2 Mettez les mots dans l'ordre pour répondre à la question.

– Tu as appris la nouvelle à tes parents ? (appris / leur / ai / la nouvelle / je)
– Oui, *je leur ai appris la nouvelle* la semaine dernière.

1 – Qu'est-ce qu'ils ont dit ? (me / souri / ont / ils / seulement)
– ....
2 – Et à ton frère ? (mentir / je / voulu / lui / ne / ai / pas)
– ....
3 – Il est toujours au Sénégal ? (raconter / essayé / ai / lui / je / de / par téléphone)
– ....
4 – Il est là-bas pour longtemps ? (te / doit / beaucoup / il / manquer)
....
5 – Et tes parents ? (je / plaire / va / ne / pas / ça / sais / si / leur)
– ....

3 Complétez le dialogue avec un pronom complément direct ou indirect.

– Vous avez fait la visite avec les clients italiens ?
– Oui, on *l'*a faite hier ensemble. Je .... (1) ai d'abord montré leur appartement, ils étaient ravis, ils .... ont (2) trouvé charmant. Ensuite je .... (3) ai emmenés à l'usine, ils .... (4) ont demandé de voir les ateliers qui .... (5) ont paru très bien agencés. Et je .... (6) ai proposé de .... (7) rencontrer cet après-midi.
– Très bien. Appelez-................ (8) et dites-................ (9) que je .... (10) retrouverai à 15 heures à l'accueil.

4 Transformez les phrases avec un pronom complément direct ou indirect.

Essayez de joindre les responsables. → *Essayez de les joindre.*
1 Persuadez les clients de venir. → ....
2 Ne changez pas vos plans. → ....
3 Tâchez de convaincre la délégation. → ....
4 Ne communiquez pas les résultats tout de suite. → ....
5 Dites à vos collègues de répondre vite. → ....
6 Ne coupez pas la parole aux intervenants. → ....
7 Expliquez tout ça à mon assistante. → ....

Les pronoms compléments (1)

3 Le pronom complément *en*

- *en* remplace un nom de personne ou de chose précédé d'une expression de quantité. Il est utilisé seul ou complété par une expression de quantité.

en remplace une expression de quantité avec :	un article partitif *(du, de la, de l')* ou indéfini *(un, une, des)*	– Vous avez des croissants ? – Non, on n'**en** a plus.
	un nombre	– Des brioches ? – Il **en** reste trois !
	un adverbe de quantité *(beaucoup de, un peu de…)*	– Mais des chaussons aux pommes, on **en** a encore beaucoup.

- *en* est souvent utilisé dans la réponse à la question *combien de… ?*
– **Combien de** brioches vous voulez ? – Je vais **en** prendre *deux*.

⚠ *le* ≠ *en* : *le, la, l', les* et *en* sont des pronoms compléments directs, mais *en* remplace seulement une quantité indéfinie.
– J'ai acheté ces sandales hier, je les ai trouvées jolies.
– Mais tu **en** avais déjà acheté, non ?

⚠ Avec le pronom complément direct *en*, il n'y a pas d'accord du participe passé.

4 *En* et *y* compléments de lieu

Les pronoms *en* et *y* remplacent des noms compléments de lieu :

en remplace un complément de lieu d'où l'on vient.	– On va au café ? – Oh non, j'**en** sors !
y remplace un complément de lieu où l'on va ou de lieu où l'on est.	– Tu habites à Marseille ? – Oui, j'**y** suis né, j'**y** ai toujours habité.

- Verbes souvent utilisés avec *y* : aller, s'arrêter, être, habiter, partir, se promener, rester, retourner, travailler, vivre.

- Verbes souvent utilisés avec *en* : descendre, (re)sortir, s'écarter, s'éloigner, (re)venir…

5 Prononciation

- On fait la liaison entre les pronoms qui se terminent par un *s* et les pronoms *y* et *en*.
Ils y habitent. Vous y travaillez. Nous en arrivons à l'instant.

- On fait la liaison avec un verbe qui commence par une voyelle ou un *h* muet.
Des invités ? J'en ai beaucoup, et des fêtes, j'en organise souvent !

EXERCICES

4. Les pronoms 15

5 Répondez aux questions avec l'indication entre parenthèses et *en*.

Enquête
– Vous avez combien de jours de congés ? (25 par an) – *J'en ai 25 par an.*
1 – Vous faites des voyages ? (pas beaucoup) – ....
2 – Généralement, vous prenez des photos ? (très peu) – ....
3 – Vous avez visité des pays d'Afrique ? (un seul) – ....
4 – Combien de langues étrangères vous parlez ? (deux) – ....
5 – Vous avez visité des musées pendant vos voyages ? (plusieurs) – ....
6 – Vous avez rapporté des souvenirs ? (bien trop) – ....
7 – Vous avez d'autres projets de voyage ? (pas d'autres) – ....

6 Complétez avec les pronoms *en*, *le* ou *les*. Rétablissez l'apostrophe si nécessaire.

1. – Tu as lu des romans de Balzac ?
   – ~~Je~~ *J'en* connais certains.
   – Moi, je .... (1) ai lu quelques-uns aussi mais je ne .... (2) ai pas tous lus.

2. – Vous avez visité des monuments à Paris ?
   – Moi, oui ! Je .... (3) ai presque tous visités, je ne .... (4) ai visité aucun plusieurs fois, je voudrais bien .... (5) revoir d'ailleurs !
   – De mon côté, des sites exceptionnels en France, je .... (6) ai découvert pas mal. Mon site préféré, j'aimerais bien .... (7) revoir avec mes amis.

3. – Où as-tu appris le français ?
   – Je .... (8) ai appris avec des films et des séries ; je .... (9) regardais beaucoup quand j'étais au pair, on .... (10) visionnait en famille, j'adorais ça !

7 Mettez les mots dans l'ordre pour faire une phrase.

avec / - / y / copains / retournes / tes / ! → *Retournes-y avec tes copains !*
1 deux / en / - / lisez / trois / ou / ! → ....
2 pas / n' / trop / écrivez / en / ! → ....
3 - / un / restes / moment / y / bon / ! → ....
4 une / au moins / en / - / apprends / ! → ....
5 seul / pas / t' / promène / y / ne / ! → ....
6 sors / pas / tard / en / trop / n' / ! → ....
7 un peu de / y / - / passes / temps / ! → ....

8 À vous ! Parlez de différents lieux : pays, villes, lieux de travail, lieux de loisirs... Utilisez les pronoms *y* et *en*.

En France, je n'y suis jamais allé. Un de mes amis y a fait ses études, il en est revenu récemment.
....

16 Les pronoms compléments (2) : en ou de / y ou à + pronom tonique

Il pense à son prochain film ? Il **y** pense.

Il pense à une actrice ? Il pense **à elle**.

1 Formes et structure de la phrase

• Beaucoup de verbes ont une construction différente quand le complément représente une chose ou quand il représente une personne :
– *Écrire une chose* → construction directe = pas de préposition ;
– *Écrire à une personne* → construction indirecte avec *à*.

• Mais certains verbes ont la même construction avec *à* ou *de* quand le complément représente une chose et quand il représente une personne.
– *Penser à une chose / Penser à une personne* : Je pense *à* mes vacances. Je pense *à* Marie.
– *Avoir besoin de quelque chose / Avoir besoin de quelqu'un* : J'ai besoin *d'*un stylo pour écrire. Un enfant a besoin *de* ses parents. → **Annexe 5**

Pour ces verbes, on utilise les pronoms suivants :

	Le complément est une chose	Le complément est une personne
verbe + *à* s'intéresser à, faire attention à, s'habituer à, tenir à, penser à, rêver à	On utilise le pronom *y*. *Il pense à son film.* → *Il y pense.*	On garde la préposition *à* + le pronom tonique. *Il pense à une actrice.* → *Il pense à elle.*
verbe + *de* s'occuper de, avoir peur de, se souvenir de, parler de, se méfier de, se moquer de, rêver de	On utilise le pronom *en*. *Il a besoin d'un bon scénario.* → *Il en a besoin.*	On garde la préposition *de* + le pronom tonique. *Il a besoin de cette actrice.* → *Il a besoin d'elle.*

2 Verbes pronominaux + *en* et *y*

Quand *en* et *y* sont utilisés avec un verbe pronominal, ils sont placés derrière le pronom réfléchi ou réciproque.
Je m'en occupe, elle s'en souvient, vous vous en servez, tu ne t'y intéresses pas, nous ne nous y habituons pas, elles ne s'y inscrivent pas.

EXERCICES

4. Les pronoms

1 Les pronoms compléments remplacent-ils une/des chose(s) ou une/des personne(s) ? Cochez.

	Chose	Personne
Tu parles souvent d'elle.	☐	☑
1 Vous tenez à lui.	☐	☐
2 Tu t'y intéresses depuis longtemps.	☐	☐
3 Il s'en occupe bien.	☐	☐
4 On se moque d'eux.	☐	☐
5 Elles en ont peur.	☐	☐
6 Vous avez besoin d'elles.	☐	☐
7 Je n'y pense pas souvent.	☐	☐

2 Soulignez la forme correcte.

Au cinéma

Il pense à ses prochains personnages. → <u>*Il pense à eux.*</u> / *Il y pense.*
1 Je m'intéresse au cinéma classique. → *Je m'intéresse à lui.* / *Je m'y intéresse.*
2 Il se souvient de ce film. → *Il se souvient de lui.* / *Il s'en souvient.*
3 On ne parle pas du festival. → *On ne parle pas de lui.* / *On n'en parle pas.*
4 Elle rêve de cet acteur. → *Elle rêve de lui.* / *Elle en rêve.*
5 Ils ont besoin de la publicité. → *Ils ont besoin d'elle.* / *Ils en ont besoin.*

3 Répondez aux questions avec *y* ou *en*.

Citoyens

Tu t'intéresses beaucoup à la politique ? → *Non, je ne m'y intéresse pas beaucoup.*
1 Vous rêvez d'un progrès social ? → Oui, nous ....
2 Il participe à des manifestations ? → Oui, il ....
3 Elles ont peur des mouvements extrémistes ? → Oui, elles ....
4 Ils s'habituent aux nouvelles lois ? → Non, ils ....
5 Elle se méfie des sondages ? → Oui, elle ....
6 Tu t'occupes de la préparation des élections ? → Non, je ....

🎧 38 **4** Mettez les mots dans l'ordre pour faire une phrase. Écoutez pour vérifier.

fait / à / attention / Il / pas / a / n' / toi → *Il n'a pas fait attention à toi.*
1 est / occupé / ne / s' / pas / On / en → ....
2 sommes / intéressés / Nous / eux / pas / ne / à / nous → ....
3 jamais / Elle / participé / a / y / n' → ....
4 besoin / en / pas / Nous / eu / n' / avons → ....
5 pas / êtes / ne / vous / Vous / habitués / y → ....
6 Elles / y / réfléchi / n' / pas / ont → ....
7 elles / se / pas / sont / Ils / moqués / ne / d' → ....

5 À vous ! Dites à quoi vous vous intéressez, à quoi vous pensez, de quoi vous avez peur, de quoi vous rêvez. Puis transformez les phrases en utilisant les pronoms *y* et *en*.

Je m'intéresse à l'histoire. Je m'y intéresse beaucoup. ....

17 Les pronoms compléments (3) : les pronoms neutres *le, en, y*

Utilisation

Les pronoms compléments remplacent généralement un nom de personne, de chose ou de lieu. → *Unités 15 et 16*

Les pronoms neutres *le, en, y* peuvent remplacer un groupe de mots ou une phrase.

- ***le*** remplace :
– un nom ou un adjectif attribut et est utilisé avec *être, avoir l'air, devenir*.
*Il est marié. Moi, je ne **le** suis pas.*

– un groupe de mots ou une phrase et est utilisé avec un verbe qui est suivi d'un COD.
Je veux me marier. → *Je **le** veux. (vouloir quelque chose).*

Il a promis de m'épouser. → *Il **l'**a promis. (promettre quelque chose)*

Elle dit souvent qu'elle ne veut pas se marier. → *Elle **le** dit souvent. (dire quelque chose)*

- ***en*** remplace un groupe de mots ou une phrase et est utilisé avec un verbe ou un adjectif construits avec *de*.
Il a envie de divorcer et de partir. → *Il **en** a envie. (avoir envie de quelque chose)*

Il s'est rendu compte qu'il ne l'aimait pas. → *Il s'**en** est rendu compte. (se rendre compte de quelque chose)*

- ***y*** remplace un groupe de mots ou une phrase et est utilisé avec un verbe ou un adjectif construits avec *à*.
*Il aimerait bien convaincre son amie de se marier. Il **y** pense souvent. (penser à quelque chose)*

Pour les constructions verbales : → *Annexe 5*

EXERCICES

4. Les pronoms

1 **Dans quelles phrases entendez-vous un pronom neutre ? Cochez.**

Quand Léo est-il arrivé dans ce village ? Je l'ignore.

	Ex.	1	2	3	4	5	6	7	8	9	10
Pronom neutre	☑	☐	☐	☐	☐	☐	☐	☐	☐	☐	☐

2 **Complétez avec le pronom neutre *en* ou *le*. Rétablissez l'apostrophe si nécessaire.**

La voiture perdue

Sa voiture a disparu, il s'*en* est rendu compte le matin en sortant de la maison.
1 Où l'a-t-il garée ? Il essaie de se .... souvenir.
2 L'a-t-il prêtée ? Il ne .... est pas sûr.
3 Est-elle au garage pour réparation ? Il se .... demande.
4 N'a-t-il pas bu trop d'alcool hier soir ? Il .... a peur.
5 Se plaindre auprès des voisins ? Il se .... interdit.
6 Aller sans tarder à la gendarmerie ? Il .... faudra.
7 Mais il va peut-être retrouver sa voiture, mais oui, il .... est persuadé !

3 **Complétez avec le pronom neutre *en* ou *y*.**

Attention, santé !

Donner des vaccins à toutes les populations, on *y* arrivera, vous croyez ?
1 Proposer un remède à toutes les personnes, on doit s'.............. occuper.
2 Il faut que la vaccination soit universelle, on s'.............. aperçoit enfin !
3 Vivre une pandémie mondiale, personne ne pourra s'.............. habituer.
4 Beaucoup de progrès ont été réalisés, chacun s'.............. félicite.
5 De nouvelles maladies risquent d'apparaître, l'OMS s'.............. attend.
6 Des virus dangereux circulent partout, on .... est tous conscients.
7 Les laboratoires poursuivent leurs recherches, les gouvernants .... tiennent.

4 **Associez et complétez.**

Alors, tu organises ta fête fin mai ?
1 Juliette sera là aussi ?
2 Vous avez prévenu tout le monde ?
3 Nathan va s'occuper du buffet ?
4 Organiser une fête comme ça, ça te fait quoi ?
5 Vous allez vous déguiser ?
6 Et tu vas inviter tes voisins ?

a Ah oui, je .... espère ! Je l'ai invitée !
→ *Oui, c'est super ! j'y pense tout le temps !*
b C'est génial, j'.............. rêve depuis si longtemps !
c Oh ben oui, on s'.............. attend, il adore la gastronomie.
d J'.............. ai réfléchi, mais je crois qu'ils ne seront pas là.
e Je ne sais pas, je ne .... ai pas vraiment prévu.
f Non, on n'a pas encore eu le temps de .... faire, mais on va envoyer un message à tous.

5 **À vous ! Sur le modèle des phrases de l'activité 3, proposez des réflexions sur une problématique mondiale : la faim dans le monde, les problèmes de développement, les inégalités mondiales dans l'éducation…**

Tous les enfants ne sont pas scolarisés, on en est tous conscients. ....

18 Les pronoms compléments (4) : les doubles pronoms

1 Utilisation

- Les verbes peuvent avoir deux compléments : un COD et un COI.
Prêter quelque chose à quelqu'un.
Parler de quelque chose à quelqu'un.
- Ces deux compléments peuvent être remplacés par deux pronoms.
Je parle de mes vacances à mes amis.
→ *Je leur en parle.*

Test

Les cadeaux et la famille

Cochez la réponse qui correspond à votre situation.

1. Vous leur donnez de l'argent de poche ?
- Je **leur en** donne régulièrement ❏
- Je ne **leur en** donne jamais ❏

2 Ordre des pronoms

Les deux pronoms doivent être placés dans un ordre précis.
- *Le, la, l', les* (chose ou personne COD) et *me, te, lui, nous, vous, leur* (personne COI)

me te se nous vous	+	le la les	Il me prête sa voiture. → Il **me la** prête. Elle t'a prêté son vélo. → Elle **te l'**a prêté. Elle s'est offert ce beau bijou. → Elle **se l'**est offert. Il nous donne ses vieux vêtements. → Il **nous les** donne. Elle va vous payer cette voiture. → Elle va **vous la** payer.
le la les	+	lui leur	Il ne veut pas prêter sa voiture à son ami. → Il ne veut pas **la lui** prêter. Elle prête ses vêtements à ses sœurs. → Elle **les leur** prête.

- *En* (chose COD) et *me, te, se, le, lui, nous, vous, les, leur* (personne COD ou COI)

m' t' s', l' lui nous vous les leur	+	en	Il peut me donner des conseils. → Il peut **m'en** donner. Elle offre du parfum à son ami. → Elle **lui en** offre. Il s'est souvenu des informations. → Il **s'en** est souvenu. Il nous a donné des renseignements. → Il **nous en** a donné. Il offre des cadeaux à ses parents. → Il **leur en** offre. Il a informé ses amis de son départ. → Il **les en** a informés.

- *Y* (lieu) et *me, te, le, la, nous, vous, les* (chose ou personne COD)

m' t' s', l' nous vous les	+	y	Il m'emmène à l'aéroport. → Il **m'y** emmène. On ne va pas s'habituer à cette vie. → On ne va pas **s'y** habituer. Elle va conduire son ami à la gare. → Elle va **l'y** conduire. Il vous retrouve dans le parc. → Il **vous y** retrouve. Il a rencontré ses amies dans la rue. → Il **les y** a rencontrées.

EXERCICES

4. Les pronoms

1 **Répondez aux questions avec deux pronoms.**

– Tu me prêtes ton blouson ? – Je *te le* prête, pas de problème.
– Merci, je .... (1) rends demain.

– Tu me passes tes baskets ?
– D'accord, je .... (2) passe mais n'oublie pas de .... (3) rendre !

– Vous pouvez me montrer ce sac et cette pochette ?
– Bien sûr, je .... (4) montre tout de suite.

2 **Répondez oui ou non comme dans les exemples. Utilisez le futur proche puis le passé récent et des doubles pronoms.**

– Tu as montré les documents à Michel ? – Non pas encore, *je vais les lui montrer.*
– Oui, *je viens de les lui montrer.*

1 – Vous avez envoyé la lettre à madame Léonard ?
– Non, je ....
– Oui, je ....

2 – Vous avez expliqué le problème à vos collègues ?
– Non, on ....
– Oui, on ....

3 – Ils ont indiqué l'heure de la réunion aux clients ?
– Non, ils ....
– Oui, ils ....

3 **Mettez les mots dans l'ordre et associez les phrases aux questions.**

Vous avez parlé de vos problèmes à votre directeur ? •   a
1 Il a envoyé des documents à son client ?   b
2 Il vous a envoyé des messages de confirmation ?   • c
3 Tu as donné des informations à tes collaborateurs ?   d
4 On t'a envoyé une invitation pour le séminaire ?   e

a Non, / pas / en / il / envoyé / ne / a / lui   → ....
b Oui, / a / en / une / envoyé / on / m'   → ....
c Oui, / parlé / je / en / lui / ai   → *Oui, je lui en ai parlé.*
d Non, / leur / je / en / donné / ne / ai / pas → ....
e Non, / en / pas / il / envoyé / ne / a / nous → ....

🎧 41 **4** **Écoutez les phrases et choisissez la réponse correcte.**

Il a laissé les clés de sa maison à ses voisins ?
a ☐ Oui, il les lui a laissées.   b ☑ *Oui, il les leur a laissées.*

1 Elle t'a prêté sa voiture ?   a ☐   b ☐
2 Tu lui donnes ta veste ?   a ☐   b ☐
3 Vous pouvez expliquer le problème à votre ami ?   a ☐   b ☐
4 Ils t'ont envoyé des informations ?   a ☐   b ☐
5 Tu veux bien me parler de tes projets ?   a ☐   b ☐
6 On vous a montré les photos ?   a ☐   b ☐

18 Les pronoms compléments (4)

3 Place et ordre des doubles pronoms avec l'impératif

Place des pronoms
- À l'impératif affirmatif, les pronoms se placent après le verbe. Il y a un trait d'union entre chaque pronom.
Expliquez-la-lui. Dis-le-leur !
- À l'impératif négatif, les pronoms se placent avant le verbe. Il n'y a pas de trait d'union.
Ne la lui expliquez pas. Ne le leur dis pas.

Ordre des pronoms
- À l'impératif affirmatif, les combinaisons :

me te nous vous	+	le la les	deviennent	le la les	+	moi toi nous vous

– *Ces informations, je vous les transfère par SMS ? – Non, transférez-**les-moi** par mail !*

Les autres combinaisons de pronoms restent les mêmes qu'avec les autres temps.
*Et si vous avez d'autres informations, transférez **m'en** certaines, les plus importantes.*

- À l'impératif négatif, les combinaisons de pronoms restent les mêmes qu'avec les autres temps.
*Ne **me les** transférez pas toutes !*

4 Place des doubles pronoms quand un verbe est suivi d'un infinitif

En général, quand un verbe est suivi d'un infinitif, les pronoms se placent devant l'infinitif.
→ **Unité 15**
*Ils vont **t'en** parler.*

Cas particuliers
- Avec *faire* + infinitif, les doubles pronoms se placent devant le verbe *faire*.
Le médecin m'a fait prendre ces médicaments. → *Le médecin **me les** a fait prendre.*
- Avec les verbes de perception *écouter, entendre, regarder, sentir, voir* et le verbe *laisser*, les deux pronoms sont détachés.
J'ai vu les policiers arrêter ce chauffard. → *Je **les** ai vus **l'**arrêter.*

EXERCICES

4. Les pronoms

5 Donnez des ordres avec le verbe proposé.

Vous savez, je risque d'oublier la date. (noter) → *Notez-la-moi !*
1. Tu sais que nous avons besoin du dossier. (envoyer) → .... !
2. Vous avez la copie, il la veut. (faire) → .... !
3. J'ai besoin de votre diplôme. (transférer) → .... !
4. Fais vite, ils attendent les procès-verbaux. (poster) → .... !
5. Vous préviendrez Léa de la date du rendez-vous. (dire) → .... !

6 Complétez avec le verbe à l'impératif affirmatif puis à l'impératif négatif.

Une situation tendue...

La montre que vous vouliez me rendre, *rendez-la-moi* ! Oh et puis non, *ne me la rendez pas* !
1. Cette bague que tu dois m'offrir, ... ! Oh et puis non, ... !
2. Ces fleurs que tu veux envoyer à ma mère, ... ! Oh et puis non, ... !
3. Tu voulais m'acheter un blouson ? .... ! Oh et puis non, ... !
4. Cet argent que vous devez me prêter, ... ! Oh et puis non, ... !
5. Tu veux donner une explication à mes parents ? .... ! Oh et puis non, ... !

7 Mettez les mots dans l'ordre. Rétablissez les apostrophes. Écoutez pour vérifier.

Le contrat ? – ai fait / le / remplir / je / leur → *Je le leur ai fait remplir.*
1. Le programme ? – relire / te / on / a fait / le → ....
2. La scène ? – la / avez fait / me / rejouer / vous → ....
3. L'émission ? – veut / leur / enregistrer / il / faire / la → ....
4. Le texte ? – ne / ils / me / lire / faire / ont / voulu / pas / le → ....
5. Les décors ? – fera / leur / on / changer / les → ....
6. La pièce ? – vous / faire / je / la / vais / répéter → ....

8 Complétez le dialogue avec des doubles pronoms.

Au commissariat
– Les voleurs, votre femme les a vus entrer dans votre maison ?
– Oui. Elle *les a vus y entrer*. Elle était dans le jardin.
– Et elle a entendu les voleurs parler de leur projet ?
– Oui, elle .... (1). Moi, j'étais caché, je n'ai pas bougé.
– Et vous les avez regardés prendre de l'alcool ?!
– Oui, je .... (2).
– Vous les avez regardés ? Vous les avez laissés boire leur verre ?
– J'étais stupéfait, je .... (3).
– Et vous les avez laissés prendre l'argent sur la table ?
– Ben oui, je .... (4), j'avais peur. Ils sont repartis.
– Et vous les avez vus voler la voiture ?
– Pas moi, ma femme, elle .... (5) elle a crié, mais trop tard !

9 À vous ! Rédigez le flyer d'un candidat à l'élection municipale. Formulez ses engagements avec des doubles pronoms.

Un problème dans votre ville ? Venez nous en parler. ....

19 Les pronoms démonstratifs et possessifs

Oh ! Quelqu'un a oublié son portable. Alex, c'est **le tien** ?

Non, mais il ressemble à **celui** de Florian.

1 Les pronoms démonstratifs *celui, celle, ceux, celles*

Les pronoms démonstratifs remplacent un nom désignant une personne ou une chose que l'on voit ou qui a déjà été mentionnée.

Masculin singulier	***Celui*** *de droite*	Masculin pluriel	***Ceux*** *que je préfère*
Féminin singulier	***Celle*** *de Julien*	Féminin pluriel	***Celles*** *qui coûtent moins cher*

Celui, celle**, **ceux**, **celles ne sont jamais utilisés seuls. Ils sont toujours suivis d'une précision exprimée avec :
- la préposition *de* + nom ou *en* + matière. *Quel sac ?* ***Celui de*** *droite ?* ***Celui en*** *cuir ?* ***Celui de*** *Léa ?*
- un pronom relatif. *Vous pouvez me montrer* ***celle qui*** *est en vitrine ?*
- un adverbe : *-ci / -là. Je voudrais* ***celui-ci****.* (la personne montre l'objet)

Quand on utilise un seul pronom démonstratif, on peut dire ***celui-ci*** ou ***celui-là***.
Quand les deux pronoms démonstratifs sont utilisés en opposition : *-ci* désigne l'objet le plus proche et *-là* l'objet le plus éloigné. *Quelle veste est-ce que tu préfères ?* ***Celle-ci*** *ou* ***celle-là*** *?*

2 Les pronoms démonstratifs *ce, cela (ceci), ça*

- ***Ce*** */* ***C'*** est utilisé avec le verbe *être*. ***C'est*** *mon ami.* ***Ce sont*** *mes amis.* ***C'est*** *beau.* ***C'est*** *à moi.*
- ***Ce*** + pronom relatif = la chose, les choses. *J'adore* ***ce que*** *tu as acheté.*
- ***Cela*** (= *ceci* en langue soutenue), ***ça*** (= langue courante) = la chose, les choses.
Cela *est intéressant ! Le chocolat, j'aime* ***ça****.*

3 Les pronoms possessifs

Le pronom possessif est utilisé pour remplacer le groupe nominal adjectif possessif + nom.

mon / ma collègue	**le mien, la mienne**	mes collègues	**les miens, les miennes**
ton ami, ta sœur	**le tien, la tienne**	tes amis, tes sœurs	**les tiens, les tiennes**
son sac, sa clé	**le sien, la sienne**	ses sacs, ses clés	**les siens, les siennes**
notre collègue	**le/la nôtre**	nos collègues	**les nôtres**
votre ami / amie	**le/la vôtre**	vos amis / amies	**les vôtres**
leur chien / chienne	**le/la leur**	leurs amis / amies	**les leurs**

Il y a une différence de prononciation entre les adjectifs *notre / votre* et les pronoms *nôtre / vôtre*.
– *C'est bien* ***votre*** *voiture, là ? – Oui, oui, c'est bien la* ***nôtre****.*

EXERCICES

4. Les pronoms

1 Complétez avec le pronom démonstratif qui convient.

Pour un cadeau

– Regarde la belle assiette ! – Laquelle, *celle* en porcelaine ?
1. – Il n'est pas beau, le fauteuil. – .... de gauche ou l'autre ?
2. – J'aime bien ces couverts. – Ah, non, pas .... en plastique !
3. – Tu as vu le grand vase, là ? – Je préfère .... que j'ai acheté l'an dernier.
4. – Elles ne sont pas mal, les boîtes ! – .... en métal ou .... en bois ?
5. – Je prends l'écharpe grise. – La même que .... de ta sœur ?
6. – Et les petits couteaux ? – .... qui sont devant ou .... à droite ?
7. – Elle est magnifique, la bague ! – Tu trouves ? .... de Clotilde est mieux.

2 Mettez les mots dans l'ordre pour faire une phrase. Écoutez pour vérifier.

trouvé / ce / vous / vous / avez / cherchez / que / ? → *Vous avez trouvé ce que vous cherchez ?*
1. aimerions / ceux-ci / nous → ....
2. qualité / est / d' / ceci / excellente → ....
3. voudrais / celles / voir / je / derrière / sont / qui → ....
4. ce / on / pas / ne / qui / facilement / casse / veut → ....
5. horreur / cela / de / ont / elles → ....
6. ? / prends / tu / celui-là → ....

3 Soulignez le pronom possessif correct.

Elle a une belle voix, mais je préfère *la sienne* / *la tienne*.
1. Il a un joli regard, mais *le vôtre* / *le sien* est plus doux.
2. Leurs gestes sont trop marqués, *les tiens* / *les leurs* me plaisent davantage.
3. Ma silhouette est assez élégante, *la mienne* / *la vôtre* aussi.
4. Tu as une élocution trop rapide, *la nôtre* / *la tienne* est mieux adaptée.
5. Faites attention à votre intonation, *la leur* / *la vôtre* est plus juste.
6. Tu fais d'excellentes imitations, *les siennes* / *les tiennes* ont moins de succès.
7. Son jeu n'est pas extraordinaire, *le leur* / *le sien*, si.

4 Écrivez le pronom possessif qui convient.

Contacts

Le numéro de téléphone (vous) → *le vôtre*
1. La date de naissance (elle) → ....
2. Le code postal (tu) → ....
3. La carte d'identité (je) → ....
4. L'adresse (il) → ....
5. La nationalité (elles) → ....
6. Les coordonnées (nous) → ....
7. Le passeport (ils) → ....
8. Les mots de passe (tu) → ....
9. Les papiers (je) → ....

5 À vous ! Comparez la petite colocation que vous partagez avec votre sœur, avec le studio d'un(e) ami(e) : la localisation et le quartier, le mobilier, la décoration, les transports…

Le studio de mon ami(e) est plus petit que le nôtre..................

20 Les pronoms indéfinis

1 Utilisation

Les pronoms indéfinis représentent des personnes ou des choses. Ils peuvent être sujets ou compléments. Comme les adjectifs indéfinis (→ *Unité 12*), ils expriment une quantité (totalité, individualité, pluralité, quantité nulle), une ressemblance ou une différence, une imprécision.

🎧 46

2 Formes (1)

Expression de la totalité : *tout / toute / tous / toutes*
- **Tout** = toutes les choses. Il ne représente jamais des personnes. **Tout** va bien ! J'ai **tout** ?
- **Tous, toutes** peuvent représenter des personnes ou des choses.

Quand il est sujet, il est rarement utilisé seul mais renforce le sujet (pronom ou nom).
Tous les voisins viennent. → **Les voisins** viennent **tous**.
Toutes les voitures sont électriques. → **Les voitures** sont **toutes** électriques.
⚠ On dit rarement : *Tous viennent. Toutes sont électriques.*
Tous et **toutes** sont souvent utilisés avec les pronoms *les* ou *leur* et s'accordent avec ce pronom.
Les guides touristiques, il **les** a **tous** lus.

Expression de l'individualité (un par un) : *chacun(e)*
Chacun(e) indique une unité. Il est toujours singulier.
Chacune de ces voitures est à vendre. J'ai demandé des conseils à **chacun** de mes amis.

Expression de la pluralité : *quelques-un(e)s, plusieurs, certain(e)s*
Quelques-uns, quelques-unes (= un petit nombre). **Plusieurs** (= une quantité supérieure à 2).
Certains, certaines (= une partie d'un ensemble).
Quand ils sont compléments, ils sont utilisés avec le pronom **en** et s'accordent avec le nom qu'ils représentent. J'ai beaucoup d'amis. **Plusieurs** voudraient partir en voyage avec moi.
Des reportages, j'**en** ai fait **quelques-uns**. **Certaines** de mes photos ont été publiées.

Expression de la quantité nulle : *aucun(e)*
Aucun(e) est toujours singulier. Il est toujours utilisé avec *ne*.
Quand il est complément, il est utilisé avec le pronom complément **en** et s'accorde en genre avec le nom qu'il représente.
Aucune de ces voitures n'est à vendre. Ces voitures, je n'**en** veux **aucune** !

3 Prononciation et orthographe

🎧 47
- Il y a un trait d'union entre les deux éléments et on fait la liaison :
quelques‿uns, quelques‿unes.
- On prononce le *s* final du pronom *tous*.
Les guides touristiques, je les ai tou**s** lus. On n'est pas tou**s** les mêmes.

EXERCICES

4. Les pronoms

1 Écoutez. Qu'est-ce qui est exprimé : la pluralité, l'individualité ou la quantité nulle ? Cochez.

	pluralité	individualité	quantité nulle
J'en connais plusieurs.	☑	☐	☐
1	☐	☐	☐
2	☐	☐	☐
3	☐	☐	☐
4	☐	☐	☐
5	☐	☐	☐
6	☐	☐	☐
7	☐	☐	☐

2 Mettez les mots dans l'ordre pour faire une phrase. Rétablissez les majuscules.

Les matchs : les / pas / gagnés / tous / on / a / ne → *On ne les a pas tous gagnés.*
1 Les joueurs : tous / je / aime / ne / les / pas → ....
2 Les points : comptés / tu / ne / les / tous / pas / as → ....
3 La partie : je / l' / pas / ai / toute / ne / regardée → ....
4 Les buts : tous / a / les / il / marqués → ....
5 Les stratégies : ne / pas / connaissent / toutes / ils / les → ....

3 Complétez avec le pronom indéfini comme dans l'exemple.

Mes chers voisins

Tous les appartements sont occupés. → Les appartements sont *tous* occupés.
1 Je connais certains voisins. → Mes voisins ? J'en connais ....
2 Quelques familles sont très bruyantes. → Les familles ? .... sont très bruyantes.
3 Aucun appartement n'est libre. → Les appartements ? .... n'est libre.
4 J'ai plusieurs amis dans l'immeuble. → Des amis, j'en ai .... dans l'immeuble.
5 Chaque porte a un code. → Les portes ont .... un code.

4 Soulignez le pronom indéfini qui convient.

Procès verbal

Quand je suis rentré chez moi, *tout* / *tous* était normal. J'ai discuté avec *quelques-unes* / *aucune* (1) des personnes qui attendaient l'ascenseur. Soudain, on a entendu une explosion. Les gens sont *chacun* / *tous* (2) sortis de l'immeuble, *chacun* / *aucun* (3) d'entre eux avait une explication mais *aucun* / *certains* (4) n'avait rien vu. *Toutes* / *Quelques-uns* (5) se sont approchés d'une voiture qui commençait à fumer. Sur le trottoir, des passants s'étaient regroupés. *Certains* / *Tous* (6) étaient blessés mais heureusement *chacun* / *aucun* (7) gravement. Les pompiers sont arrivés très vite et *tout* / *toute* (8) est rentré dans l'ordre.

5 À vous ! Vous avez assisté à un incident ou lu un fait divers. Vous le racontez en utilisant des pronoms indéfinis.

Le métro s'est arrêté sous un tunnel. Il y avait beaucoup de passagers : plusieurs se sont levés ....
....

20 Les pronoms indéfinis

4 Formes (2)

Expression de l'identité et de la ressemblance : *le même, la même, les mêmes*

Ces pronoms peuvent être utilisés au singulier ou au pluriel. Ils sont généralement compléments.
*Ces rollers sont à toi ? J'ai **les mêmes** !*

Expression de la différence : *l'autre, les autres / un(e) autre, d'autres*

- Ces pronoms peuvent être utilisés au singulier ou au pluriel.
*J'ai retrouvé une de mes chaussettes mais pas **l'autre**.*
- Quand ***un(e) autre, d'autres*** sont compléments, ils sont utilisés avec le pronom complément ***en*** et s'accordent avec le nom qu'ils représentent.
*– Tu as seulement une paire de rollers ? – Non, j'en ai **une autre** dans mon sac !*

⚠ On utilise souvent les expressions *l'un… l'autre* et *les uns… les autres* pour opposer deux choses ou deux groupes. *J'ai deux amis francophones. **L'un** est belge et **l'autre** est suisse.*

Expression de l'imprécision : *quelque chose, quelqu'un, quelque part*

Quelque chose, quelqu'un, quelque part indiquent une chose, une personne ou un lieu sans donner de précision. Ils sont invariables.
Quelqu'un *est venu te voir hier.* (on ne sait pas qui) *Tu entends **quelque chose** ?* (on ne sait pas quoi)
*J'ai rangé mon portable **quelque part**.* (je ne sais plus où)

⚠ ***Quelqu'un, quelque chose*** peuvent être suivis de ***de/d'*** + un adjectif (masculin singulier).
Quelqu'un de *courageux.* ***Quelque chose d'****important.*

⚠ À la forme négative, les pronoms changent de forme et s'utilisent avec la négation *ne*.
→ Unité 14

quelque chose → rien : *J'ai **quelque chose** à dire. Je **n'**ai **rien** à dire.*
quelqu'un → personne : *Il y a **quelqu'un**. Il **n'**y a **personne**.*
quelque part → nulle part : *Elle va **quelque part**. Elle **ne** va **nulle part**.*

Expression de l'indifférence : *n'importe quoi, n'importe qui, n'importe où, n'importe quand, n'importe comment, n'importe lequel / laquelle / lesquels / lesquelles*

Ils indiquent que le choix des choses ou des personnes n'est pas important.
*Donne-moi quelque chose à boire, **n'importe quoi**.* (une boisson ou une autre, pour moi, ce n'est pas important)
*Quelqu'un peut m'aider ? **N'importe qui**, ce n'est pas grave !* (peu importe la personne)
*Va où tu veux, **n'importe où** !* (= peu importe le lieu)

⚠ Dans certains contextes, ***n'importe quoi, n'importe qui*** et ***n'importe comment*** ont un sens négatif. *Tu dis **n'importe quoi** !* (= tu dis des bêtises)
*Je ne parle pas à **n'importe qui** !* (= je choisis les personnes à qui je parle)
*Tu chantes **n'importe comment** !* (= tu chantes mal)

EXERCICES

4. Les pronoms

6 **Complétez avec** *le même, les mêmes* **ou** *un autre, une autre, d'autres.*

Consommation

Elles sont super tes chaussures. Je pense que je vais acheter *les mêmes* !
1. Mon manteau est vraiment usé. Il faut que j'en achète ....
2. J'adore la forme de ce sac. J'aimerais .... en rouge.
3. Ces gants sont trop petits. Vous en avez .... ?
4. Ta veste n'est vraiment plus à la mode ! Tu n'en as pas .... ?
5. Elle a des lunettes de soleil super ! Je voudrais bien .... !

7 **Mettez les pronoms soulignés au pluriel ou au singulier comme dans l'exemple.**

J'ai emporté une clé mais j'ai laissé l'autre. → *les autres*
1. Je n'ai qu'une paire de boucles d'oreilles. Je ne sais pas où j'ai mis l'autre. → ....
2. Elle a perdu son ticket de métro. Elle veut s'en acheter un autre. → ....
3. Je ne retrouve plus mon stylo. Tu en as un autre ? → ....
4. J'ai rangé un document important mais je ne vois pas les autres. → ....

8 **Complétez avec** *quelqu'un (de), quelque chose (de), quelque part, rien, personne, nulle part.*

Témoins
1. – Vous avez entendu *quelque chose* ? un bruit, par exemple ? – Non, ... !
2. – .... a-t-il remarqué .... spécial : un bruit, une voiture… ?
3. – J'ai vu que la femme entrait .... mais je ne sais pas où exactement. .... ne l'accompagnait. Elle était seule.
4. – .... a attiré mon attention : un vase avait disparu. On ne le retrouvait ....

9 **Soulignez le pronom indéfini correct.**

Peu importe…

J'ai trop soif, je boirais *n'importe quoi* / *n'importe qui* !
1. – Quelle marque je prends pour le chocolat ? – *N'importe laquelle* / *N'importe qui* !
2. J'ai tellement envie de dormir que je pourrais dormir *n'importe quoi* / *n'importe où* !
3. Viens me voir aujourd'hui, *n'importe quoi* / *n'importe quand*, je suis libre toute la journée.
4. Ce serait bien d'avoir un voisin. *N'importe qui* / *N'importe lesquels* mais quelqu'un à qui parler.

10 **Complétez avec le pronom indéfini qui convient. Rétablissez l'apostrophe si nécessaire.**

| tout | quelques-uns | n'importe quoi | quelque chose de (× 2) | ~~aucun~~ | tous | d'autres | les mêmes |

– J'ai cherché un cadeau pour l'anniversaire de Karim, mais je n'en ai trouvé *aucun* ! Je voudrais .... (1) original, ... (2) sauf un livre ou un CD ! On offre toujours .... (3) cadeaux !
– Va chez Plumeau, les nouveaux gadgets, ils les ont .... (4) ! Il y en a .... (5) qui sont drôles, ... (6) plutôt fonctionnels. Tu es sûre de trouver .... (7) amusant, et puis .... (8) est bon marché chez eux !

21 Les pronoms relatifs *qui, que, où, dont*

> Vraiment, c'est un film **qui** m'a émue, **où** on découvre des acteurs nouveaux **dont** le jeu est vraiment bluffant !

Les pronoms relatifs permettent de réunir deux phrases. Ils remplacent un nom de personne ou de chose, de temps ou de lieu. Le choix du pronom dépend de sa fonction grammaticale par rapport au verbe, au nom, à l'adjectif qui suit.

1 Les pronoms relatifs *qui* et *que*

qui	personne ou chose, sujet du verbe qui suit.	Il y avait des scènes **qui** nous ont impressionnés et des acteurs **qui** ont ému les spectateurs !
que/qu'	personne ou chose, COD du verbe qui suit.	C'est un réalisateur **qu'**on découvre, un film **que** tout le monde attendait !

⚠ On accorde le participe passé du verbe qui suit le pronom relatif avec le pronom *que/qu'*.
L'actrice **que** les Césars ont récompensé**e** était peu connue.

2 Le pronom relatif *où*

où	complément de lieu ou de temps du verbe qui suit.	J'aime cette petite salle **où** on se sent comme chez soi. C'était un moment **où** tout le monde était vraiment ému.

3 Le pronom relatif *dont*

dont	personne ou chose, complément d'un verbe + *de*. avoir besoin de, avoir envie de, avoir peur de, faire partie de, manquer de, se méfier de, parler de, s'occuper de, se servir de, se charger de, se souvenir de, se séparer de…	Voilà un cinéaste **dont** on se souviendra (se souvenir de).
	personne ou chose, complément d'un adjectif + *de*. amoureux de, content de, enchanté de, fier de, heureux/malheureux de, proche de, responsable de, satisfait de, sûr de…	C'est un film **dont** les acteurs sont très fiers (fier de).
	personne ou chose, complément d'un nom + *de*.	C'est un cinéaste **dont** les films resteront une référence (les films du cinéaste).

⚠ On n'utilise pas l'adjectif possessif après *dont*. C'est un acteur **dont** ~~son~~ le jeu a épaté tout le monde !

EXERCICES

4. Les pronoms **21**

1 Faites une seule phrase avec *qui, que, où*.

Le tour de France est une course cycliste. Elle a lieu tous les ans.
Le tour de France est une course cycliste *qui a lieu tous les ans*.

1. Paris est une métropole. Des millions de touristes la visitent chaque année.
Paris est une métropole ....
2. Août est un mois d'été. Beaucoup de Français partent en vacances en août.
Août est le mois d'été ....
3. Le périphérique est un boulevard. Il entoure Paris.
Le périphérique est un boulevard ....
4. Paris a des places célèbres. On y danse le 14 juillet.
Paris a des places célèbres ....

2 Transformez comme dans l'exemple.

Je suis votre enseignant. → *C'est moi qui suis votre enseignant.*

1. Il est devenu maître de conférences ? → ....
2. Tu étudies à l'étranger ? → ....
3. Nous ne prenons pas de cours de langue. → ....
4. Ils passent leur oral demain. → ....
5. Vous ne vous êtes pas inscrit au master ? → ....
6. Elles ont obtenu une bourse ? → ....

3 Mettez les mots dans l'ordre pour faire une phrase. Écoutez pour vérifier. 🎧 50

programme / dont / voici / je / chargée / suis / le → *Voici le programme dont je suis chargée.*

1. sommes / c'est / nous / un / fiers / contrat / dont → ....
2. sûrs / une / c'est / n' / information / dont / on / pas / est → ....
3. voilà / dont / contents / travail / nous / un / sommes → ....
4. ce sont / collaborateurs / proche / suis / je / des / dont → ....
5. voilà / dont / ne / pas / une / informé / suis / décision / je → ....

4 Faites une seule phrase avec *dont*.

Je vous présente ma collègue Léa. Son mari est banquier.
→ *Je vous présente ma collègue Léa dont le mari est banquier.*

1. Va au distributeur prendre les espèces. Tu as besoin de ces espèces.
→ ....
2. Ne gardez pas ces cartes. Vous ne vous en servez plus.
→ ....
3. Elle a oublié son mot de passe. Son code était facile.
→ ....
4. J'ai trouvé la nouvelle agence. Tu m'en avais parlé.
→ ....

5 À vous ! Vous avez une nouvelle activité, vous la présentez en utilisant *dont*.

Je me suis inscrit(e) à la nouvelle activité dont je t'ai parlé ....

22 Les pronoms relatifs composés

Le château, **dans lequel** le comte de Méreux s'est marié, date du XVIIe siècle.

1 Utilisation

Parfois, la relative ne peut pas être introduite par *qui, que, où* ou *dont*. On utilise alors un pronom relatif composé.
*Le comte de Méreux s'est marié **dans un château**. Le château date du XVIIe siècle.*
→ *Le château, **dans lequel** le comte de Méreux s'est marié, date du XVIIe siècle.*

2 Formes

- Le pronom relatif composé est formé d'une préposition + ***lequel / laquelle / lesquels / lesquelles***. La forme du pronom dépend du nom qu'il remplace.

> *Le château, **dans lequel** il s'est marié, date du XVIIe siècle.*
> *La mairie, **dans laquelle** il s'est marié, est très moderne.*
> *Les invités, **avec lesquels** ils ont fêté leur mariage, étaient très nombreux.*
> *Les amies, **avec lesquelles** elle a préparé le mariage, étaient un peu jalouses.*

⚠ Attention aux formes contractées avec *à* et *de* (prépositions composées *grâce à, près de, à côté de, au sujet de...*) !

à lequel → auquel	de lequel → duquel
à laquelle → à laquelle	de laquelle → de laquelle
à lesquels → auxquels	de lesquels → desquels
à lesquelles → auxquelles	de lesquelles → desquelles

*C'est un mariage **auquel** les journalistes étaient invités et **au sujet duquel** la presse a beaucoup écrit.*
- Quand le pronom relatif composé remplace une personne, *lequel* est souvent remplacé par *qui* dans la langue courante.
*La femme **avec laquelle** il se marie est très riche. = La femme **avec qui** il se marie est très riche.*

EXERCICES

4. Les pronoms

1 Associez. Deux réponses sont parfois possibles.

La chanson
1. Les musiciens
2. Le film
3. Les deux actrices
4. Le journaliste
5. L'émission
6. Les tableaux

auquel
à laquelle
auxquels
auxquelles
à qui

je pense.

2 Choisissez et complétez les phrases comme dans l'exemple. Deux réponses sont parfois possibles.

Souvenirs d'enfance
on jouait à ces jeux / on pêchait près du lac / on discutait pendant les soirées / on se cachait derrière les arbres / on allait goûter chez Mme Pomi / ~~on passait les vacances avec eux~~

Je me rappelle
les copains *avec qui / avec lesquels on passait les vacances.*
1. le lac ....
2. les arbres ....
3. madame Pomi ....
4. les jeux ....
5. toutes les soirées ....

3 Complétez avec un pronom relatif composé. Utilisez la préposition entre parenthèses et écoutez pour vérifier.

Mangez le chocolat Miam *grâce auquel* on reste en forme. (grâce à)
1. Voici le stylo PLUME .... vous ne ferez plus de fautes. (avec)
2. Conduisez la voiture BAP .... vous vous sentirez comme dans un fauteuil. (dans)
3. Voici la valise VOYA .... on ne peut plus voyager. (sans)
4. Écoutez la radio LibreAir .... vous apprendrez plein de choses. (grâce à)

4 À vous ! Comme dans l'exercice 3, imaginez des slogans publicitaires pour des objets. Utilisez des pronoms relatifs composés.

5 Mettez les mots dans l'ordre pour faire une phrase.

le projet / lequel / C'est / on / pour / fait / des recherches
→ *C'est le projet pour lequel on fait des recherches.*
1. lequel / C'est / je / le réalisateur / avec / travaille
→ ....
2. un sujet / C'est / les écrivains / s'intéressent / auquel
→ ....
3. C'est / le spectacle / a lieu / laquelle / à / la date
→ ....
4. jouer / lequel / le théâtre / dans / va / on / C'est
→ ....

22 Les pronoms relatifs composés

3 *Dont* ou *duquel / de laquelle / desquel(le)s* ?

● Les formes *duquel, de laquelle, desquels* et *desquelles* sont seulement utilisées après une préposition composée se terminant par *de* (*à propos de, au centre de…*).
*C'est un mariage **au sujet duquel** la presse a beaucoup écrit.* (écrire au sujet de…)

● Si la préposition *de* est seule (*parler de, se souvenir de…*), on utilise le pronom relatif simple ***dont***.
*C'est un mariage **dont** on a beaucoup parlé.*

4 *Quoi* ou *lequel / laquelle / lesquel(le)s* ?

Quand l'antécédent du pronom relatif est un mot « neutre » – *ce, quelque chose* ou *rien* – on utilise *quoi* après la préposition.
*Il y a une chose **à laquelle** je m'intéresse beaucoup, c'est l'histoire.*
*Il y a quelque chose **à quoi** je m'intéresse, c'est lire des romans historiques.*
*Il n'y a rien **à quoi** je m'intéresse autant que l'histoire.*

EXERCICES

4. Les pronoms

6 **Complétez les phrases avec *dont* ou *duquel, de laquelle, desquel(le)s*.**

Recherches scientifiques

Ce résultat *dont* se félicitent certains est loin de faire l'unanimité.
1. Il y a une expérience à propos .... les scientifiques ont des doutes.
2. Les responsables présentent des chiffres en fonction .... les décisions seront prises.
3. Cette publication scientifique est celle .... plusieurs spécialistes se méfient.
4. Voilà le bilan à partir .... le laboratoire va poursuivre ses recherches.
5. L'institut de recherche a annoncé une découverte .... toute la presse a parlé.

7 **Transformez les phrases avec *dont* ou *duquel, de laquelle, desquel(le)s*, puis écoutez pour vérifier.**

C'est une agence connue. On a installé nos bureaux au-dessus de cette agence.
→ *C'est une agence connue au-dessus de laquelle on a installé nos bureaux.*
1. C'est un immeuble neuf. Il y a une belle terrasse en haut.
→ ....
2. On est dans un quartier nouveau. Je vais t'envoyer le plan.
→ ....
3. Tu verras le fameux bâtiment penché. J'ai écrit un article à son sujet.
→ ....
4. Tu pourras te garer au parking. L'entrée est à 300 mètres environ.
→ ....

8 **Soulignez la forme correcte.**

Ils ont dit quelque chose mais je n'ai pas compris ce *à quoi* / *auquel* ils faisaient allusion.
1. Ce n'est pas quelque chose avec *laquelle* / *quoi* on peut plaisanter.
2. Les « droits de l'enfant » sont une cause pour *quoi* / *laquelle* tu te battrais ?
3. Dans ce qu'ils affirment, il n'y a rien sur *lequel* / *quoi* on puisse prendre une décision.
4. On envisage des actions *à quoi* / *auxquelles* les jeunes adhèrent à 100 %.
5. Trouver un idéal, c'est ce par *quoi* / *lequel* il faut commencer pour réaliser ses rêves.
6. Il y a une chose contre *laquelle* / *quoi* il faut se battre, c'est l'indifférence.

9 **Complétez les phrases avec une préposition et le pronom *quoi*.**

Je suis très attaché à la tolérance. → La tolérance, c'est ce *à quoi je suis très attaché*.
1. Je me bats contre l'injustice tous les jours. → L'injustice, c'est quelque chose ....
2. On doit militer pour les droits de l'homme. → Les droits de l'homme, c'est ce ....
3. Je m'oppose au renvoi des étrangers. → Le renvoi des étrangers, c'est quelque chose ....
4. Je fonde de l'espoir sur le respect de chacun → Le respect de chacun, c'est ce ....
5. Sans la solidarité, la planète serait invivable. → La solidarité, c'est ce ....

10 **À vous ! Vous avez des idéaux, des convictions. Donnez des exemples avec *ce, quelque chose, rien* ou un nom suivis d'une préposition et d'un pronom relatif composé ou *quoi*.**

On peut réaliser ce en quoi on croit fermement. J'ai des rêves auxquels je ne renoncerai jamais.

Bilan — Les pronoms

1 Soulignez le pronom correct. Unité 15

Tu ne connais pas Juan, mon ami espagnol ? Je *lui* / *le* ai donné rendez-vous dans le quartier. Je *lui* / *le* (1) retrouve vers 13 heures. Je vais *lui* / *l'* (2) emmener au restaurant. Ensuite, je *lui* / *le* (3) proposerai qu'on aille au cinéma. Tu *nous* / *lui* (4) accompagnes ? Je suis sûr que tu *lui* / *le* (5) trouveras sympa. Et ça *me* / *le* (6) fera plaisir de *vous* / *m'* (7) offrir vos places.
Je ne *t'* / *m'* (8) ai pas parlé du film ; c'est un film d'aventures, ça *leur* / *te* (9) plairait ?

2 Transformez avec le pronom qui convient comme dans l'exemple. Unité 15

J'attends ma responsable. (devoir demander des précisions)
→ *Je l'attends, je dois lui demander des précisions.*

1 Il accompagne ses clients. (donner des explications) → ....
2 Je vais voir le directeur. (ne pas téléphoner) → ....
3 Vous renseignez ces messieurs. (parler allemand) → ....
4 Nous prévenons le gardien. (indiquer un changement) → ....
5 Elle envoie un mail au comptable. (ne pas l'appeler) → ....
6 Vous les réunissez. (faire une proposition) → ....
7 Ils répondent à leurs collaborateurs. (informer précisément) → ....

3 Répondez avec le pronom *en*. Unité 15

– Il y a des questions ? – Non, il *n'y en a pas !*

1 – Vous avez un dossier ? – Oui, je ....
2 – Il a un blog ? – Non, ...
3 – Tu vas avoir une réponse ? – Oui, ...
4 – Vous n'avez pas de stylo ? – Si, je ....
5 – Il y a eu beaucoup d'explications ? – Oui, ...
6 – Il a eu un programme ? – Non, il ....
7 – Vous n'avez pas d'invitation ? – Si, je ...., la voilà !

4 Complétez avec le pronom *le, la, les* ou *en*. Unité 15

1 Le journal, je *l'*achète tous les jours, parfois je .... (1) lis en entier, parfois je .... (2) lis seulement quelques pages. Mais les pages « Actualités internationales », je .... (3) regarde en priorité !
2 Tu sais, la télévision, tu .... (4) regardes beaucoup ! Il y a des émissions intéressantes, mais il y .... (5) a beaucoup qui sont stupides !
3 On adore la radio. À la maison, on .... (6) écoute tout le temps, on .... a (7) une dans chaque pièce !

5 Répondez avec le pronom *y* ou *en*. Soulignez les liaisons nécessaires. Plusieurs réponses sont possibles. Unité 15

– Quand est-ce que vous allez au Brésil ? – *On y va / Nous y allons* en juin.

1 – Depuis combien de temps ils habitent à Nice ? – .... depuis longtemps.
2 – Ils reviennent du bureau à pied ? – Oui, ... tous les jours à pied.
3 – Combien de temps elle reste à Naples ? – .... trois jours.
4 – Avec qui vous retournez à Londres ? – .... avec nos enfants.
5 – Comment ils sont partis à l'aéroport ? – .... en taxi.
6 – Vous sortez d'où, de la réunion ?! – Oui, ... juste à l'instant !
7 – Quand est-ce qu'il va aller en stage ? – .... l'an prochain.

4. Les pronoms

6 Transformez avec le pronom *y*, *en* ou une préposition + pronom tonique. Unité 16

    Je ne m'habitue pas à cet homme politique. → *Je ne m'habitue pas à lui.*
1. Il pense trop à sa carrière. → ....
2. Tout le monde parle de cette candidate. → ....
3. On discute trop de questions financières. → ....
4. Il faut vraiment s'intéresser aux problèmes. → ....
5. Il est important de penser aux gens. → ....
6. On devrait plus se préoccuper de questions sociales. → ....

7 Quel pronom peut remplacer les mots en gras ? Soulignez la réponse correcte. Unités 15 à 16

Les élections arrivent !

    Tu participes **à toutes les élections** ? → <u>y</u> / à elles
1. Elle sort **du bureau de vote**. → de lui / en
2. Ils doivent élire **les députés**. → leur / les
3. Tu écris **aux candidates écologistes**. → elles / leur
4. On demande **au gouvernement** des actions concrètes. → le / lui
5. Ce parti ne propose **aucune nouvelle initiative**. → la / en

8 Remplacez les mots soulignés par le pronom *en*, *le* ou *y*. Unité 17

    Tout le monde convient <u>qu'on doit tout faire pour éviter le réchauffement climatique</u>.
    → *Tout le monde en convient.*
1. Les industriels promettent <u>de faire des efforts</u>.
    → ....
2. Les personnels politiques s'inquiètent <u>que le réchauffement soit aussi rapide</u>.
    → ....
3. Ils réfléchissent <u>à organiser des colloques</u>. → ....
4. Les gens demandent <u>de participer à des tables rondes</u>.
    → ....
5. Ils tiennent <u>à ce que les débats se multiplient</u>. → ....
6. Tous réclament <u>que des mesures sérieuses soient prises</u>.
    → ....

9 Complétez le dialogue avec des doubles pronoms. Écoutez pour vérifier. Unité 18

Au bureau
— Marine, vous pouvez apporter ce dossier à Marc ? Il le signe et il *vous le* redonne tout de suite, c'est urgent.
— D'accord, je .... (1) apporte immédiatement.
— Vous avez réservé un hôtel pour nos clients ?
— Oui, je .... (2) ai réservé un, tout près de la foire internationale, on .... (3) a conseillé, c'étaient les deux dernières chambres.
— Bien. Vous pourrez .... (4) conduire ce soir et aller .... (5) chercher demain matin ? Moi, j'irai sur notre stand directement et je .... (6) attendrai vers 10 heures. N'oubliez pas d'apporter des albums, on pourra .... (7) offrir. Et bien sûr, si vous avez un problème, dites- .... (8).

Bilan — Les pronoms

10 Transformez les phrases avec l'impératif et un double pronom. Unité 18

Parlons santé !

Apporte tes résultats d'examen à ton médecin ! → Vite, *apporte-les-lui* !
1 Ne prescrivez pas trop d'antidouleurs à vos malades ! → Attention, ... trop !
2 Nous devons demander des explications au spécialiste. → .... !
3 Expliquez clairement le traitement à cette patiente ! → .... clairement !
4 Ne donnons pas autant d'antibiotiques à ces jeunes enfants ! → .... autant !
5 Tu te mets de la pommade tout de suite ! → .... tout de suite !
6 N'administrez pas ces médicaments à ce bébé ! → .... !
7 Demandez un certificat médical à votre médecin ! → .... un !

11 Complétez avec un pronom démonstratif ou possessif. Unité 19

Visite de la maison de Victor Hugo à Guernesey

– Pour notre escapade à Guernesey, on va en voiture jusqu'à Cherbourg ? On prend la nôtre ou .... (1) de Bernard, qui est plus grande, non ?
– Oui, ... (2) est un tout petit peu plus grande, mais… Au fait, j'ai essayé de faire un programme, tu l'as reçu ?
– .... (3) que tu m'as envoyé, il était sur trois jours. J'en ai fait un plus court, regarde !
– Oui, mais, avec .... (4), on arrive trop tard pour prendre le bateau. Il va falloir quitter Paris avant 15 heures. J'ai regardé différents hôtels sur place : .... (5) qui est près de la maison de Victor Hugo, il est un peu cher.
– Tant pis ! Il faut réserver maintenant, j'ai ma carte, je réserve si tu veux.
– Non, je vais le faire ce soir avec .... (6), je vais acheter aussi les billets de bateau et .... (7) de la visite guidée de Hauteville House.
– Très bien ! J'ai hâte de la visiter, cette maison de Victor Hugo !

12 Complétez avec les pronoms indéfinis proposés. Unité 20

| le même | quelques-uns | ~~tous~~ | tous | personne | d'autres |

J'ai fait le marathon de New York avec des étudiants de mon université. Je ne connaissais pas tout le monde, bien sûr, mais ils portaient *tous* le maillot bleu et rouge de notre école. Nous sommes .... (1) partis ensemble. Il faisait très chaud et malheureusement, ... (2) ont vite abandonné, moi j'ai continué avec .... (3), malgré la chaleur ! Mais finalement .... (4) de notre club n'a passé la ligne d'arrivée ! Et qui a été champion ? Toujours .... (5). C'est énervant !

13 Soulignez la forme correcte. Unité 21

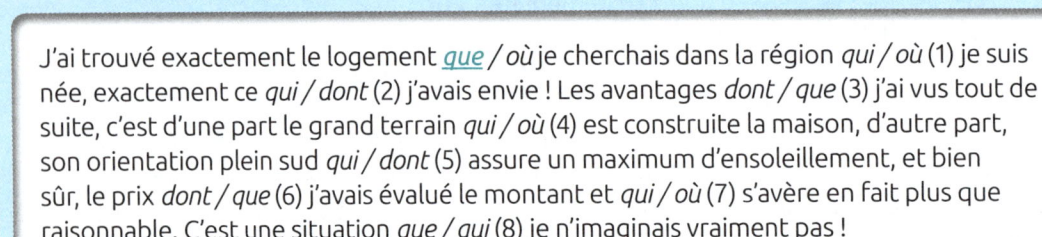

J'ai trouvé exactement le logement *que* / *où* je cherchais dans la région *qui* / *où* (1) je suis née, exactement ce *qui* / *dont* (2) j'avais envie ! Les avantages *dont* / *que* (3) j'ai vus tout de suite, c'est d'une part le grand terrain *qui* / *où* (4) est construite la maison, d'autre part, son orientation plein sud *qui* / *dont* (5) assure un maximum d'ensoleillement, et bien sûr, le prix *dont* / *que* (6) j'avais évalué le montant et *qui* / *où* (7) s'avère en fait plus que raisonnable. C'est une situation *que* / *qui* (8) je n'imaginais vraiment pas !

4. Les pronoms

14 Mettez les mots dans l'ordre pour faire une phrase. Unité 22

La carrière de Lara

lequel / a obtenu / pour / Elle / avait postulé / elle / l'emploi
→ *Elle a obtenu l'emploi pour lequel elle avait postulé.*

1 qui / le DRH / Martin, / c'est l'ami / a pu / grâce à / rencontrer / elle
→ ....

2 exactement / s'attendait / ce / C'est / elle / à quoi
→ ....

3 elle / longtemps / le job / rêvait / depuis / auquel / C'est
→ ....

4 la / Les primes, / ils / desquelles / satisfont / à propos / ont discuté,
→ ....

5 sans / a suivi / n'aurait pas été / une formation / laquelle / Elle / retenue / elle
→ ....

6 en équipe / travaillera / aura / lesquelles / des collègues / Elle / avec / elle
→ ....

15 Soulignez le pronom qui convient. Unités 15 à 22

À l'agence immobilière

– Bonjour, je reviens pour l'appartement *que* / *qui* j'ai visité la semaine dernière, *celle* / *celui* (1) *qui* / *que* (2) se trouve sur le quai de la Bastille.
– Ah oui, celui *dont* / *auquel* (3) vous parlez, je crois qu'il est vendu… Attendez, ah non, excusez-*moi* / *vous* (4), il est encore disponible ! Vous voulez *le* / *lui* (5) revoir ? Je peux *vous y* / *vous en* (6) emmener maintenant si vous voulez.
– Si c'est possible, oui.
– Oui, je *nous* / *vous* (7) demande juste une petite minute… Alors, voilà les clés, je *les* / *l'* (8) ai *toutes* / *tous* (9), on *en* / *y* (10) va !
– Vous avez d'autres appartements à vendre dans ce quartier ?
– Oui, on *en* / *y* (11) a *plusieurs* / *aucun* (12). Je pourrai *vous y* / *vous en* (13) montrer *un autre* / *le même* (14), très bien aussi, juste à côté de *celle* / *celui* (15) *qui* / *qu'* (16) on va voir tout de suite. À l'agence, on regardera les plans, et je vous *en* / *les* (17) donnerai une copie si ça *vous* / *les* (18) intéresse. Mais on peut même essayer de visiter maintenant, si les propriétaires sont chez *moi* / *eux* (19), je *leur* / *lui* (20) téléphone, attendez…
– Merci.

16 Encadrez le pronom qui convient. Unités 15 à 22

Point de vue littéraire

Antoine de Saint-Exupéry, homme célèbre, tout le monde *en* / *le* connaît ! Qui n'a pas entendu parler de *celui* / *lui* (1) ? Voici un petit rappel. Il est né à Lyon en 1900 et il *où* / *y* (2) a vécu une vingtaine d'années. Son œuvre la plus connue, le *Petit Prince*, est *ceux* / *celle* (3) *dont* / *que* (4) parlent toutes les générations de lecteurs. Il a été écrivain mais aussi aviateur ; *certains* / *quelqu'un* (5) *en* / *l'* (6) oublient. *Ce qui* / *Ce à quoi* (7) est intéressant, c'est que *les uns* / *les mêmes* (8) sont attirés par la poésie et *chacun* / *les autres* (9) par l'aspect philosophique. À la question « Quel est votre livre préféré ? », je réponds sans hésitation : *le mien* / *aucun* (10), c'est le *Petit Prince* ! Et je dis à tout le monde : « Offrez ce livre à tous vos amis, *offrez-les-y* / *offrez-le-leur* (11), ils vont adorer ! » Roman unique au sujet *duquel* / *lequel* (12) tant de critiques sont écrites !

23 L'impératif

1 Utilisation

On utilise l'impératif pour exprimer :
- un ordre, une consigne : *Ne faites pas de bruit ! Éteignez vos portables !*
- un conseil : *Restons ici, c'est mieux !*
- un souhait : *Passe une bonne soirée !*

Bonsoir, **entrez**, **soyez** les bienvenus. **Asseyez-vous** où vous voulez mais **éteignez** vos téléphones portables. Bon spectacle !

2 Conjugaison

- À l'impératif, il y a seulement trois personnes : *tu, nous, vous*. On utilise le présent sans le pronom sujet. *Entre ! Entrons ! Entrez !*
- Pour les verbes en *–er*, à la 2e personne, on supprime le *s* de la terminaison du présent sauf quand l'impératif est suivi des pronoms *en* ou *y*.
Réserve des places ! Réserves-en trois ! Va à l'opéra ! Vas-y, c'est magnifique !
- Trois verbes ont une conjugaison irrégulière :
– *être* : sois, soyons, soyez
– *avoir* : aie, ayons, ayez
– *savoir* : sache, sachons, sachez
- Le verbe *vouloir* n'a qu'une seule forme à l'impératif : *Veuillez*. C'est une forme de politesse : *Veuillez vous asseoir, monsieur.* Cette forme est souvent utilisée à l'écrit dans la correspondance officielle : *Veuillez agréer mes salutations distinguées.*

⚠ À l'écrit, il y a souvent un point d'exclamation à la fin de la phrase. *Asseyez-vous !*

3 Impératif et pronoms compléments

À la forme affirmative, les pronoms compléments sont placés derrière le verbe. Il y a un trait d'union entre le verbe et le pronom. À la forme négative, ils sont placés devant.

Forme affirmative	Forme négative
Regarde-**moi** ! Téléphone-**moi** !	Ne **me** regarde pas ! Ne **me** téléphone pas !
Assieds-**toi** !	Ne **t'**assieds pas !
Faisons-**le** ! Parle-**lui** !	Ne **le** faisons pas ! Ne **lui** parle pas !
Attends-**nous** !	Ne **nous** attends pas !
Taisez-**vous** !	Ne **vous** taisez pas !
Appelez-**les** ! Écrivez-**leur** !	Ne **les** appelez pas ! Ne **leur** écrivez pas !

⚠ À la forme affirmative, aux première et deuxième personnes du singulier, les pronoms sont toujours *moi* et *toi*.

4 Intonation

🎧 55 Les phrases impératives ont une intonation particulière selon ce qu'elles expriment :
– un ordre : *Taisez-vous !*
– une consigne : *Ne faites pas de bruit !*
– un conseil : *Restons ici, c'est mieux !*
– un souhait : *Passe une bonne soirée !*

EXERCICES

5. Les autres modes et aspects du verbe

1 Transformez les phrases comme dans l'exemple.

Pour rester en forme
Arrêtez de fumer ! (nous) → *Arrêtons* de fumer !
1. Fais des activités physiques ! (vous) → .... des activités physiques !
2. Ne restons pas assis trop longtemps ! (tu) → .... assis trop longtemps !
3. Monte les escaliers à pied ! (nous) → .... les escaliers à pied !
4. Ne prenons pas l'ascenseur ! (tu) → .... l'ascenseur !
5. Mangez à des heures régulières ! (nous) → .... à des heures régulières !
6. Dors 7 heures par nuit ! (vous) → .... 7 heures par nuit !

2 Complétez les phrases à l'impératif.

(se réveiller – tu) → *Réveille-toi*, il est 7 heures !
1. (ne pas s'arrêter – tu) → ...., on est pressés !
2. (se dépêcher – vous) → ...., il est tard !
3. (se lever – nous) → ...., c'est l'heure !
4. (se préparer – tu) → .... rapidement !
5. (s'habiller – tu) → .... vite !
6. (ne pas s'inquiéter – vous) → ...., on a le temps !

3 Quelle est la valeur de l'impératif ? Écoutez, cochez et répétez.

	Ordre	Conseil	Souhait
Ne restons pas au soleil !	☐	☑	☐
1	☐	☐	☐
2	☐	☐	☐
3	☐	☐	☐
4	☐	☐	☐
5	☐	☐	☐
6	☐	☐	☐
7	☐	☐	☐

4 Faites des phrases à l'impératif pour dire le contraire.

Penser aux autres
Tu ne lui écris pas. → *Écris-lui !*
1. Vous ne me parlez pas. → .... !
2. Tu me téléphones la nuit. → .... la nuit !
3. Tu ne m'aides pas. → .... !
4. Tu ne la regardes jamais. → .... un peu !
5. Vous les oubliez tout le temps. → .... plus !
6. Tu ne les écoutes pas. → .... !
7. Tu n'en parles jamais. → .... !

5 À vous ! Donnez des conseils à une personne étrangère qui vient dans votre pays.

En France : Soyez souriants ! Essayez de parler notre langue ! ....

24 La forme passive

Le viaduc de Millau **a été construit** entre 2002 et 2004.

1 Utilisation

La forme active et la forme passive expriment deux points de vue différents d'une même action.
- *L'entreprise Eiffage a construit le viaduc de Millau entre 2002 et 2004.* → Avec la forme active, l'information donnée porte sur le sujet de l'action : l'entreprise qui a construit le viaduc.
- *Le viaduc de Millau **a été construit** entre 2002 et 2004 par l'entreprise Eiffage.*
→ Avec la forme passive, on ne s'intéresse pas prioritairement au sujet de l'action.
C'est le viaduc de Millau qui est plus important.

2 Formes

La forme passive est formée de l'auxiliaire *être* et du participe passé qui s'accorde avec le sujet. Elle existe à tous les temps.

Présent	*Ces ponts **sont construits** en fer.*
Passé composé	*Le viaduc **a été construit** entre 2002 et 2004.*
Imparfait	*Cette maison **était construite** en bois.*
Futur simple	*Cette route **sera construite** l'an prochain.*
Futur proche	*Une nouvelle église **va être construite**.*
Passé récent	*Le viaduc **vient d'être construit**.*
Subjonctif	*Je suis content qu'une nouvelle école **soit construite**.*
Conditionnel	*Ce monument **aurait été construit** dans les années 1930.*

⚠ Seuls les verbes qui ont un complément direct peuvent être à la forme passive. On ne peut pas dire : ~~J'ai été téléphoné cette nuit~~ car le verbe *téléphoner* a une construction indirecte.

⚠ Pour donner une information sur le sujet de l'action, on utilise généralement la préposition *par* : *Le viaduc de Millau a été construit **par** l'entreprise Eiffage.*

⚠ Dans la langue administrative et journalistique, on utilise souvent la forme impersonnelle à sens passif.
*Il **a été décidé** de confier la construction du viaduc à l'entreprise Eiffage.*

EXERCICES

5. Les autres modes et aspects du verbe

1 Les phrases sont-elles à la forme active ou à la forme passive ? Cochez.

	Forme active	Forme passive
Toutes les chambres de l'hôtel sont réservées.	☐	☑
1 Les touristes ont été reçus par le directeur.	☐	☐
2 Ils sont arrivés en autocar.	☐	☐
3 Une fête est donnée ce soir.	☐	☐
4 Les jeunes enfants seront accompagnés par des baby-sitters.	☐	☐
5 Il a été prévu de servir le dîner sur la terrasse.	☐	☐

2 À quels temps sont conjugués les verbes ? Associez.

Bonnes vacances !

Les billets sont pris.
1 Les réservations ont été faites.
2 Les chèques voyage étaient commandés.
3 Des visites vont être organisées.
4 Il est interdit de se baigner.
5 Plusieurs sorties seront annulées.

a présent
b passé composé
c imparfait
d futur proche
e futur simple

3 Cochez les phrases qui peuvent être à la forme passive et transformez quand c'est possible comme dans l'exemple.

Tout le monde pense à moi !

On m'a réveillé. ☑ *J'ai été réveillé.*
On m'a téléphoné. ☐
1 On m'a appelé. ☐ ....
2 On me recevra. ☐ ....
3 On m'a invité. ☐ ....
4 On m'a souri. ☐ ....
5 On m'écrira. ☐ ....
6 On m'écoutait. ☐ ....

4 À vous ! Imaginez que vous voulez être élu maire de votre ville une deuxième fois. Préparez ce que vous voulez dire aux habitants.

Un stade vient d'être construit. Il sera autorisé de se garer gratuitement. ....
....

5 Transformez comme dans l'exemple. Attention à l'accord des participes passés ! Écoutez pour vérifier.

Retard du train

On annonce un retard d'une heure. → *Un retard d'une heure est annoncé.*
1 On a changé les horaires. → ....
2 On va servir des boissons. → ....
3 On invite les passagers à patienter. → ....
4 On vient d'annuler deux trains. → ....
5 On va rembourser les billets. → ....

25 La forme pronominale à sens passif

Selon que le sujet est inanimé ou animé, l'idée passive peut être exprimée par la forme pronominale ou les structures *se faire / se laisser* + infinitif.

1 Avec un sujet inanimé

Quand elle est utilisée avec un sujet inanimé, la forme pronominale a souvent un sens passif.

⚠ Avec cette structure, le complément d'agent est introduit par **de**.
*En hiver, les montagnes se couvrent **de** neige.*

2 Avec un sujet animé

Les structures à sens passif *se faire* + infinitif et *se laisser* + infinitif sont toujours utilisées avec un sujet animé.

- ***se faire* + infinitif**
Selon le sens du verbe, le sujet peut avoir une certaine responsabilité dans l'action ou il peut la subir.
*Elle **s'est fait couper** les cheveux.* (on sous-entend qu'elle a décidé d'aller chez le coiffeur et lui a demandé de lui couper les cheveux)
*Elle **s'est fait renverser** par une voiture.* (on comprend qu'elle n'a pas décidé cet accident, qu'elle le subit)

- ***se laisser* + infinitif**
Avec la structure *se laisser* + infinitif, on insiste sur la passivité du sujet.
*Ils **se sont laissé convaincre**.* (ils ont été convaincus facilement sans beaucoup de résistance de leur part)

⚠ Avec ces structures, le complément d'agent est introduit par la préposition *par*. Cependant, l'agent n'est pas toujours exprimé.
*Elle **s'est fait renverser** dans la rue. Elle **s'est fait renverser par** une voiture.*
*Je **me suis laissé convaincre**. Je **me suis laissé convaincre par** mes amis.*

⚠ Les participes passés *fait* et *laissé* sont invariables. → **Unité 2**
*Elle s'est **fait** construire une maison.*
*Elle s'est **laissé** critiquer sans répondre.*

EXERCICES

5. Les autres modes et aspects du verbe **25**

1 🎧 58 Écoutez et indiquez si le verbe pronominal a un sens actif ou passif.

Ces personnes se regardent avec mépris.

	Ex.	1	2	3	4	5	6	7	8	9	10
Sens actif	☑	☐	☐	☐	☐	☐	☐	☐	☐	☐	☐
Sens passif	☐	☐	☐	☐	☐	☐	☐	☐	☐	☐	☐

2 Écrivez les phrases à la forme pronominale au passé composé. Attention à l'accord du participe passé.

Démocratie en danger !

On a multiplié les lois. → *Les lois se sont multipliées.*

1. On a durci le règlement. → ....
2. Les relations internationales n'ont pas été améliorées. → ....
3. On a accru les contrôles de toutes sortes. → ....
4. Les libertés individuelles ont été restreintes. → ....
5. On n'a pas amélioré l'économie. → ....
6. Les protestations ont été éteintes. → ....
7. On a installé une forte propagande. → ....

3 Lisez les phrases. Le sujet subit-il l'action ? Cochez la réponse correcte.

	Oui	Non
On s'est fait aider pour notre déménagement.	☐	☑
1. Je me suis fait contrôler dans le métro.	☐	☐
2. Elle va se faire installer un climatiseur.	☐	☐
3. Tu t'es fait refaire le menton.	☐	☐
4. Elles se sont fait surprendre par la pluie.	☐	☐
5. Nous nous sommes fait flasher sur l'autoroute.	☐	☐
6. Il s'est fait battre à son dernier tournoi.	☐	☐
7. Vous vous êtes fait prendre en photo avec vos amis.	☐	☐

4 Transformez les phrases comme dans l'exemple.

Il a demandé à être hospitalisé. → *Il s'est fait hospitaliser.*
Elle va accepter d'être soignée. → *Elle va se laisser soigner.*

1. Vous avez souhaité être massé. → Vous ....
2. Il veut être transporté en ambulance. → Il ....
3. Tu acceptes d'être transféré dans un autre service. → Tu ....
4. J'ai voulu être suivi par un spécialiste. → Je ....
5. Ils demandent à être reçus par le médecin-chef. → Ils ....
6. On n'a pas refusé d'être auscultés par un interne. → On ....
7. Nous ne nous opposons pas à être examinés. → Nous ....

5 À vous ! Au cours d'un séjour dans un centre hospitalier, dites ce qu'un(e) patient(e) a fait faire ou laissé faire au personnel.

Quand elle est entrée à l'hôpital, la patiente s'est fait enregistrer à l'accueil du service. ....
....
....

26 Les formes verbales en –*ant*

Avec la pluie, les rues sont devenues très **glissantes**. Elle est tombée **en glissant** sur le trottoir.

1 Généralités

- Il existe une forme verbale terminée par le suffixe *–ant* qui peut être utilisée :
– avec la préposition *en* : c'est le gérondif. *Il est venu **en marchant**.*
– seule : c'est le participe présent. *Il n'a pas vu le panneau **indiquant** la direction.*
– comme un adjectif. *Il a fait attention à la chaussée **glissante**.*
- Cette forme verbale est formée sur le même radical que le présent avec *nous*.

	présent	forme en *–ant*
lire	nous lis*ons*	lis*ant*
faire	nous fais*ons*	fais*ant*
avancer	nous avanç*ons*	avanç*ant*
manger	nous mange*ons*	mange*ant*

2 Gérondif : forme et utilisation

- Le gérondif est formé de la préposition *en* suivie de la forme verbale en *–ant* : *en prenant, en faisant, en avançant…* C'est une forme invariable.
- On utilise principalement le gérondif pour indiquer que deux actions sont faites **en même temps** par un même sujet. Le verbe au gérondif accompagne un verbe conjugué. Il n'a pas de valeur temporelle propre ; il prend celle du verbe principal.
*Il écoute de la musique **en courant**.* (= il écoute de la musique et il court en même temps)
*Il est sorti **en claquant** la porte.* (= il est sorti et il a claqué la porte)

- Le gérondif peut apporter une précision :
– de manière : *J'ai maigri **en faisant** un régime.* (j'explique comment j'ai maigri)
– de condition : ***En conduisant** moins vite, on a moins d'accidents.* (= si on conduit moins vite, on a moins d'accidents)

⚠ Attention à l'ordre des mots dans la phrase négative.
*On a moins d'accident **en ne conduisant pas** trop vite.*

EXERCICES

5. Les autres modes et aspects du verbe

1 Complétez la forme au présent avec *nous* et la forme en *–ant*.

dire – nous *disons* – *disant*

1. écrire – nous .... – ....
2. venir – nous .... – ....
3. prendre – nous .... – ....
4. craindre – nous .... – ....
5. connaître – nous .... – ....
6. réussir – nous .... – ....
7. prévoir – nous .... – ....
8. partager – nous .... – ....
9. prononcer – nous .... – ....
10. éteindre – nous .... – ....

2 Mettez les verbes au gérondif.

Comment ont-ils fait pour réussir leur examen ?
1. Il a réussi *en étant* (être) très clair, ... (avoir) (1) confiance, ... (écrire) (2) bien, ... (réfléchir) (3) avant de répondre, ... (se poser) (4) les bonnes questions : bravo !
2. Elle a réussi .... (travailler) (5) régulièrement, ... (ne pas être) (6) paresseuse, ... (lire) (7) d'abord toutes les questions, ... (prendre) (8) son temps : bravo !

3 Transformez avec un gérondif quand c'est possible.

Ils discutent et boivent du café en même temps. → *Ils discutent en buvant du café.*
Ils discutent et elle boit du café. → *gérondif impossible*
1. On rêve quand on dort. → ....
2. Tu écoutes de la musique et en même temps, tu fais du sport. → ....
3. Elle dit au revoir et il sourit. → ....
4. Il regarde la télévision et en même temps, il mange. → ....
5. Nous t'appellerons pendant que nous irons au bureau. → ....
6. Vous m'envoyez le mail et je réponds. → ....

4 Transformez les phrases comme dans l'exemple. Écoutez pour vérifier.

Comment faire ?
Nous éviterons de polluer. (ne pas prendre la voiture)
→ *En ne prenant pas la voiture, nous éviterons de polluer.*

1. Tu baisseras ta facture de chauffage. (chauffer moins)
   → ....
2. Vous respectez l'environnement. (ne pas jeter les papiers par terre)
   → ....
3. J'économise de l'eau. (prendre des douches)
   → ....
4. Nous consommons moins d'électricité. (éteindre les appareils)
   → ....
5. On préserve la planète. (faire attention)
   → ....
6. Vous sauvez les océans. (trier les déchets)
   → ....
7. On produit moins de gaz carbonique. (se déplacer à vélo)
   → ....

5 À vous ! Comment faites-vous pour protéger l'environnement ? Utilisez des gérondifs.

Je baisse ma consommation d'eau en arrosant peu le jardin. ....

26 Les formes verbales en –*ant*

3 Participe présent : forme et utilisation

• On utilise le participe présent principalement à l'écrit pour remplacer :
– une subordonnée relative avec *qui* : *Nous cherchons une jeune fille au pair **parlant** portugais.* (= qui parle portugais)
– une subordonnée de cause : *Ne **sachant** pas parler portugais, je n'ai pas pu postuler.* (= comme je ne sais pas parler portugais, je n'ai pas pu postuler)
⚠ Avec cette valeur de cause, le participe présent peut avoir un sujet propre.
*Ce candidat ne **parlant** pas portugais, on ne l'a pas engagé.*
• Le participe présent est invariable. Il prend la valeur temporelle du verbe principal.
*La pluie n'**arrêtant** pas de tomber, je reste chez moi.* → Les deux verbes ont une valeur de présent.
(= comme il pleut, je reste chez moi)
*La pluie n'**arrêtant** pas de tomber, je suis resté chez moi.* → Les deux verbes ont une valeur de passé.
(= comme il pleuvait, je suis resté chez moi)
• Il existe une forme composée du participe présent pour exprimer une antériorité :
*N'**ayant** pas **reçu** de réponse, je crois que ma candidature est refusée.*
Cette forme est conjuguée avec les auxiliaires *avoir* ou *être* au participe présent + participe passé du verbe. Pour le choix de l'auxiliaire et l'accord du participe passé : → **Unité 2**

4 Adjectif verbal : forme et utilisation

Certains participes présents sont devenus des adjectifs. Ils s'accordent avec le nom :
*une histoire **émouvante**, des livres **passionnants**.*
Il y a parfois une différence d'orthographe entre le participe présent et l'adjectif verbal.

	participe présent	adjectif verbal	exemples
–ant > –ent (pour quelques adjectifs)	précédant	précédent(e)(s)	*Durant l'heure **précédant** l'examen médical, vous devez boire beaucoup d'eau. L'heure **précédente**, j'étais tranquillement chez moi.*
–geant > –gent	divergeant	divergent(e)(s)	*Nos opinions **divergeant** considérablement, il nous a été difficile de trouver un accord. Nous avons des opinions **divergentes**.*
–guant > –gant	fatiguant	fatigant(e)(s)	*Son travail le **fatiguant** beaucoup, il a arrêté de travailler. Il a une vie **fatigante**.*
–quant > –cant	provoquant	provocant(e)(s)	*Ses remarques **provoquant** des disputes incessantes, on lui a demandé de se taire. Elle répondait toujours de façon **provocante**.*

EXERCICES

5. Les autres modes et aspects du verbe

6 Cochez l'équivalent à la partie de la phrase soulignée.

<u>Comme il a obtenu son diplôme</u>, il peut travailler.
 a ❑ Obtenant son diplôme   b ☑ Ayant obtenu son diplôme
1 <u>Elle n'avait pas les qualifications requises</u>, elle a reçu une réponse négative.
 a ❑ N'ayant pas les qualifications requises   b ❑ N'ayant pas eu les qualifications requises
2 <u>Comme il ne veut pas travailler le week-end</u>, il a refusé un emploi de serveur.
 a ❑ Ne voulant pas travailler le week-end   b ❑ N'ayant pas voulu travailler le week-end
3 <u>Elles ont fait des études brillantes</u>, elles ont aujourd'hui une belle situation.
 a ❑ Faisant des études brillantes   b ❑ Ayant fait des études brillantes
4 <u>Tu as commis une faute grave</u>, tu as été licencié.
 a ❑ Commettant   b ❑ Ayant commis
5 <u>Vous avez obtenu des résultats remarquables</u>, vous allez être nommé responsable du service.
 a ❑ Ayant obtenu des résultats remarquables   b ❑ Obtenant des résultats remarquables

🎧 61

7 Écoutez et dites si vous entendez le participe présent ou sa forme composée ? Cochez.

Les personnes ayant reçu le vaccin pourront voyager.

	Ex.	1	2	3	4	5	6	7
Participe présent	❑	❑	❑	❑	❑	❑	❑	❑
Forme composée du participe présent	☑	❑	❑	❑	❑	❑	❑	❑

8 Complétez ces offres d'emploi avec un participe présent ou sa forme composée.

> Recherchons :
> Un libraire *ayant* (avoir) une bonne connaissance des livres anciens, ... (savoir) (1) parfois reconnaître les ouvrages rares, ... (déjà participer) (2) à des ventes et estimations de collections, et .... (être) (3) spécialisé dans l'expertise. Le candidat, ... (maîtriser) (4) l'outil informatique et .... (accepter) (5) de fréquents déplacements à l'étranger, peut poster son CV sur notre site : Livrerare.fr.

> Recherchons :
> Un conducteur de travaux .... (justifier) (6) d'une expérience d'au moins 5 ans dans le bâtiment, ... (gérer) (7) des chantiers variés dans sa carrière. Ce poste .... (exiger) (8) des déplacements fréquents, le permis B est obligatoire.

9 Complétez en remplaçant la proposition relative par un adjectif verbal.

C'est un écrivain qui surprend et passionne. → C'est un écrivain *surprenant* et *passionnant*.
1 Il écrit des nouvelles qui émeuvent et qui choquent parfois.
 → Il écrit des nouvelles ....
2 Elles ont toutes des sujets qui diffèrent mais avec un thème qui obsède.
 → Elles ont toutes des sujets .... mais avec un thème ....
3 Dans certaines nouvelles, il y a des images qui bouleversent et même qui traumatisent.
 → Dans certaines nouvelles, il y a des images ....
4 Certains personnages ont des propos qui provoquent.
 → Certains personnages ont des propos ....
5 Nous avons souvent des opinions qui divergent, mais lis-le, c'est vraiment un livre qui intrigue !
 → Nous avons souvent des opinions .... mais lis-le, c'est un livre .... !

27 L'infinitif

 Sa vie, c'était d'**écrire**. Il ne pouvait la **concevoir** sans **créer**. Le pire pour lui : **ne pas avoir été reconnu** de son vivant.

1 Formes

Il existe deux formes d'infinitif : l'infinitif présent et l'infinitif passé.
- L'infinitif présent est formé d'un radical et des terminaisons *-er*, *-ir*, *-oir*, *-re* :
cré**er**, se souven**ir**, concev**oir**, écri**re**.
- L'infinitif passé est formé de l'auxiliaire *être* ou *avoir* et du participe passé : *avoir imaginé*, *s'être souvenu*. Pour le choix de l'auxiliaire et l'accord du participe passé : → **Unité 2**
Il marque une antériorité par rapport au temps du verbe principal. *Il est fier d'**avoir reçu** un prix.*
⚠ À la forme négative, les éléments de la négation se placent devant le verbe.
*Pour un écrivain, c'est un malheur de **ne plus** avoir d'inspiration.*

2 Utilisation dans une phrase simple

Dans une phrase simple, l'infinitif peut être :
- sujet d'un verbe : ***Créer*** *est indispensable à la vie d'un artiste.*
- utilisé après *c'est* : *Son projet, **c'est peindre** le tableau du siècle.*
- complément d'un nom ou d'un adjectif : *Elle est **fière d'avoir peint** ce tableau.*
- complément d'un verbe avec ou sans préposition : *Il **a commencé à écrire** à l'âge de 9 ans. Il **est parti peindre** en mer.*

3 Utilisation dans une phrase complexe

Dans une phrase complexe, l'infinitif peut remplacer :
- une **subordonnée** quand le verbe des deux **propositions** a le même sujet (→ **Unités 28, 29 et 31**) :
– quand le verbe de la **subordonnée** doit être au subjonctif, la transformation est obligatoire.
Tu as écrit pour ~~que tu deviennes~~ célèbre. → *Tu as écrit pour **devenir** célèbre.*
– quand le verbe de la **subordonnée** doit être à l'indicatif, la transformation est facultative.
Je pense que *j'ai du talent.* = ***Je pense avoir*** *du talent.*
- une **subordonnée relative** avec le pronom relatif *où* ou préposition + pronom relatif
*Il existe un lieu où **trouver** l'inspiration. Je cherche un artiste avec qui / lequel **partager** mes idées.*
- une **subordonnée interrogative** directe ou indirecte.
Comment écrire *un poème ? Je me demande **comment faire** pour écrire un poème.*

4 La proposition infinitive

Après les verbes de perception *(écouter, entendre, regarder, voir, sentir…)* et les verbes *faire, laisser, envoyer, emmener*, on utilise une **proposition** infinitive : l'infinitif a pour sujet le **COD** ou le **COI** du verbe conjugué.
*J'écoute **les oiseaux chanter**. On **l'**a emmené **suivre** un stage de chant choral. Je **lui** ai fait **prendre** des cours d'aquarelle.*
⚠ Le participe passé des verbes de perception, des verbes *emmener* et *envoyer* s'accorde avec le pronom COD si celui-ci fait l'action de l'infinitif. Le participe passé des verbes *faire* et *laisser* ne s'accorde jamais. → **Unité 2**

EXERCICES

5. Les autres modes et aspects du verbe

1 **Lisez le récit et cochez la fonction des infinitifs.**

Le goût de l'aventure
Voyager seul peut faire (1) peur à certains mais c'est un moyen de se découvrir (2) et de rencontrer (3) des inconnus, c'est échanger (4) et partager (5) avec eux. Le matin, partir (6) signifie se lancer (7) dans une nouvelle aventure, c'est motivant de ne pas savoir (8) ce qui arrivera. Être (9) seul, c'est se créer (10) sa propre boîte à souvenirs, c'est grandir (11). Ne jamais avoir vécu (12) cette solitude constructive peut manquer (13) à la plénitude de la vie intérieure.

	Ex.	1	2	3	4	5	6	7	8	9	10	11	12	13
Après *c'est*	❏	❏	❏	❏	❏	❏	❏	❏	❏	❏	❏	❏	❏	❏
Complément d'un nom/adjectif	❏	❏	❏	❏	❏	❏	❏	❏	❏	❏	❏	❏	❏	❏
Complément d'un verbe		❏	❏	❏	❏	❏	❏	❏	❏	❏	❏	❏	❏	❏
Sujet du verbe	✓	❏	❏	❏	❏	❏	❏	❏	❏	❏	❏	❏	❏	❏

2 **À vous ! Faites la description d'une activité que vous connaissez bien : pratiquer un sport, faire de la couture, lire, prendre les transports en commun... Utilisez des infinitifs.**

Faire du vélo, c'est facile : ....

3 **a. Écrivez les phrases avec un infinitif. Attention aux constructions des verbes et des adjectifs.**

Il a raté le concours. Il en est déçu. → *Il est déçu d'avoir raté le concours.*
1 Tu ne t'es pas inscrit assez vite. Tu le regrettes. → ....
2 On est bien préparés. On le pense. → ....
3 Vous ne pouvez pas soutenir votre thèse. Vous le craignez. → ....
4 Ils ont eu les félicitations du jury. Ils en sont heureux. → ....
5 Nous n'avons pas assez révisé. Nous en avons peur. → ....
6 Elle a la meilleure note. Elle le croit. → ....

b. Quelles sont les deux phrases où l'infinitif n'est pas obligatoire ? Écrivez ces phrases sans infinitif.

4 🎧 63 **Mettez les mots dans l'ordre pour faire une phrase. Écoutez pour vérifier**

être / voter / ne / sans / Tu / inscrit / pas / peux → *Tu ne peux pas voter sans être inscrit.*
1 sa démission / Il / l'élection / après / avoir / a donné / perdu → ....
2 savons / à qui / Nous / fier / ne / nous / pas → ....
3 On / sait / qui / pas / faire alliance / avec / ne → ....
4 tous / pas de discours / les résultats / fera / Elle / avant de / ne / connaître → ....
5 complètement / un président / voulons / avoir / en / Nous / qui / confiance → ....
6 croire / faire / vous / quoi / demandez / Vous / et qui → ....

5 **Réécrivez les phrases comme dans l'exemple.**

Ma fille a réservé les places. Je l'ai envoyée → *J'ai envoyé ma fille réserver les places.*
1 Nos amis ont vu la pièce. On les a emmenés. → ....
2 Les actrices ont révisé leur texte. Le metteur en scène les a écoutées.
→ ....
3 Les comédiens ont mis leur costume. Nous les avons vus.
→ ....
4 Le clown s'est maquillé. Les enfants l'ont observé.
→ ....

28 Le subjonctif présent

J'ai appelé le consulat. Il faut que nous **prenions** un permis de conduire international mais j'étais surpris qu'aucun vaccin ne **soit** nécessaire.

1 Utilisation

Le subjonctif est un mode verbal souvent utilisé après un verbe ou une expression verbale + *que*. Ces expressions indiquent une subjectivité de la part du locuteur.
*Aucun vaccin n'**est** nécessaire.* C'est un fait, une réalité. → Le verbe *être* est à l'indicatif.
*Je suis surpris qu'aucun vaccin ne **soit** nécessaire.* C'est une réaction subjective. → Le verbe *être* est au subjonctif.

2 Formation régulière

- Pour former le subjonctif présent, on utilise le radical de la 3ᵉ personne du pluriel du présent de l'indicatif (*ils*) et on ajoute les terminaisons *e, es, e, ions, iez, ent*.
- Quand les verbes ont un radical différent à l'indicatif avec *nous* et *vous*, ils gardent ce radical au subjonctif pour ces deux personnes. Ces verbes ont donc deux radicaux au subjonctif.

Indicatif présent	Subjonctif présent	Indicatif présent	Subjonctif présent
Ils parlent	Il faut que je parle que tu parles qu'il/qu'elle/qu'on parle que nous parlions que vous parliez qu'ils/qu'elles parlent	Ils prennent Nous prenons	Il faut que je prenne que tu prennes qu'il/qu'elle/qu'on prenne qu'ils/qu'elles prennent que nous prenions que vous preniez

3 Conjugaisons irrégulières

		être	avoir	aller	faire	pouvoir	vouloir	savoir
que	je/j'	sois	aie	aille	fasse	puisse	veuille	sache
	tu	sois	aies	ailles	fasses	puisses	veuilles	saches
	il/elle/on	soit	ait	aille	fasse	puisse	veuille	sache
qu'	nous	soyons	ayons	allions	fassions	puissions	voulions	sachions
	vous	soyez	ayez	alliez	fassiez	puissiez	vouliez	sachiez
	ils/elles	soient	aient	aillent	fassent	puissent	veuillent	sachent

4 Prononciation

⚠ Il ne faut pas confondre le subjonctif des verbes *avoir* et *aller*.
Avoir : *Il faut que tu **aies** un visa (que nous **ayons** un visa ; qu'ils **aient** un visa).*
Aller : *Il faut que tu **ailles** au consulat (que nous **allions** au consulat ; qu'ils **aillent** au consulat).*

EXERCICES

5. Les autres modes et aspects du verbe **28**

1 **Complétez avec le présent de l'indicatif, puis le présent du subjonctif.**

répondre → ils *répondent* → Il faut que tu *répondes*.
1. attendre → ils .... → Il faut que nous ....
2. se taire → ils .... → Il faut qu'ils ....
3. réussir → ils .... → Il faut que tu ....
4. passer → ils .... → Il faut que nous ....
5. finir → ils .... → Il faut que je ....
6. arrêter → ils .... → Il faut qu'elle ....

2 **Soulignez la (les) forme(s) verbale(s) au subjonctif. Écrivez l'infinitif du verbe.**

tenons – tiens – <u>*tiennent*</u>   → *tenir*
1. mets – mette – mettez → ....
2. comprend – comprenions – comprennent → ....
3. vient – venions – venez → ....
4. boive – boit – buviez → ....
5. voies – voyons – voient → ....
6. doit – doive – doivent → ....
7. recevions – reçoive – reçoivent → ....

3 **Conjuguez les verbes au subjonctif présent.**

Voyage à l'étranger
Il faut que vous *fassiez* des économies. (faire)
1. qu'on .... une carte bancaire. (avoir)
2. qu'elles .... peu de bagages. (prévoir)
3. que tu .... quelques mots courants. (savoir)
4. que nous .... les expressions de politesse. (apprendre)
5. que je .... une bonne assurance. (choisir)
6. qu'elle .... les guides touristiques. (lire)
7. qu'il .... avec un groupe. (partir)

4 **À vous ! Donnez des conseils à un ami qui va partir en voyage. Utilisez le subjonctif présent.**

Il faut que tu connaisses un peu les habitudes des habitants. ....

 5 **Transformez comme dans l'exemple. Rétablissez l'apostrophe si nécessaire. Écoutez pour vérifier.**

Pour rester en bonne santé
Vous devez arrêter de fumer. → *Il faut que vous arrêtiez de fumer.*
1. Tu dois faire une prise de sang. → ....
2. On doit suivre un traitement. → ....
3. Je dois aller chez le dentiste régulièrement. → ....
4. Nous devons boire beaucoup d'eau. → ....
5. Elle doit être plus dynamique. → ....
6. Ils doivent perdre un peu de poids. → ....

28 Le subjonctif présent

5 Utilisation du subjonctif

Les expressions qui « commandent » l'utilisation du subjonctif indiquent :

une nécessité, une obligation	*Il faut que* nous **prenions** contact avec des entreprises de déménagement. *Il est nécessaire que* les objets fragiles **soient** bien protégés.
un sentiment	Je suis *heureux que* nous **déménagions**. Il est *désolé que* tu **partes** loin. C'est *dommage que* vous ne **puissiez** pas venir avec nous. Il est *surpris qu'*elle **veuille** s'installer dans un petit village. Nous avons *peur qu'*elle se **sente** un peu seule. Cela m'*ennuie qu'*elle **aille** aussi loin.
un jugement, une appréciation	C'est *bien qu'*il **ait** une promotion. Je trouve *incroyable qu'*il **prenne** sa décision si rapidement. Cela me *choque que* vous ne **consultiez** pas vos collègues.
une volonté, un souhait	*Je veux que* tout **soit** prêt quand les déménageurs arriveront. *J'exige que* cette décision **soit** prise après consultation du personnel. *J'aimerais que* vous **soyez** présents à notre fête.
une possibilité	*Il est possible que* nous **ayons** une petite augmentation de salaire. *Il se peut qu'*elle ne **veuille** pas.

⚠ On n'utilise pas le subjonctif après le verbe *espérer*.
J'espère que vous *aimez* votre nouvel appartement.

⚠ On utilise le subjonctif lorsque les deux actions sont faites par des sujets différents. Lorsque les sujets sont identiques, on utilise l'infinitif. → **Unité 31**
Je souhaite que ~~je parte~~. → Je souhaite partir.

⚠ On utilise aussi le subjonctif présent après certaines conjonctions. → **Unités 41, 42, 43, 44 et 46**
Je l'appelle **avant qu'**il **parte**.

EXERCICES

5. Les autres modes et aspects du verbe

6 Soulignez les verbes au subjonctif et dites ce que ces phrases expriment. Associez.

Je suis heureux que nous *déménagions*.
1 On trouve normal que le loyer soit plus cher.
2 Il est possible que les voisins nous aident.
3 L'agence veut que nous signions rapidement.
4 Il n'est pas certain que vous vous sentiez bien là-bas.
5 Tu n'aimes pas qu'elle prenne une colocation.
6 Nous souhaitons que tu te plaises là-bas.
7 C'est bien qu'ils aient un petit jardin.

a volonté, ordre, souhait
b sentiment
c jugement
d possibilité

7 Complétez les phrases comme dans l'exemple.

Il ne me parle plus. Je suis triste *qu'il ne me parle plus*.
1 Nous sommes invités à leur mariage. Tu es heureuse ………………………………
2 On réunit les copains. Ça me fait plaisir ………………………………
3 Elle n'est pas heureuse. Il a peur ………………………………
4 Tu ne réponds jamais. On est furieux ………………………………
5 Vous ne nous téléphonez pas souvent. Nous sommes étonnés ………………………………
6 Je connais tous les voisins. Ils ont envie ………………………………
7 On vit ensemble. Elle préfère ………………………………

8 Soulignez les structures qui demandent le subjonctif et conjuguez les verbes.

Revendications !
Nous voulons que vous *respectiez* (respecter) notre contrat. Nous refusons que nos camarades ne …………… (être) (1) pas consultés. Vous exigez que nous …………… (faire) (2) des heures supplémentaires ; alors, nous demandons que tout le personnel …………… (avoir) (3) une augmentation et …………… (pouvoir) (4) prendre plus de vacances. Nous souhaitons aussi que vous …………… (organiser) (5) plus de formations. Nous ne voulons pas que l'entreprise …………… (fermer) (6) et nous sommes déterminés !

🎧 69 9 Mettez les mots dans l'ordre pour faire une phrase. Écoutez pour vérifier. Rétablissez l'apostrophe si nécessaire.

nous se réunir / régulièrement → Je trouve bien que *nous nous réunissions régulièrement*.
1 travailler / le 1er mai / vous → Il n'est pas normal que ………………………………
2 accepter / leurs conditions / le directeur → Ils aimeraient que ………………………………
3 avoir / des stages / les jeunes → Nous trouvons important que ………………………………
4 finir / plus tard / on → Elle exige que ………………………………
5 faire / la grève / on → Il n'est pas bon que ………………………………

10 À vous ! Quels sont vos sentiments, vos souhaits, vos jugements en ce qui concerne vos conditions de travail et celles de la population de votre pays ?

Personnellement, je suis heureux que mon salaire soit assez élevé, mais je voudrais qu'il y ait moins de réunions.

29 Le subjonctif passé

SportS
N° 3785
tous les sports pour tous
2 €

UNIQUE 3 pour 1 !
Un coureur de génie !

Dossier spécial

Vos réactions page 3.
- **Lorenzo, Turin :** « Exploit ! Je suis content qu'il **ait gagné** les trois courses ! »
- **Matteo, Rome :** « Nous sommes tous fiers qu'il **soit monté** trois fois sur le podium.

1 Utilisation

- On utilise le subjonctif passé après les mêmes expressions que pour le subjonctif présent.
→ *Unité 28*
- Le subjonctif passé est utilisé quand l'action du verbe secondaire (verbe 2) s'est déroulée avant l'action du verbe principal (verbe 1).

Je **suis content** qu'il **ait gagné** les trois courses.
    verbe 1   verbe 2

Quand les deux verbes ont le même sujet, on utilise l'infinitif passé. → *Unité 31*
Nous sommes tous **fiers** qu'**il soit monté** trois fois sur le podium.
Nous sommes fiers ~~que nous soyons montés sur le podium~~. → Nous sommes fiers d'**être montés** sur le podium.

⚠ On utilise aussi le subjonctif passé dans la proposition relative (→ *Unité 32*) et après certaines conjonctions. → *Unités 28, 41, 42, 43, 44 et 46*

2 Conjugaison

Le subjonctif passé est un temps composé. Il est formé de l'auxiliaire *avoir* ou *être* au subjonctif présent et du participe passé. Pour le choix de l'auxiliaire et pour l'accord du participe passé : → *Unité 2*

Je trouve incroyable qu'il **ait gagné** trois fois.
Je suis triste qu'elle **soit arrivée** la dernière.
C'est dommage que tu **te sois inscrit** trop tard.

EXERCICES

5. Les autres modes et aspects du verbe

🎧 70   **1   Entendez-vous le subjonctif présent ou le subjonctif passé ? Cochez.**

	Subjonctif présent	Subjonctif passé
C'est super qu'il ait gagné la course.	☐	☑
1	☐	☐
2	☐	☐
3	☐	☐
4	☐	☐
5	☐	☐
6	☐	☐

2   Complétez les phrases avec le verbe au subjonctif passé.

Loisirs

Ce n'est pas raisonnable que tu *aies lu* (lire) toute la nuit.
1   C'est incroyable qu'il .... à jouer aux échecs si jeune ! (apprendre)
2   Ça nous a surpris qu'elle .... la danse ! (ne pas choisir)
3   Il était déçu qu'on .... à son anniversaire. (ne pas s'amuser)
4   Elle trouve bien que je .... à des cours de dessin. (s'inscrire)
5   C'est dommage que nous .... au concert. (ne pas aller)

🎧 71   **3   Transformez avec le subjonctif passé. Écoutez pour vérifier.**

Séparations et retrouvailles

Il est désolé que ses amis partent habiter si loin.
→ *Il est désolé que ses amis soient partis habiter si loin.*
1   C'est dommage que tu ne puisses pas rester avec nous. → ....
2   Je suis heureuse que mes parents viennent me voir. → ....
3   C'est bizarre que tu quittes ton travail. → ....
4   Ça me fait plaisir que vous vous installiez à côté de chez moi. → ....
5   Je suis contente que nous nous retrouvions. → ....

4   Faites des phrases avec le subjonctif passé.

Suppositions
1   Mon ami n'est pas encore arrivé. Pourquoi ? Il a oublié notre rendez-vous ? Il a eu un empêchement ? Il s'est perdu ?
    Il est possible qu'il *ait oublié notre rendez-vous*, qu'il .... ou qu'il
    ....
2   Je ne vois plus mes voisins. Pourquoi ? Ils ont déménagé ? Ils sont partis en vacances ? Ils ont décidé de m'éviter ?
    Il se peut qu'ils ....

5   À vous ! Cherchez une explication aux situations suivantes. Utilisez le subjonctif passé.

1   L'avion n'a pas encore atterri. Pourquoi ? Il est possible qu'*il ait décollé en retard*, que ....
    ....
2   Mes amis ne sont pas venus à mon anniversaire. Pourquoi ? Il se peut que ....
    ....

30 Subjonctif ou indicatif ?

1 Utilisation

Après un verbe ou une expression + *que*, l'utilisation du subjonctif ou de l'indicatif dépend du verbe principal.

Si le verbe principal exprime :
- une déclaration, une constatation, une réalité : on utilise l'indicatif.
Je vous assure qu'un cambrioleur est entré chez moi. On voit qu'il n'y a pas de trace.
- une appréciation, un sentiment : on utilise le subjonctif. → Unité 28
C'est incroyable qu'il soit passé par la fenêtre !

2 Expression de l'opinion : certitude ou doute ?

Les verbes *penser, trouver* et *croire*, les expressions qui expriment une certitude (*être sûr, être convaincu*) peuvent être suivis de l'indicatif ou du subjonctif.

- À la forme affirmative, ils sont toujours suivis de l'indicatif.
Je pense qu'il y avait un seul cambrioleur. Je suis convaincu que la police va l'arrêter.

- À la forme négative, ces verbes ou expressions peuvent être suivis des deux modes.
Le choix du mode informe sur l'opinion du locuteur, pas sur le fait lui-même :
– avec l'indicatif, ces verbes ou expressions indiquent une quasi-certitude de la part de la personne qui parle.
Je ne pense pas qu'il est entré par la fenêtre. (= je suis presque sûr qu'il n'est pas entré par la fenêtre)
– avec le subjonctif, ils indiquent un doute.
Je ne crois pas qu'il soit entré par la fenêtre. (= je doute qu'il soit entré par la fenêtre)

- À la forme interrogative, seule la question avec inversion peut être suivie du subjonctif.
Pensez-vous que les voleurs sont / soient passés par là ?

EXERCICES

5. Les autres modes et aspects du verbe

1 Ces verbes sont-ils suivis de l'indicatif ou du subjonctif ? Associez.

Tu racontes que…
1. Nous trouvons que…
2. Ce n'est pas normal que…
3. C'est bizarre que…
4. Il est certain que…
5. Elle est convaincue que…
6. Je trouve étrange que…

+ indicatif
+ subjonctif

2 Soulignez la forme qui convient. Écoutez pour vérifier.

Tout est bien qui finit bien

On croit que le groupe de randonneurs *n'est pas* / *ne soit pas* loin du refuge.
1. Il est possible qu'il y *a eu* / *ait eu* un orage.
2. Vous n'êtes pas sûr qu'ils *peuvent* / *puissent* téléphoner.
3. Je pense qu'ils *ont pris* / *aient pris* des risques.
4. Elle estime que la météo *a été* / *ait été* trop mauvaise.
5. Il n'est pas évident que les secours *sont arrivés* / *soient arrivés* assez vite.
6. Nous apprenons que le groupe *vient* / *vienne* de rentrer à l'hôtel.

3 Dites le contraire comme dans l'exemple. Utilisez l'indicatif ou le subjonctif.

Je crois que les touristes sont imprudents.
→ *Je ne crois pas que les touristes soient imprudents.*
1. Il n'est pas sûr que les automobilistes soient raisonnables.
   → ....
2. On n'est pas certains qu'ils aient conduit trop vite.
   → ....
3. Nous pensons que les secours sont trop lents.
   → ....
4. Vous trouvez que les gens sont impatients.
   → ....

4 Terminez les phrases. Rétablissez l'apostrophe si nécessaire.

Inspecteur Gadget

Le voleur a remarqué l'alarme. → Je pense *que le voleur a remarqué l'alarme.*
1. Elles ont entendu du bruit. → Il n'est pas évident ....
2. Il avait des gants. → Je suis persuadé ....
3. Ils ont vu la caméra. → On doute ....
4. Le cambriolage a duré seulement 10 minutes. → Il est possible ....
5. Elle a un complice. → Il ne fait aucun doute ....
6. Ils sont très malins. → Il est sûr et certain ....

5 À vous ! Donnez votre opinion (positive et négative) sur le comportement des gens en ville, sur les routes, dans des lieux touristiques…

Généralement, je pense que les gens ne sont pas assez prudents. ....

31 Subjonctif ou infinitif ?

Je voudrais **aller** à la piscine dimanche, tu es d'accord ?

Non, moi, je voudrais qu'on **aille** à la piscine samedi !

1 Utilisation

- Certaines expressions demandent l'emploi du subjonctif. → *Unités 28 et 29*
- Le subjonctif est seulement utilisé si les sujets des deux verbes sont différents.
Je voudrais qu'on aille à la piscine samedi.
Nous sommes contents que vous soyez venus.
- Quand les deux verbes ont le même sujet, on utilise l'infinitif présent ou passé.
(Pour la morphologie de l'infinitif : → *Unité 27*)
Je voudrais que j'aille à la piscine dimanche. → *Je voudrais aller à la piscine dimanche.*
Nous sommes contents que nous soyons venus. → *Nous sommes contents d'être venus.*

Rappel :
- On utilise le subjonctif présent ou l'infinitif présent quand les deux actions exprimées se déroulent en même temps ou quand l'action exprimée par le subjonctif ou l'infinitif se déroule après celle du verbe principal.
Je veux qu'on parte maintenant. Je veux partir maintenant.
Elle préfère qu'on parte demain. Elle préfère partir demain.
- On utilise le subjonctif passé ou l'infinitif passé quand l'action exprimée par le subjonctif ou l'infinitif se déroule avant celle du verbe principal.
Il est content que nous soyons venus. Il est content d'être venu.

2 Remarques

- À la forme négative, les deux éléments de la négation se placent devant l'infinitif.
Il a peur de ne pas réussir. Je regrette de ne pas avoir participé.
- L'infinitif peut être précédé de la préposition *de/d'* :
– après les adjectifs. *Je suis contente d'aller au stade. Elle est heureuse d'avoir remporté la course.*
– après certains verbes ou formes verbales. *Il a peur de perdre. Il regrette d'avoir perdu.*

Pour une liste des verbes qui se construisent avec *de* : → *Annexe 5*

EXERCICES

5. Les autres modes et aspects du verbe

1 Corrigez les fins de phrase incorrectes.

Je regrette ~~que je sois absent.~~ → Je regrette *d'être absent.*
1. Nous voudrions que nous ~~partions~~ avec vous. → ....
2. Tu refuses que tu ~~restes~~ seule. → ....
3. Elles ont peur qu'elles ~~se perdent.~~ → ....
4. Je suis triste que j'~~aie perdu.~~ → ....
5. On préfère qu'on ~~rentre tôt.~~ → ....
6. Tu as envie que tu ~~fasses~~ un beau voyage. → ....

2 Complétez avec *que* + subjonctif présent ou avec l'infinitif présent.

(tu – venir) Je voudrais *que tu viennes* tout de suite.
1. (vous – prendre) Nous préférons .... le temps.
2. (je – comprendre) Elle aimerait .... rapidement.
3. (on – réfléchir) On veut .... plus longtemps.
4. (nous – attendre) Elles désirent .... calmement.
5. (tu – recevoir) Tu veux .... une réponse.
6. (je – ne pas être) Ils souhaitent .... impatient.

3 Transformez avec *que* + subjonctif passé ou *de* + infinitif passé.

Je suis furieux parce que j'ai oublié le code. → *Je suis furieux d'avoir oublié le code.*
1. Nous sommes soulagés parce que nous sommes arrivés à l'heure.
   → ....
2. Elle est déçue parce qu'ils ne sont pas venus.
   → ....
3. Ils sont tristes parce qu'ils ont raté la soirée.
   → ....
4. Je ne suis pas surprise parce que nous nous sommes trompés de chemin !
   → ....
5. On est énervés parce qu'on a dû faire demi-tour.
   → ....

4 Mettez les fins de phrase dans l'ordre. Écoutez pour vérifier.

🎧 75

Elle est vexée de *ne pas être aimée.* ne / être / aimée / pas !
1. Je regrette de .... m' / pas / entendre / avec cette personne / ne .
2. Elle est satisfaite de .... disputée / ne / être / avec lui / pas / s'.
3. Il n'est pas content de .... pas / ne / gardé / avoir / son calme.
4. Ça m'agace de .... pas / avoir / ne / compris.
5. Ils sont désolés de .... pas / être / s' / excusés / ne.

5 À vous ! Quels sont vos sentiments, vos souhaits, vos peurs quand vous préparez des vacances, un voyage, seul ou avec des amis ?

Quand je voyage seul, *j'adore choisir la destination ; je n'aime pas que* ....
Quand je voyage avec des amis, *je préfère* ....

32 Le subjonctif dans la proposition relative

C'est le seul candidat qui **connaisse** le japonais et le coréen.

🎧 76

On utilise généralement **l'indicatif** dans une proposition relative pour faire une constatation de la réalité. → *Unités 21 et 22*
Mais on peut utiliser **le subjonctif** pour exprimer une incertitude sur la réalité ou un jugement.

1 L'incertitude

On utilise le subjonctif :
- après des verbes qui expriment **un but**, le subjonctif signifie qu'il y a une incertitude sur la réalisation de ce but.
*Il cherche une personne qui **sache** parler anglais, russe et allemand.* (c'est son objectif mais il n'est pas sûr de trouver une telle personne)
- après des verbes (souvent au conditionnel) qui expriment un désir, un souhait.
*Nous voudrions un(e) candidat(e) en qui notre équipe **puisse** avoir confiance.* (c'est notre souhait mais nous ne sommes pas sûrs de trouver une telle personne)

2 Le jugement

On utilise aussi le subjonctif :
- après des expressions négatives *rien, personne, aucun*, etc.
*Le candidat n'avait aucune qualité qui **convienne**.* (avec le subjonctif, l'accent est mis sur le jugement de la personne qui s'exprime)
- après un superlatif.
*Je pense que c'est le meilleur CV que nous **ayons reçu**.* (= à mon avis, c'est le meilleur, mais d'autres personnes pourraient avoir un avis différent)
- après les mots *le seul, l'unique, le premier, le dernier*.
*C'est la seule candidate qui **corresponde** à nos attentes.* (c'est un jugement personnel subjectif)

EXERCICES

5. Les autres modes et aspects du verbe

1 Mettez les mots dans l'ordre pour faire une phrase. Écoutez pour vérifier.

Le monde du travail

patiente et souriante / nous / une hôtesse d'accueil / soit / voudrions / qui
→ *Nous voudrions une hôtesse d'accueil qui soit patiente et souriante.*

1 sachent / notre entreprise / qui / parler / des stagiaires / le portugais / recherche
→ ....

2 qui / un horaire / je / corresponde / souhaite / de mon conjoint / à celui
→ ....

3 vivre / grâce à laquelle / vous / vous / puissiez / confortablement / une rémunération / attendez
→ ....

4 exige / clair et pertinent / dont / un(e) candidat(e) / soit / la direction / le CV
→ ....

5 ils / de tact / un(e) responsable du personnel / qui / voudraient / fasse preuve
→ ....

6 une certaine autonomie / nous / recherchons / qui / un travail / permette
→ ....

2 Réécrivez les phrases à la forme négative. Utilisez *aucun, personne, rien*.

À la recherche d'un logement

J'ai vu quelque chose qui peut m'intéresser. → *Je n'ai rien vu qui puisse m'intéresser.*
1 On a rencontré quelqu'un qui a su nous conseiller. → ....
2 J'ai visité un appartement qui avait une terrasse. → ....
3 Le quartier a plusieurs avantages qui nous font rêver. → ....
4 Ils ont découvert quelque chose qui leur plaît. → ....
5 Nous avons trouvé quelqu'un qui nous a bien renseignés. → ....

3 Faites des phrases avec le superlatif et une proposition relative. Utilisez *qui, que, où*.

Témoignages de touristes

Le camping est bien équipé. Nous y avons séjourné.
→ *C'est le camping le mieux équipé où nous ayons séjourné.*
1 Le site est très pittoresque. Je peux vous le conseiller. → ....
2 L'hébergement est bien adapté. Ils nous l'ont proposé. → ....
3 La maison n'est pas confortable. Mes amis l'ont louée. → ....
4 Le chalet est bien aménagé. Tu pourras t'y installer. → ....
5 Ce voyage a été très agréable. Tes amis l'ont organisé. → ....

4 Choisissez un mot de la liste et complétez les phrases comme dans l'exemple.

meilleur   dernier   premier   ~~seul~~   pires   unique   seule

– Vous avez d'autres disques de cet artiste ? – Non, c'est *le seul que nous ayons.*
1 – C'est le premier roman qu'il a écrit ? – Non, c'est .... !
2 – Elle a connu des moments encore plus difficiles ? – Non, ce sont ....
3 On a goûté de très bons gâteaux, mais, celui-ci, c'est vraiment .... !
4 Il n'avait jamais vu de film de science-fiction, aujourd'hui, c'est ....
5 Nous n'exposons que ce modèle, c'est ....
6 Ils ont envie de visiter une autre maison ou c'est .... ?

33 Le conditionnel présent

Vous **pourriez** m'apporter de l'eau, s'il vous plaît ?

Oui, une carafe ?

Non, je **préférerais** une bouteille d'eau minérale.

1 Utilisation

On utilise souvent le conditionnel pour :
- demander un service poliment.
*Je **voudrais** deux baguettes, s'il vous plaît. Vous **pourriez** m'apporter de l'eau, s'il vous plaît ?*
- exprimer un souhait, un désir (avec les verbes *aimer, préférer, souhaiter, vouloir*).
*On **aimerait** le menu. Tu **voudrais** manger quoi où ? Je **préférerais** une bouteille d'eau minérale.*
- faire une suggestion (avec le verbe *pouvoir*).
*Ce soir, si tu veux, on **pourrait** aller au cinéma.*
- donner un conseil (avec les verbes *devoir* et *falloir*).
*Tu **devrais** te renseigner avant de décider.*
*Il **faudrait** mieux d'informer.*

⚠ Autre manière d'exprimer un conseil : *À ta place / Si j'étais toi, je me **renseignerais**.*
Le conditionnel présent s'utilise aussi dans les phrases hypothétiques. → **Unité 47**

2 Conjugaison

- Pour former le conditionnel, on utilise le radical du futur simple (→ **Unité 6**) et on ajoute les terminaisons de l'imparfait.

J'	aimer	ais	aller au cinéma.
Tu	préférer	ais	rester à la maison.
Il/Elle/On	souhaiter	ait	aller chez des amis.
Nous	aimer	ions	faire la fête.
Vous	préférer	iez	vous coucher tôt.
Ils/Elles	souhaiter	aient	rentrer de bonne heure.

- Les verbes irréguliers au futur simple sont également irréguliers au conditionnel.
*À ta place, j'**irais** chez le médecin. À ma place, vous **feriez** quoi ?*

EXERCICES

5. Les autres modes et aspects du verbe

1 Entendez-vous le conditionnel présent ? Cochez.

☑ *Je partirais*

1 ☐ ....
2 ☐ ....
3 ☐ ....
4 ☐ ....
5 ☐ ....
6 ☐ ....
7 ☐ ....

2 Écrivez la terminaison correcte du conditionnel présent.

Je commencer*ais*

1 Il continuer............
2 Nous arrêter............
3 Vous finir............
4 Elles entrer............
5 Tu sortir............
6 On passer............
7 Nous monter............
8 J'achèter............
9 Ils vendr............
10 Elle louer............
11 Vous habiter............

3 Transformez les phrases avec les verbes au conditionnel présent.

Hôtel

Je veux réserver une chambre. → Je *voudrais* réserver une chambre.

1 Pouvez-vous me réveiller à 5 heures ? → ....-vous me réveiller à 5 heures ?
2 Vous avez une chambre plus grande ? → Vous .... une chambre plus grande ?
3 Je souhaite prendre le petit déjeuner à 7 heures.
→ Je .... prendre le petit déjeuner à 7 heures.
4 Nous voulons une chambre au dernier étage.
→ Nous .... une chambre au dernier étage.
5 On préfère des lits jumeaux. → On .... des lits jumeaux.
6 Est-ce que je peux avoir le code pour le wifi ?
→ Est-ce que je .... avoir le code pour le wifi ?
7 Est-il possible d'avoir une serviette de toilette supplémentaire ?
→ ....il possible d'avoir une serviette de toilette supplémentaire ?

4 Conjuguez les verbes au conditionnel présent.

Un bon conseil

À ta place, je *repeindrais* toute la maison. (repeindre)

1 À votre place, nous .... une alarme. (poser)
2 Si j'étais lui, je .... le quartier. (quitter)
3 À ta place, on .... des radiateurs électriques. (mettre)
4 Si elle était toi, elle .... une colocation. (prendre)
5 À ma place, ils .... là. (ne pas rester)
6 À ma place, tu .... si cher. (ne pas payer)
7 À leur place, je .... toute la maison. (refaire)

5 À vous ! Quels conseils donneriez-vous à un(e) ami(e) qui veut changer de logement ?

Tu devrais contacter plusieurs agences. À ta place, je mettrais une petite annonce dans le journal.

34 Le conditionnel passé

Pourquoi tu ne m'as pas téléphoné ?
Tu **aurais dû** me prévenir !

1 Utilisation

• On utilise souvent le conditionnel passé pour exprimer :
– un regret (avec les verbes *aimer, préférer, souhaiter, vouloir*).
J'**aurais voulu** t'appeler mais je n'avais pas de téléphone.
– un reproche (avec les verbes *devoir, pouvoir* et *falloir*). Tu **aurais dû** me prévenir.
⚠ Autre manière d'exprimer un reproche : À ta place, j'**aurais téléphoné**.

• Le conditionnel passé s'utilise aussi dans les phrases hypothétiques. → Unité 47

2 Conjugaison

Le conditionnel passé est un temps composé. Il est formé de l'auxiliaire *avoir* ou *être* au conditionnel présent et du participe passé. Pour le choix de l'auxiliaire et pour l'accord du participe passé : → Unité 2
Tu **aurais dû** me prévenir.
À ta place, je **serais arrivé** plus tôt.
À votre place, nous **nous serions inquiétés**.

⚠ Attention à l'ordre des mots à la forme négative !
Vous **n'auriez pas** dû arriver si tard !

EXERCICES

5. Les autres modes et aspects du verbe **34**

1 Écoutez et dites si vous entendez le conditionnel passé. Cochez.

	Conditionnel passé
J'aurais voulu partir.	☑
1	☐
2	☐
3	☐
4	☐
5	☐
6	☐
7	☐

2 Soulignez les formes au conditionnel passé.

Changement de programme
  J'aurais annulé. / J'avais annulé.
1 Vous n'aviez pas prévenu. / Vous auriez prévenu.
2 Tu n'aurais pas réservé. / Tu n'auras pas réservé.
3 On s'était trompé. / On se serait trompé.
4 Ils ne se sont pas inscrits. / Ils se seraient inscrits.
5 Nous nous serions amusés. / Nous nous sommes amusés.
6 Elles auraient été ensemble. / Elles seraient ensemble.

3 Mettez les mots dans l'ordre pour faire une phrase. Rétablissez l'apostrophe si nécessaire.

  pas / aurait / Il / rougi / ne → *Il n'aurait pas rougi.*
1 en colère / mis / se / ne / serait / pas / On → ....
2 Je / pas / pris / autant de temps / aurais / ne → ....
3 rien / aurions / Nous / ne / dit → ....
4 serait / se / pas / Elle / ne / fâchée → ....
5 répondu / Ils / auraient / ne / pas / de cette façon / lui → ....

4 Conjuguez les verbes au conditionnel passé et dites si les phrases expriment un regret ou un reproche. Écoutez pour vérifier.

	Regret	Reproche
Mauvaise communication		
J'*aurais dû* réagir plus vite. (devoir)	☑	☐
1 Vous .... me prévenir du changement d'horaire ! (pouvoir)	☐	☐
2 On .... lui parler mais il n'a pas voulu. (souhaiter)	☐	☐
3 Il .... mieux s'exprimer pour être plus clair ! (falloir)	☐	☐
4 Tu .... lui répondre si sèchement ! (ne pas devoir)	☐	☐
5 Nous .... rester plus longtemps mais ce n'était pas possible ! (aimer)	☐	☐
6 Elle .... s'excuser mais elle n'a pas trouvé les mots. (vouloir)	☐	☐

5 À vous ! Quels reproches feriez-vous ?

À un ami qui arrive en retard à un rendez-vous : *Tu aurais dû me téléphoner !* ....
À des voisins qui ont fait du bruit la nuit dernière : ....

Bilan   Les autres modes et

1 Complétez avec la forme verbale à l'impératif et le ou les pronom(s) personnel(s) qui convien(nen)t. Unité 23

– *Entrez* monsieur, ... , je préviens madame Durin. (entrer / s'asseoir) (1)
– Merci, je ne suis pas pressé, ... que je peux attendre ! (lui / dire) (2)
Ah, j'ai aussi apporté le dossier pour monsieur Panet, voilà, si ça ne vous ennuie pas
.... (le / faire parvenir / lui) (3) quand vous pourrez, mais ....
(le / ne pas déranger) (4) !
– Oui, oh, ... (le / envoyer/ moi) (5) aussi par mail, s'il vous plaît !

2 Écrivez le verbe à la forme passive et au temps demandé. Unité 24

Une femme *a été bousculée*. (bousculer) – (passé composé)
1 Le conducteur .... (attaquer) – (passé récent)
2 Des voleurs .... (apercevoir) – (passé composé)
3 Un passager .... (blesser) – (présent)
4 L'homme .... (hospitaliser) – (futur proche)
5 Les policiers .... (prévenir) – (imparfait)

3 Transformez les phrases avec la forme pronominale ou *se faire / se laisser* + infinitif. Unité 25

On lit facilement les livres de cet auteur. → *Les livres de cet auteur se lisent facilement.*
1 L'auteur veut être remarqué. → L'auteur veut ....
2 On reconnaîtra son style tout de suite. → Son style .... tout de suite.
3 Vous souhaitez être élu à l'Académie française ?
→ Vous souhaitez .... à l'Académie française ?
4 J'ai lu le roman sans m'arrêter. J'ai été entraînée par l'intrigue.
→ J'ai lu le roman sans m'arrêter. Je .... par l'intrigue.
5 L'écrivain espère être invité au Salon du livre. → L'écrivain espère .... au Salon du livre.
6 L'auteur a été critiqué. Il n'a pas réagi. → L'auteur .... sans réagir.

🎧 84 4 Mettez les mots dans l'ordre pour faire une phrase. Écoutez pour vérifier. Unités 24 et 25

a / retrouvé / bijou / été / aucun / n' → *Aucun bijou n'a été retrouvé.*
1 hier soir / s' / fait / le cambrioleur / est / arrêter → ....
2 produisent / souvent / se / la nuit / les vols → ....
3 est / une alarme / conseillé / installer / il / d' / à son domicile → ....
4 laissé / le malfaiteur / tu / frapper / es / par / t' → ....
5 faire / pas / l'assurance / indemniser / peut-être / on / se / par / ne / pourra → ....
6 peu / retrouvés / de valeur / d'objets / seront → ....
7 est / terminée / s' / bagarre / sans victime / cette → ....

5 Mettez les verbes au gérondif et dites quelle(s) précision(s) ils apportent (temps, manière ou condition). Unité 26

En cessant de fumer, tu te porteras mieux. (cesser)   → *condition*
1 Il écoute son MP3 .... du jogging. (faire)   → ....
2 .... courir, elle a fait une chute. (vouloir)   → ....
3 .... , on a moins faim. (se désaltérer un peu)   → ....
4 Ils se divertissent .... les journaux. (lire)   → ....
5 Au gymnase, je m'entraîne .... bien les consignes. (suivre)   → ....
6 .... plus tôt, tu serais moins fatigué ! (se coucher)   → ....

aspects du verbe

5. Les autres modes et aspects du verbe

6 Écoutez et indiquez la forme entendue. Unité 26

Je ne connais pas bien ces plaques chauffantes.

	Ex.	1	2	3	4	5	6	7	8	9	10
Gérondif	❏	❏	❏	❏	❏	❏	❏	❏	❏	❏	❏
Participe présent	❏	❏	❏	❏	❏	❏	❏	❏	❏	❏	❏
Forme composée du participe présent	❏	❏	❏	❏	❏	❏	❏	❏	❏	❏	❏
Adjectif verbal	☑	❏	❏	❏	❏	❏	❏	❏	❏	❏	❏

7 Complétez avec le gérondif, le participe présent ou l'adjectif verbal. Unité 26

1 Menacer
Il y avait deux femmes *menaçant* les clients.
Ce n'est pas ……………… ton assureur que tu obtiendras ce que tu demandes.
Il criait des paroles ……………… .

2 Hésiter
Il m'a répondu ……………… beaucoup.
Elle est restée longtemps ……………… .
……………… sur la réponse à donner, il a demandé conseil.

3 Différer
……………… sujets ont pu être abordés, certains ……………… de l'ordre du jour prévu.
……………… la date de la conférence, nous avons pu réunir plus de participants.

4 Toucher
Elle a eu des paroles ……………… .
On va apporter des arguments ……………… des sujets variés.
……………… ce point sensible, le médecin a réveillé la douleur.

5 Précéder
L'incident a eu lieu l'année ……………… son arrivée.
……………… la demande sociale, notre syndicat essaie de promouvoir le développement.
Ils ont manifesté la semaine dernière, comme la semaine ……………… d'ailleurs.

8 Transformez les phrases avec un infinitif. Unité 27

Nathan et Karim étaient contents car ils allaient participer à la course.
→ *Nathan et Karim étaient contents de participer à la course.*

1 Ils avaient un peu peur parce qu'ils étaient mal entraînés.
→ ……

2 Nathan a senti que ses forces le lâchaient.
→ ……

3 On a vu que Karim l'encourageait.
→ ……

4 À un moment, Nathan a pensé qu'il allait arrêter.
→ ……

5 Il se demandait où il trouverait encore de la force.
→ ……

6 Il avait pensé qu'il résisterait mieux.
→ ……

7 Finalement, Ils sont fiers parce qu'ils n'ont pas abandonné et qu'ils ont réussi un exploit !
→ ……

Bilan — Les autres modes et

9 **Mettez les verbes au subjonctif présent et dites ce que les phrases expriment (jugement, nécessité, possibilité, sentiment, souhait). Rétablissez l'apostrophe si nécessaire.** Unité 28

Une grande fête

C'est normal que vous *invitiez* vos parents. (inviter) → *jugement*

1. Il faut que je .... votre nouvelle adresse. (écrire) → ....
2. J'aimerais bien qu'on .... tous réunis. (être) → ....
3. C'est incoyable que Marielle ne .... pas venir. (vouloir) → ....
4. C'est possible que je .... avec Léo ? (venir) → ....
5. Je suis contente que vous .... cette fête. (faire) → ....
6. Il est possible que tu .... une grande surprise. (avoir) → ....
7. Il faut que nous .... des boissons pour la réception. (commander)
   → ....
8. C'est dommage que Léa .... se joindre à nous. (ne pas pouvoir)
   → ....

10 **Mettez les mots dans l'ordre pour faire une phrase.** Unité 29

téléphoné / que ma voisine / Ce n'est pas / ne / pas / normal / ait / m'
→ *Ce n'est pas normal que ma voisine ne m'ait pas téléphoné.*

1. C'est / voir / venue / ne / pas / me / étrange / qu'elle / soit
   → ....
2. possible / pris / qu'elle / C'est / ait / des congés
   → ....
3. qu'elle / rien / m' / dit / ne / je / étonnée / suis / ait / Mais
   → ....
4. que sa maison / curieux / C'est / fermée / restée / soit
   → ....
5. un problème de santé / peur / J' / qu'elle / eu / ait / ai
   → ....

11 **Soulignez la forme correcte.** Unité 30

En France

Je trouve intéressant qu'il y *ait* / *a* le « tu » et le « vous » en français.

1. C'est amusant que les gens *se font* / *se fassent* la bise.
2. Je trouve que les hommes *soient* / *sont* polis avec les femmes !
3. Je crois qu'on *peut* / *puisse* trouver partout un certain art de vivre.
4. C'est important que vous *avez voulu* / *ayez voulu* protéger votre culture.
5. C'est une bonne chose que les Français *savent* / *sachent* faire la fête.
6. Je crois que les gens *aient* / *ont* beaucoup de chance de vivre ici !

🎧 86 **12** **Transformez avec *que* + subjonctif passé ou *de* + infinitif passé. Écoutez pour vérifier.** Unité 31

La pièce a été annulée, je regrette. → *Je regrette que la pièce ait été annulée.*

1. On a vu cet opéra, on est ravis. → ....
2. Ce film t'a plu, je suis surprise. → ....
3. Ils ont manqué ce spectacle, ils sont déçus. → ....
4. Je n'ai pas réservé les places, je suis stupide. → ....
5. Cette exposition n'a pas eu de succès, c'est bizarre. → ....
6. L'émission n'a pas été rediffusée, c'est dommage. → ....

aspects du verbe

5. Les autres modes et aspects du verbe

13 Faites des phrases comme dans l'exemple. Unité 32

Chez un marchand d'art

Nous cherchons quelque chose ; ça doit tenir sur une petite étagère.
→ *Nous cherchons quelque chose qui tienne sur une petite étagère.*

1. Voici le vase le plus original ; je peux vous le proposer. → ....
2. C'est la seule statuette en marbre ; nous l'avons acquise récemment.
   → ....
3. Tu vois quelque chose ; tu veux le mettre dans ton salon ?
   → .... ?
4. Ici, vous avez notre unique vase en porcelaine ; il est certifié du XVIIIe siècle.
   → ....
5. C'est le seul tableau ; nous l'avons remarqué. → ....
6. On aimerait une petite horloge ; elle ne doit pas prendre trop de place.
   → ....

14 Conjuguez les verbes au conditionnel présent. Unité 33

Nous *pourrions* commander maintenant ? (pouvoir)
1. Je .... le plat du jour. (vouloir)
2. Vous .... un menu pour enfants ? (avoir)
3. Tu .... faire une crème caramel ? (pouvoir)
4. Il .... réserver une table pour dimanche. (falloir)
5. Ils .... proposer des repas végétariens. (devoir)
6. Je .... le menu à 22 euros. (préférer)
7. On .... d'une salade exotique. (avoir envie)
8. Elle .... goûter votre tarte maison. (souhaiter)

15 Transformez comme dans les exemples. Unité 34

Tu n'as pas réagi. → À ta place, moi, *j'aurais réagi.*
Tu as ri. → À ta place, moi, *je n'aurais pas ri.*
1. Il n'a pas protesté. → À sa place, toi, ...
2. Elle est partie. → À sa place, moi, ...
3. Tu as claqué la porte. → À ta place, moi, ...
4. Ils ne se sont pas excusés. → À leur place, nous, ...
5. Il a été vexé. → À sa place, vous, ...
6. Vous ne leur avez pas prêté attention. → À votre place, moi, ...
7. Elle s'est moquée de lui. → À sa place, toi, ...
8. On a été choqués. → À notre place, vous, ...

16 Associez les phrases aux valeurs du conditionnel. Unités 33 et 34

Ça te dirait d'aller au cinéma ce soir ?
1. J'aurais aimé m'acheter une plus jolie robe.
2. Tu aurais pu prévenir !
3. Nous n'aurions pas dû lui répondre aussi durement !
4. Je prendrais bien une bière bien fraîche !
5. Vous devriez vous adresser à l'accueil.
6. Sauriez-vous où se trouve le commissariat de police ?
7. À votre place, je me dépêcherais.
8. Si tu es d'accord, on pourrait inviter Marc et Ania.

a. exprimer un reproche
b. faire une proposition
c. donner un conseil
d. exprimer un regret
e. exprimer une demande polie
f. exprimer un souhait

35 Le comparatif et le superlatif

Le métro pollue **moins que** le bus, il est **plus** rapide. Il transporte beaucoup **plus de** passagers, il roule **plus** vite et il ne subit pas **autant de** ralentissements **que** la circulation routière. Le train a **le meilleur** équilibre en CO_2. Le transport **le pire** pour la planète reste la voiture !

1 Le comparatif

Pour comparer des personnes, des choses, des actions, des qualités, on utilise les formes du comparatif avec un adjectif, un adverbe, un nom ou un verbe.
Les expressions de comparaison indiquent la supériorité (>), l'infériorité (<) ou l'égalité (=).

	Infériorité	Égalité	Supériorité
Adjectif	Le train est **moins** nuisible pour l'environnement **que** l'avion.	Le vélo est **aussi** pratique **que** la trottinette.	Les motos sont parfois **plus** bruyantes **que** les voitures.
Adverbe	On devra rouler **moins** vite **qu'**aujourd'hui.	Les tramways circulent **aussi** souvent **que** les bus.	Les transports aériens coûtent **plus** cher **que** le train.

⚠ Les formes ~~plus bon(ne)(s)~~ sont incorrectes ; on utilise **meilleur(e)(s)**.
*Dans notre nouveau quartier, il y a un **meilleur** lycée.*

⚠ On peut dire **plus mauvais** ou **pire**. *Ici, il y a de la pollution mais, dans ma ville, c'est **pire**.*

⚠ La forme ~~plus bien~~ est incorrecte ; on utilise **mieux**. *Je me sens **mieux** à Strasbourg.*

	Infériorité	Égalité	Supériorité
Nom	Il n'y a pas **moins** d'accidents **qu'**avant.	Bordeaux offre presque **autant de** pistes cyclables **que** Strasbourg.	Les paysages des routes nationales ont **plus de** caractère **que** les autoroutes.

● Pour indiquer la similarité avec un nom, on peut utiliser l'adjectif **le/la/les même(s)**.
*Je prendrai **le même** bus que ma voisine.*

	Infériorité	Égalité	Supériorité
Verbe	Il prend **moins** sa voiture **qu'**elle.	Ta voiture consomme **autant que** la nôtre.	Je voyage **plus qu'**eux.

● Pour indiquer une égalité, on peut utiliser **comme**. *On déteste le métro, **comme** eux.*
● On peut accentuer le degré de comparaison avec **bien plus/moins** ou un **peu plus/moins** + adjectif ou adverbe ou avec **beaucoup plus (de)/moins (de)** + nom ou verbe.
*Les transports en commun coûtent **bien moins** cher **que** la voiture. Je voyage **beaucoup moins** en tram.*
● Dans la seconde partie de la comparaison, on utilise souvent le pronom tonique, le pronom démonstratif ou possessif.
*Tu détestes le métro autant que **moi**. Cette ligne-ci est aussi rapide que **celle-là**. Il prend plus souvent mon vélo que **le tien**.*

EXERCICES

6. La phrase complexe

1 Faites des phrases au comparatif.

Nouveau job

Tu participes à des réunions / + / elle → *Tu participes à plus de réunions qu'elle.*
1. Je suis stressé / + / mon collègue → ....
2. On prend des congés / = / avant → ....
3. Ils font des heures supplémentaires / + / moi → ....
4. Tu as des responsabilités / – / la directrice → ....
5. Ils sont consciencieux / = / l'un et l'autre → ....
6. Elle a l'air engagée / + / lui → ....

2 Entendez-vous *mieux* ou *meilleur* ? Écoutez et cochez.

	meilleur(e)(s)	mieux
Cette recette est meilleure, non ?	☑	☐
1	☐	☐
2	☐	☐
3	☐	☐
4	☐	☐
5	☐	☐
6	☐	☐
7	☐	☐

3 Complétez la présentation à l'aide des indications.

	Versailles	Vaux-le-Vicomte
Distance de Paris :	22 kilomètres	50 kilomètres
Jardins :	830 hectares	500 hectares
Tarif :	20 €	17 €

~~plus de~~   autant de   les mêmes   comme   un peu moins   un peu plus   aussi   plus

Les deux châteaux ont de nombreux points communs, mais Versailles a *plus de* renom à l'international. .... (1) Versailles, Vaux-le-Vicomte accueillait les chasses royales. Ce sont .... (2) artistes qui ont contribué au prestige des deux châteaux. Vaux-le-Vicomte se trouve .... (3) loin de Paris que Versailles. Le billet y coûte .... (4) cher, cependant cette demeure, où les jardins sont nettement .... (5) étendus, ne reçoit pas .... (6) visiteurs que Versailles. Les deux châteaux sont .... (7) prestigieux l'un que l'autre

4 Mettez les mots dans l'ordre pour faire une phrase.

que / fais / mieux / cuisine / moi / tu / la → *Tu fais mieux la cuisine que moi.*
1. l'autre / omelette / que / est / cette / bonne / aussi → ....
2. toi / ajoute / plus / j' / que / beurre / beaucoup / de / → ....
3. que / mets / de / je / sel / moins / vous / bien → ....
4. bien / produits bio, / que / meilleurs / choisis / les / les / produits industriels
   → ....
5. les / pires / ceux-là / préparés / sont / vraiment / que / plats → ....

5 À vous ! Comparez un restaurant fast-food et un restaurant traditionnel de votre ville.

Dans ce fast-food, les plats sont moins variés que dans un restaurant traditionnel ....

35 Le comparatif et le superlatif

2 Le superlatif

Le superlatif exprime le degré maximum ou le degré minimum d'une intensité, d'une quantité ou d'une qualité.

	Infériorité	Supériorité
Adjectif	Le train est **le moins** polluant des transports.	**Le plus** coûteux des transports, c'est l'avion.
Adverbe	C'est à vélo qu'on roule **le moins** vite.	En ville, je me déplace **le plus** souvent à pied.

⚠️ Pour les adjectifs placés derrière le nom, on répète l'article défini *le, la, les*.
*C'est **la** ligne **la plus** rapide.*
Quand l'adjectif est placé devant le nom, il y a deux possibilités :
*La ligne un, c'est **la** ligne **la plus** ancienne. = La ligne un, c'est **la plus** ancienne ligne.*
⚠️ Les formes ~~le plus bon~~, ~~le plus bien~~ sont incorrectes ; on utilise *le/la/les meilleur(e)(s)* et *le/la/les mieux*.
*Pour moi, c'est **le meilleur** réseau, et c'est cette ligne qui fonctionne **le mieux**.*
⚠️ Pour insister sur un aspect très négatif, on utilise *le/la/les pire(e)(s)*.
*Ce fut vraiment **la pire** journée !*

	Infériorité	Supériorité
Nom	On produit **le moins de** gaz à effet de serre à pied.	Ce sont les jeunes qui achètent **le plus de** trottinettes.
Verbe	Dans ma famille, c'est moi qui voyage **le moins**.	C'est mon frère qui voyage **le plus**.

Le complément du superlatif est introduit par *de/de la/de l'/du/des*.
*La deuxième ligne **la plus** fréquentée **du** réseau parisien est la ligne 4.*
*C'est moi qui voyage **le moins de la** famille.*

EXERCICES

6. La phrase complexe

6 Faites des phrases comme dans l'exemple.

Maisons curieuses

    la décoration / originale (–) → C'est la *décoration la moins originale.*
1. la forme / moderne (+) → C'est ....
2. le jardin / exotique (+) → C'est ....
3. les meubles / traditionnels (–) → Ce sont ....
4. les objets / courants (–) → Ce sont ....
5. la terrasse / impressionnante (+) → C'est ....
6. le chauffage / polluant (–) → C'est ....

7 Mettez les mots dans l'ordre pour faire une phrase.

Commentaires touristiques

    de la ville / plus / Voici / monument / vieux / le → *Voici le plus vieux monument de la ville.*
1. qu'il y a / visiteurs / C'est en hiver / moins / le / de → ....
2. connu / le / Je cherche / le site touristique / plus → ....
3. moins / C'est / pollue / le transport / le / qui → ....
4. la / intéressante / la / C'est / visite / plus → ....
5. meilleurs / tes / souvenirs / Ce sont / les → ....
6. du séjour / repas / On vient de faire / moins / le / bon → ....
7. je m'amuse / le / que / C'est ici / mieux → ....

8 Transformez avec le superlatif comme dans l'exemple. Écoutez pour vérifier. 🎧 89

Qualités *vs* défauts

    Il a beaucoup de qualités. → C'est lui qui *a le plus de qualités.*
1. Ils ne sont pas courageux. → Ce sont eux qui ....
2. Vous avez un mauvais caractère. → C'est vous qui ....
3. Tu n'aides pas beaucoup. → C'est toi qui ....
4. Vous avez de bonnes idées. → C'est vous qui ....
5. Elles n'ont pas beaucoup de défauts. → Ce sont elles qui ....
6. Tu mens beaucoup et bien. → C'est toi qui ....

9 Écrivez les questions comme dans l'exemple.

    sommet / (+) élevé / monde → *Quel est le sommet le plus élevé du monde ?*
1. continent / (+) vaste / monde → .... ?
2. région / (–) chère / France → .... ?
3. fleuve / (+) long / Afrique → .... ?
4. endroit / (–) peuplé / Russie → .... ?
5. ville / (+) cosmopolite / planète → .... ?

10 À vous ! Posez des questions sur des records comme dans les exemples.

Quelle est la boisson la plus consommée du monde ? ....
Quel est le vêtement le plus porté ? ....

36 Les autres formes de la comparaison

Quand je serai grand, j'irai dans l'espace ! **comme** Thomas Pesquet !

Moi aussi, **plus** j'entends parler de lui, **plus** je veux faire comme lui !

Utilisation et formes

plus... plus... *moins... moins...* *plus... moins...* *moins... plus...* *plus... mieux* *plus... meilleur(e)s*	expriment des comparaisons parallèles avec une indication de proportion. **Plus** on la félicite, **plus** elle devient sûre d'elle ! **Plus** la période des examens approche, **moins** on est sûr de soi ! **Plus** je bouge, **mieux** je me porte. **Plus** les fruits sont mûrs, **meilleurs** ils sont.
autant... autant...	exprime une opposition. **Autant** la première partie de la conférence était fascinante, **autant** la seconde manquait d'intérêt.
de plus en plus *de moins en moins* + nom, adjectif, adverbe, verbe	indiquent une progression (*de plus en plus*) ou une régression (*de moins en moins*). On est **de plus en plus** stressés parce qu'on a **de moins en moins** de temps libre !
comme *ainsi que*	= de la même façon que. Ainsi que est utilisé dans la langue soutenue. J'irai dans l'espace **comme** Thomas Pesquet. **Comme/Ainsi que** je l'ai toujours fait, je continuerai à suivre ses exploits.
comme si + imparfait ou plus-que-parfait	exprime une comparaison avec un fait irréel. Tu me parles **comme si** j'avais 10 ans. Elle m'a regardé **comme si** j'avais commis un crime.
plutôt que	indique une préférence ou un jugement. Pour faire des économies d'énergie, il vaut mieux prendre les transports **plutôt que** sa voiture. (préférence) Cette voiture gaspille de l'énergie **plutôt qu'**elle en économise. (jugement)
de même que + nom	= comme. indique une égalité et s'utilise souvent dans la langue soutenue. Nous nous levons tôt, **de même que** nos parents.
de même que... de même	**De même que** le travail nous permet de vivre, **de même** les loisirs sont essentiels à notre santé.
tel(le)s... tel(le)s... *tel(le)s... que*	**Telle** mère, **telle** fille ! (= mère et fille sont semblables) Il est **tel qu'**il était à 20 ans. (= il n'a pas changé)

EXERCICES

6. La phrase complexe **36**

1 **Faites des phrases avec *autant, moins, plus, meilleur, mieux*. Écoutez pour vérifier.**

Gardons la forme !

tu cours souvent (+) / tu t'essouffles (–) → *Plus tu cours souvent, moins tu t'essouffles.*
1. elle aime nager (=) / elle déteste courir (=) → ....
2. nous nous entraînons (+) / nos performances sont bonnes (+) → ....
3. vous vous couchez tard (–) / vous êtes en forme le lendemain (+) → ....
4. on contrôle sa respiration (+) / on se sent bien (+) → ....
5. il améliore sa technique (=) / il ne prend aucun plaisir à jouer (=) → ....
6. je fais de l'activité physique (+) / je me porte bien (+) → ....

2 **Indiquez une progression avec *de plus en plus* ou une régression avec *de moins en moins*.**

La planète est en danger. → *La planète est de plus en plus en danger.*
1. De nombreuses espèces animales disparaissent. → ....
2. La pollution augmente beaucoup. → ....
3. Il y a moins de forêts. → ....
4. Les scientifiques sont inquiets. → ....
5. La biodiversité est moins présente. → ....

3 **Soulignez la forme correcte.**

Une fois encore, il conduisait trop vite, il a été verbalisé *comme* / *tel que* le mois dernier.
1. *De même que* / *Telle que* la formation au permis de conduire coûte cher, *comme si* / *de même* le prix d'une voiture est inabordable.
2. Il a choisi de devenir moniteur d'auto-école *plutôt que* / *comme* son père.
3. Je préférerais apprendre à conduire à la campagne *tel qu'* / *plutôt qu'*en ville.
4. Tu conduis *comme si* / *comme* tu étais seul sur la route.
5. Formidable, ce matin, la circulation est *ainsi que* / *telle que* celle d'un dimanche !

4 **Complétez les deux dialogues avec les mots proposés.**

~~comme~~   comme   comme   comme si   comme si   plutôt que   plutôt que

– Tu fais tes courses en ligne, *comme* les gens qui habitent loin des centres-villes ? Moi je préfère les petits commerces !
– .... (1) j'avais le temps d'aller dans les magasins !
– Je sais que tu travailles, ... (2) tout le monde ! Avant de rentrer, passe dans les magasins près de chez toi .... (3) te précipiter sur Internet !
On doit favoriser les commerçants .... (4) se faire livrer tout le temps !
Tu fais .... (5) les magasins n'allaient pas disparaître, mais si tout le monde agit .... (6) toi, bientôt il n'y en aura plus !

de même que   ainsi que   tels que   plutôt que

– Dites-moi, Hortense, vous ne m'avez pas donné les derniers devis d'Orbios !
– Si, Monsieur, ils sont sur mon bureau, je les ai regardés .... (7) vous me l'aviez demandé mais j'ai préféré retéléphoner à l'entreprise BBoss .... (8) à Orbios qui ne me paraît pas très sérieuse.
– D'accord. Vous me les apportez .... (9) vous les avez établis, ... (10) le reste du dossier, je vais voir tout ça !

37 L'expression de la cause (1)

1 Utilisation

Les expressions de cause sont utilisées pour donner des explications sur des faits réels ; elles présentent ces explications comme certaines.

2 Formes et structure de la phrase

Prépositions

à cause de + nom ou pronom tonique	exprime une cause négative. *Je suis arrivé en retard **à cause de** toi et **du** mauvais temps !*
grâce à + nom ou pronom tonique	exprime une cause positive. *Je vais finir ce travail plus vite **grâce à** toi et **à** tes conseils.*

⚠ Attention à la forme contractée des articles avec les prépositions !
***À cause du** mauvais temps… / **Grâce au** soleil…*

Conjonctions

parce que	explique une situation ou pourquoi une action a été faite ; *parce que* n'est jamais au début de la phrase excepté en réponse directe à la question *Pourquoi ? Excusez-moi, je ne suis pas venu hier **parce que** j'étais malade.* *– Pourquoi tu n'es pas venu hier ? – **Parce que** j'étais malade.*
comme	indique la relation entre la cause et la conséquence. *Comme* est toujours au début de la phrase. ***Comme** je veux finir ce soir, je ne peux pas m'arrêter maintenant.*

⚠ Avec *comme* placé en premier, on met une virgule après l'explication.
Comme je ne peux pas finir ce soir, …
⚠ Quand il y a deux causes, on utilise *que* devant la seconde cause.
*Je vais me coucher **parce que** je suis fatigué et **que** je dois me lever tôt demain.*

EXERCICES

6. La phrase complexe **37**

1 Complétez avec *à cause de* ou *grâce à*. Attention aux articles contractés !

Camping évacué *à cause* d'une inondation
1. Ils ont perdu la course .... vent.
2. Personne n'a pu skier .... risques d'avalanche.
3. Ils ont retrouvé leur chemin .... leur GPS !
4. L'alerte est maintenue .... intempéries.
5. Il a pu se diriger .... étoiles.
6. Ils se sont perdus .... brouillard.
7. La route est fermée .... passage du Tour de France.

2 Soulignez la cause et faites des phrases avec *parce que*. Écoutez pour vérifier.

Je me suis fait mal au genou. Je boite. → *Je boite parce que je me suis fait mal au genou.*
1. Il a mal. Une guêpe l'a piqué.
   →...
2. Elle est tombée de l'échelle. Elle a mal à une jambe.
   →...
3. Elle est à l'hôpital. Elle a eu malaise.
   →...
4. Tu n'as pas fait attention. Tu t'es brûlé.
   →...
5. Il s'est coupé. Il saigne un peu.
   →...
6. Ils n'ont plus de voiture. Ils ont eu un accident.
   →...
7. Je me suis tordu la cheville. J'ai glissé dans l'escalier.
   →...

3 Complétez avec *comme*, *parce que* (*qu'*) ou *que*.

Comme la vidéoconférence est reportée, profitons-en pour préparer la prochaine réunion .... (1) on a encore beaucoup de choses à voir. Il faut aussi convoquer le personnel .... (2) chacun doit pouvoir donner son avis. La remise du dossier est prévue pour la fin du mois et, ... (3) le temps passe vite, voyons si nous sommes d'accord .... (4) on risque d'avoir des modifications et .... (5) il faudra les valider. .... (6) il y avait des erreurs, l'architecte nous a envoyé de nouveaux plans. Nous devons réagir vite .... (7) il attend une réponse rapide et .... (8) c'est dans notre intérêt !

4 À vous. Complétez les phrases pour expliquer les causes des situations.

On a appelé les pompiers à cause d'un début d'incendie, parce qu'il y a eu un accident, …
1. On a peur d'une inondation ....
2. ...., il faut prendre un autre chemin.
3. ...., beaucoup d'habitants ont pu être sauvés.

38 L'expression de la cause (2)

1 Utilisation

La cause (→ Unité 37) peut être exprimée par d'autres prépositions ou conjonctions qui apportent des nuances de sens et qui ont parfois des niveaux de langue différents.

> **PRESSE EN DÉTRESSE**
>
> **À la suite** de diverses manifestations, et **du fait que** les budgets ont été considérablement restreints, la presse régionale se trouve en grande difficulté.

2 Formes et structure de la phrase

Prépositions

en raison de + nom	la cause est officielle. *Le journal n'a pas paru **en raison d'**une grève.*
sous prétexte de + nom/infinitif	la cause donnée est contestée par le locuteur. ***Sous prétexte de** simplification, vous avez rendu ce texte illisible.* *Vous avez rendu ce texte illisible **sous prétexte de** le simplifier.*
par manque de + nom sans article	la cause est une restriction, ces prépositions expriment l'absence de quelque chose ou de quelqu'un. ***Par manque de** place, on doit réduire les articles.*
faute de + nom sans article/ infinitif	*On n'a pas pu parler de cet événement **faute de** journalistes disponibles.* ***Faute de** disposer d'autres pages, on doit se limiter.*
compte tenu de/ du fait de/ étant donné/ vu + nom	la cause est incontestable car donnée comme point de départ et vérifiée. ***Compte tenu du** travail à faire, commençons tout de suite.* ***Étant donné** les délais, commençons tout de suite.* ***Vu** les échéances, nous devons faire vite.*
à force de + nom sans article/infinitif	la cause se répète. ***À force de** réécrire ce texte, je trouve le sujet moins intéressant.*
par + nom sans article	la cause est souvent un sentiment. *Nous avons rédigé ces articles **par** souci de vérité.*
pour + nom *pour* + infinitif passé	la cause comporte un motif de satisfaction ou d'insatisfaction. *On a arrêté la publication **pour** des questions de budget.* *Le directeur a été critiqué **pour** avoir arrêté la publication.*
à la suite de/ suite à + nom	la cause est un fait passé qui en explique un autre, ces prépositions sont souvent utilisées dans la langue commerciale ou administrative. ***À la suite de** ces problèmes, on s'est réunis pour décider quoi faire.* ***Suite à** nos problèmes, il a fallu prendre des décisions.*

⚠ On utilise *pour* + infinitif passé seulement quand les deux verbes ont le même sujet.
*Il a été renvoyé **pour** avoir insulté son directeur.*

⚠ Ces prépositions peuvent se placer au début ou au milieu de la phrase.

EXERCICES

6. La phrase complexe **38**

1 Soulignez la forme correcte.

Pour / <u>Étant donné</u> les nouveaux horaires, il va falloir s'adapter.
1. *Par / Vu* la réforme, nos projets sont à revoir.
2. *Sous prétexte d' / Par manque d'*une législation suffisante, vous n'organisez rien.
3. Les gens ne se renseignent pas, sans doute *par / pour* négligence.
4. La direction repousse l'élection *pour / faute d'*un problème de dates.
5. Les employés ne participent pas aux débats *compte tenu d' / par manque d'*intérêt.
6. *Du fait de / Par* ces nouvelles mesures, le syndicat doit se réunir.
7. Un référendum sera proposé, *par / vu* la demande des responsables.

2 Complétez avec la préposition qui convient.

faute de   vu   par   ~~pour~~   pour   sous prétexte d'   à la suite de

Déménagement

J'ai remercié mes amis *pour* leur aide.
1. .... temps, ma sœur n'a pas pu venir.
2. Le voisin m'a proposé sa voiture .... gentillesse.
3. Nous sommes devenus amis .... cette journée très particulière.
4. .... le mauvais temps, on s'est dépêchés.
5. Mon frère n'y a pas participé .... un mal de dents.
6. J'ai félicité les déménageurs .... leur rapidité.

3 Complétez les phrases avec *faute de, suite à* ou *à force de*.

Le cinéma étant fermé, les protestations se multiplient.
→ *Suite à* la fermeture du cinéma, les protestations se multiplient.
1. La circulation ayant été modifiée, il faut tourner ici.
→ .... de la circulation, il faut tourner ici.
2. Comme on n'a pas de salle de spectacles, le concert aura lieu au jardin public.
→ Le concert aura lieu au jardin public ....
3. Après avoir beaucoup insisté, les habitants ont obtenu cette médiathèque.
→ ...., les habitants ont obtenu cette médiathèque.
4. Le stationnement étant interdit en ville, on doit s'arrêter ici.
→ .... du stationnement en ville, on doit s'arrêter ici.
5. Ils ont été très déterminés, ils ont rendu le centre-ville agréable.
→ ...., ils ont rendu le centre-ville agréable.
6. Mais la fête des fleurs risque d'être supprimée si elle n'est pas financée.
→ Mais ...., la fête des fleurs risque d'être supprimée.

4 À vous ! Votre ville ou votre région a connu des transformations : vous les expliquez en utilisant des prépositions de cause.

Compte tenu de l'intensité de la circulation routière, le département a décidé d'élargir la voie express. ....

38 L'expression de la cause (2)

Conjonctions

car + indicatif	= *parce que* mais *car* ne répond pas à la question *pourquoi ?* et est toujours placé en seconde partie de la phrase. *Ils se sont réunis **car** ils devaient prendre une décision.*
puisque	insiste sur la relation évidente entre la cause et la conséquence. Généralement, la cause est connue. ***Puisqu'**il y avait des problèmes, on devait avoir une réunion.*
sous prétexte que + indicatif	la cause peut être contestée. ***Sous prétexte qu'**il n'était pas concerné, Luc n'est pas venu.*
compte tenu que/du fait que/ étant donné que/vu que + indicatif	la cause est incontestable. *On va changer de style **compte tenu qu'**on doit se moderniser.* ***Du fait que** les problèmes sont financiers, on demandera une aide.* ***Étant donné que** nos lecteurs nous soutiennent, on se sent forts.* *Nos finances baissent **vu qu'**on vend de moins en moins en kiosque.*
d'autant plus (de)... que/ d'autant moins (de)... que + indicatif	= encore plus/moins parce que ; la cause est renforcée par un élément supplémentaire. *On est **d'autant plus** motivés **que** nos lecteurs nous soutiennent.* *Il y a **d'autant moins de** journaux **que** les sites Internet se développent.* *La presse papier est **d'autant moins** appréciée **que** beaucoup de gens lisent sur leur téléphone portable.*
Si... c'est que...	la cause est mise en valeur ; *Si* est toujours en première partie de la phrase. ***Si** on développe notre site, **c'est que** nos lecteurs nous soutiennent.*

⚠ Quand il y a deux causes, on utilise *que* devant la seconde cause.
*On s'est réunis **car** on devait prendre une décision et **que** c'était urgent.*

⚠ La cause peut également être exprimée par un participe présent. → **Unité 26**
***Rencontrant** des difficultés, on a demandé de l'aide.* (= comme on rencontre)

EXERCICES

6. La phrase complexe

5 **Écoutez les phrases. Qui parle ? Notez la profession et l'expression de cause utilisée.**

un professeur   ~~un pilote~~   un employé administratif   un météorologue   un policier
un avocat   un homme politique   un économiste   un journaliste   un chauffeur de taxi

	Qui ?	Expressions de cause		Qui ?	Expressions de cause
	un pilote	du fait que...	5		
1			6		
2			7		
3			8		
4			9		

6 **Transformez les phrases avec la conjonction de cause entre parenthèses.**

Tous les propriétaires de l'immeuble se réunissent : des travaux commencent bientôt. (du fait que)
→ *Tous les propriétaires de l'immeuble se réunissent du fait que les travaux commencent bientôt.*

1 Vous veillerez à vider vos caves : les travaux commencent le 1er juin. (étant donné que)
→ ....

2 Cet aménagement est indispensable, l'immeuble est très ancien. (d'autant plus... que)
→ ....

3 Les gens sont rassurés, l'entreprise nous est recommandée. (puisque)
→ ....

4 La moquette de l'escalier est très abîmée, il faudra la changer. (car)
→ ....

5 Mon voisin a refusé de voter les travaux, il prétend qu'on dépense trop. (sous prétexte que)
→ ....

6 Cette copropriétaire n'est pas satisfaite du vote, elle sera obligée de contribuer au financement des travaux. (d'autant moins... que)
→ ....

7 Nous sommes tous propriétaires : nous devons prendre les décisions ensemble. (puisque)
→ ....

7 **Soulignez l'expression correcte.**

Le 1er octobre, BioMiam a le plaisir de vous inviter à son dixième anniversaire *car / c'est que* vous partagez notre aventure depuis ses débuts. Et *puisque / sous prétexte que* (1) c'est une date importante, nous avons prévu un petit concert après le buffet. *Car / Étant donné que* (2) vous faites partie de nos meilleurs clients, vous repartirez avec un petit cadeau ! Vous connaissez nos rayons, vous appréciez *d'autant plus / d'autant moins* (3) nos produits *qui / qu'* (4) ils sont de notre région ! *Si / D'autant plus* (5) nos clients nous sont fidèles, *c'est qu' / car* (6) il y a une bonne raison ! À bientôt !

8 **À vous ! Expliquez les avantages de l'installation d'un magasin en centre-ville. Utilisez des conjonctions de cause.**

Si notre magasin est en centre-ville, c'est que les habitants devaient faire beaucoup de kilomètres puisque le supermarché est très loin. ....

39 L'expression de la conséquence (1)

1 Utilisation

Les expressions de conséquence sont utilisées pour indiquer le résultat d'un fait ou d'une action ; elles présentent ces résultats comme certains.

Vous ne supportez pas la forte chaleur ?
Alors, restez chez vous !

Canicule !
Il a fait **si** chaud **que** les piscines sont restées ouvertes jusqu'à minuit !

2 Formes et structure de la phrase

Mots de liaison

donc *alors* *par conséquent*	annoncent une conséquence ; *par conséquent* est plus formel. Il a plu toute la journée **alors** je suis restée chez moi.

Conjonctions

c'est pourquoi *c'est la raison pour laquelle* *c'est pour ça que*	donnent une explication ; *c'est pour ça que* est plus familier. Il fait très chaud, **c'est la raison pour laquelle** la ville distribue de l'eau gratuitement.
tellement/si + adjectif ou adverbe + **que** verbe + **tellement/tant** + **que** *tellement de/tant de* + nom + **que**	ajoutent une nuance d'intensité ou de quantité. *Tant* et *tant de* sont plus formels que *tellement* et *tellement de*. Il a fait **si** chaud **que** les piscines de la ville sont restées ouvertes jusqu'à minuit ! Il pleut **tellement que** la rue est inondée. Il y a **tant de** vent **qu'**il est impossible de tenir debout.

⚠ Avec un verbe à un temps composé, *tellement* et *tant* sont placés entre l'auxiliaire et le participe passé. *Il a **tellement** plu **que** la rue est inondée.*

⚠ Avec les expressions *avoir besoin, avoir chaud, avoir envie, avoir faim, avoir froid, avoir mal, avoir peur, avoir sommeil* et *faire attention, faire beau, faire chaud, faire froid, faire mal, faire plaisir*, on utilise *si* ou *tellement*.
*Il faisait **tellement** froid **que** nous n'avons pas pu sortir.*

EXERCICES

6. La phrase complexe

1 Associez.

Mauvaises vacances !

L'eau de la mer était glacée, c'est pourquoi
1 Il a beaucoup plu, c'est pourquoi…
2 Le soleil était trop fort alors…
3 La mer était dangereuse, par conséquent…
4 Il a neigé toute la semaine donc…
5 Il y avait du brouillard donc…

a je n'ai pas pu skier !
b les baignades ont été interdites.
c l'avion a décollé avec du retard.
d on a pris des coups de soleil.
e les routes étaient inondées.
personne ne s'est baigné !

2 Mettez les événements en ordre et faites une phrase avec les mots entre parenthèses. Écoutez pour vérifier.

– Tu peux m'expliquer pourquoi tu es en retard ?
et j'ai vu qu'il pleuvait / Je suis sortie de chez moi / je suis en retard / je suis retournée prendre un parapluie (donc / c'est pour cela que)
– *Je suis sortie de chez moi et j'ai vu qu'il pleuvait donc je suis retournée prendre un parapluie ; c'est pour cela que je suis en retard.*

1 – Tu peux me dire pourquoi tu as déménagé ?
j'ai voulu me rapprocher / J'ai obtenu un nouveau travail / j'ai déménagé / et j'habitais assez loin (alors / c'est pourquoi)
– ....
....

2 – Dis-moi pourquoi tu parles si bien le polonais.
en plus, j'ai rencontré une Polonaise / j'ai commencé à étudier la langue / je parle couramment polonais / J'ai décidé de vivre en Pologne (donc / c'est la raison pour laquelle)
– ....
....

3 À vous ! Trouvez des conséquences aux situations.

Il a changé de travail *donc il a déménagé et par conséquent il a perdu ses amis.*
Elle a eu une promotion ....
Il y a eu une grève ....

4 Soulignez la conséquence et faites des phrases *avec tellement, si, tant… que* ou *tellement de, tant de… que.*

<u>J'ai bu toute l'eau de la bouteille</u>. J'avais soif.
➔ *J'avais si / tellement soif que j'ai bu toute l'eau de la bouteille.*
1 J'ai mal au ventre. J'ai trop bu d'eau. ➔ ....
2 Tu cuisines très bien les légumes. Je vais en reprendre. ➔ ....
3 Ils ont été malades. Ils ont mangé trop de chocolat. ➔ ....
4 Tu as mis trop de sel. Ce n'est pas mangeable ! ➔ ....
5 J'aime beaucoup ces gâteaux. J'en achète presque tous les jours ! ➔ ....
6 Ton dessert est vraiment bon. Je l'ai avalé en dix secondes ! ➔ ....
7 Elle est écœurante. Cette crème est très sucrée. ➔ ....

40 L'expression de la conséquence (2)

> Les cambrioleurs avaient un passe **ce qui explique que** la porte d'entrée n'a pas été forcée.

1 Utilisation

La conséquence (→ Unité 39) peut être exprimée par d'autres mots de liaison et des conjonctions qui apportent des nuances de sens et qui ont parfois des niveaux de langue différents.

2 Formes et structure de la phrase

Mots de liaison et prépositions

de ce fait *d'où* + nom *ce qui explique* + nom *ce qui explique que…*	donnent une explication. Le vase est cassé, **de ce fait**, il est difficile de trouver des empreintes. Les cambrioleurs ont tout fouillé **d'où** un désordre incroyable ! L'alarme n'a pas fonctionné **ce qui explique** que personne n'a rien vu et la non-réaction de la télésurveillance.
du coup	exprime une conséquence inattendue ; est surtout utilisé à l'oral. Il y a des traces de doigts sur les portes, **du coup** on pourra faire des relevés d'empreintes.

Conjonctions

de (telle) façon que *de (telle) manière que* *de (telle) sorte que* *si bien que*	introduisent une conséquence logique. La police avait des indices **de telle façon que** l'enquête a vite débuté. J'ai vu un des voleurs **de sorte que** je pourrai l'identifier. On a entendu des bruits suspects **si bien qu'**on a alerté la police.
au point que *à tel point que*	indique une conséquence extrême. J'ai été cambriolé dix fois **au point que** j'ai déménagé.
trop (de) + *pour que* + subjonctif *(pas) assez (de)* + *pour que* + subjonctif	indique l'intensité de la conséquence. Il n'y avait **pas assez d'**éléments **pour qu'**on puisse accuser les trois individus arrêtés.

⚠ Quand les deux verbes ont le même sujet, on utilise *trop (de)* + *pour* et *(pas) assez (de)* + infinitif (→ Unité 31). Il a **trop** peur **pour** rester dans cet appartement.

⚠ Quand il y a deux conséquences, on utilise *que* devant la seconde.
Le studio a été cambriolé plusieurs fois **au point que** le locataire a préféré déménager et **que** le propriétaire l'a vendu.

⚠ *De manière que* et *de façon que* peuvent exprimer aussi un but. → Unité 44

EXERCICES

1 Soulignez forme correcte.

Il y a eu une coupure d'électricité <u>d'où</u> / c'est pourquoi l'interruption du programme télé.
1. Elle n'avait pas rechargé la batterie du téléphone, *du coup* / *d'où* la communication a été interrompue.
2. La chaudière ne marche plus, *d'où* / *ce qui explique qu'*on a froid.
3. Le robinet de la cuisine a fui pendant notre absence *ce qui explique* / *du coup* le montant élevé de la facture d'eau.
4. Un arbre est tombé sur le toit, *de ce fait* / *ce qui explique* des tuiles ont été cassées.
5. L'ascenseur s'est brusquement arrêté *du coup* / *d'où* la panique des utilisateurs.

2 Mettez les mots dans l'ordre pour faire une phrase. Écoutez pour vérifier.

est motivante / la filière droit international / si bien / elle attire / de nombreux candidats / qu'
→ *La filière droit international est motivante si bien qu'elle attire de nombreux candidats.*

1. demandes d'inscription / tous les étudiants / pour / il y a eu / trop de / satisfaire
   → ....
2. les volontaires / au point / les critères de sélection / sont découragés / que / sont très exigeants
   → ....
3. s'inscrire / assez de / données précises / pour / on n'a pas / dans cette formation
   → ....
4. mener à terme / qu' / une bourse / Emma / de telle façon / elle peut / son projet / a obtenu
   → ....
5. et qu'il a / il avait / il se sentait / si bien qu' / brillamment réussi / sûr de lui / beaucoup révisé
   → ....
6. intégrer / de sorte que / j'ai réussi / je peux / une école supérieure / le concours
   → ....
7. est / la moindre chance / ce diplôme / pour que / tu aies / de réussir / trop sélectif
   → ....

3 Soulignez la conséquence et réécrivez les phrases avec les mots entre parenthèses.

Ma candidature a été rejetée, <u>je suis donc très en colère</u>. (ce qui explique)
→ *Ma candidature a été rejetée ce qui explique que je suis très en colère.*

1. Leur demande d'augmentation de salaire est restée sans réponse, ils sont donc déçus. (si bien que) → ....
2. Tu as obtenu le poste que tu souhaitais parce que tu as fait preuve d'une grande motivation. (à tel point que) → ....
3. Elle est très préoccupée et elle dort mal, en effet elle risque d'être licenciée. (ce qui explique que) → ....
4. Nous nous sommes mis en grève, les conditions de travail étaient déplorables. (de sorte que)
   → ....
5. Il est en congé maladie, il souffrait de surmenage. (du coup) → ....

4 À vous ! Vous avez vécu des moments particuliers dans votre vie. Indiquez les circonstances et leurs conséquences.

Quand j'étais jeune, je rêvais de devenir médecin mais je n'ai pas réussi le concours de 1re année. Du coup, je me suis réorienté vers d'autres études. ....

41 Les conjonctions de temps (1)

J'ai peur **quand** je prends l'avion ! Pendant mon dernier voyage, je me suis endormi très vite **après que** l'avion a décollé et j'ai dormi **jusqu'à ce qu'**on atterrisse.

1 Utilisation

Les conjonctions de temps sont utilisées pour situer dans le temps une action par rapport à une autre : elles se passent en même temps ou l'une après l'autre.

2 Formes et structure de la phrase

Quand, pendant que, après que, avant que et *jusqu'à ce que* sont les principales conjonctions de temps. *Quand, pendant que, après que* se placent au début ou au milieu de la phrase ; *avant que* et *jusqu'à ce que* se placent généralement au milieu de la phrase.

Les deux actions se passent en même temps

quand + indicatif	*Quand* je suis dans l'avion, je regarde des films. *J'ai regardé le paysage **quand** l'avion a décollé.*
pendant que + indicatif	une action se passe pendant le déroulement de l'autre. ***Pendant que** les passagers se reposent, les hôtesses travaillent.* *Les autres passagers ont pris leur repas **pendant que** je dormais.*

Les deux actions se passent l'une après l'autre

On utilise des conjonctions différentes pour indiquer dans quel ordre se passent les deux actions : l'action 1 est la première chronologiquement et l'action 2 est la seconde.

quand/après que + indicatif	*Je serai rassuré* (action 2) ***après que** l'avion aura atterri* (action 1). ***Après que** l'avion a atterri / a eu atterri* (action 1), *j'ai été rassuré* (action 2). ***Quand** l'avion aura décollé* (action 1), *je pourrai regarder un film* (action 2).
avant que + subjonctif	*J'ai appelé* (action 1) *mon frère **avant que** l'avion décolle* (action 2).

⚠ Avec *quand* et *après que*, le temps de l'action 1 est à un temps composé pour marquer l'antériorité.

⚠ Quand les deux verbes ont le même sujet :
– on doit utiliser *avant de* + infinitif (→ **Unité 27**). *J'ai pris un somnifère **avant de** partir.*
– on peut utiliser *après* + infinitif passé (→ **Unité 27**). *Je me suis endormi **après que** j'ai mangé/ j'ai eu mangé. Je me suis endormi **après avoir mangé**.*

Une action dure jusqu'au début de l'autre

jusqu'à ce que + subjonctif	*J'ai dormi* (action 1) ***jusqu'à ce que** l'avion atterrisse* (action 2).

EXERCICES

6. La phrase complexe **41**

1 **Complétez avec *pendant que* ou *quand*.**

C'est toujours moi qui conduis *quand* on fait un long voyage en voiture.
1. On changera de place .... tu t'arrêteras.
2. .... on roulait tranquillement, la police nous a arrêtés.
3. On va prendre la première à droite .... on va sortir de l'autoroute.
4. .... je conduis, tu peux vérifier sur la carte ?
5. S'il vous plaît, taisez-vous quelques minutes .... on écoute les infos.
6. .... on est arrivés à la station service, on a dû faire la queue longtemps.

2 **Soulignez la conjonction de temps qui convient. Puis écoutez pour vérifier.**

Premier voyage en avion
Attache bien ta ceinture *avant que* / *quand* tu t'assois. Tu pourras la détacher *après que* / *avant que* (1) le signal sera éteint. Un conseil : garde-la attachée *jusqu'à ce que* / *pendant que* (2) l'avion soit complètement arrêté ! Écoute bien *pendant que* / *depuis que* (3) l'hôtesse donne les consignes. Et puis *quand* / *après que* (4) l'avion décolle, n'aie pas peur ! *Pendant que* / *Jusqu'à ce que* (5) vous survolerez les Alpes, tu verras les montagnes enneigées, c'est magnifique ! Allez, bon voyage ! Téléphone-nous *après que* / *pendant que* (6) tu seras arrivé. Et fais attention à tes affaires, n'oublie pas ton sac *avant que* / *avant de* (7) sortir de l'avion.

3 **Réunissez les deux phrases avec une proposition de temps. Attention aux modes des verbes !**

Vous entrez en ville, vous laissez votre voiture au parking. (quand)
→ *Quand vous entrez en ville, vous laissez votre voiture au parking.*
1. Vous prenez le tramway numéro 4, vous arrivez à la Poste. (jusqu'à ce que)
   → ....
2. Vous vous reposerez un peu. Vous visiterez la ville. (avant de)
   → ....
3. Vous vous regrouperez. Le guide vous appellera. (quand)
   → ....
4. Vous monterez au château. Vous découvrirez un superbe paysage. (pendant que)
   → ....
5. Vous ferez le tour du château. Vous vous promènerez dans le parc. (après)
   → ....
6. Le soleil se couche. Là-haut, vous pourrez faire des photos. (avant que)
   → ....
7. Vous aurez terminé la visite, vous remplirez un questionnaire de satisfaction. (après que)
   → ....

4 **À vous ! Dans un mail, vous donnez des conseils à quelqu'un qui vient visiter votre ville ou votre région. Utilisez des conjonctions de temps.**

Quand vous arriverez ....
....

42 Les conjonctions de temps (2)

Concernant la grève des transports :
au moment où je vous parle, les négociations se poursuivent. Aucun syndicat ne reprendra le travail **tant qu'**un accord ne sera pas signé.

Les relations temporelles (→ *Unité 41*) entre deux actions peuvent être exprimées par d'autres conjonctions qui apportent des nuances de sens et qui ont parfois des niveaux de langue différents. Ces conjonctions peuvent se placer au début ou au milieu de la phrase.

⚠ Quand on donne deux informations, on utilise *que* devant la seconde. **Lorsqu'**il y a une grève de transport et **que** je dois aller travailler, je me lève très tôt.

lorsque + indicatif	= *quand, après que* ; *lorsque* est plus formel. Les gens marchent beaucoup **lorsqu'**il y a une grève de transport. **Lorsque** les syndicats auront obtenu satisfaction (action 1), le trafic reprendra (action 2).
au moment où + indicatif	= *quand* ; insiste sur un moment précis. **Au moment où** la grève a commencé, l'usine a été fermée.
dès que / aussitôt que + indicatif	= *tout de suite après que* ; les actions se passent immédiatement l'une après l'autre. Le trafic a repris (action 2) **dès que** la grève a pris/a eu pris fin (action 1).
chaque fois que + indicatif	= *quand* avec une nuance de répétition et d'habitude. Les embouteillages augmentent **chaque fois que** les transports publics ne fonctionnent pas.
au fur et à mesure que + indicatif	= *quand* ; les deux actions progressent en même temps et proportionnellement. Le mécontentement s'amplifie **au fur et à mesure que** dure le conflit.
alors que / tandis que + indicatif	= *pendant que*. Les forces de police surveillent **tandis que** les gens manifestent.
tant que / aussi longtemps que + indicatif	les actions se passent sur une même durée. Les négociations continueront **tant qu'**un accord ne sera pas trouvé.
en attendant que + subjonctif	= *jusqu'à ce que* ; une action dure jusqu'au début de l'autre. **En attendant qu'**un accord soit trouvé (action 2), de longs débats seront nécessaires (action 1).
depuis que + indicatif	le début de l'action est dans le passé. Les salariés font grève **depuis que** des baisses de salaire ont été annoncées.
maintenant que + indicatif	le début de l'action est le présent ; peut avoir une nuance de cause. **Maintenant que** la grève est terminée (action 1), le trafic a repris (action 2).

⚠ Quand les deux verbes ont le même sujet :
– on peut utiliser *au moment de* + infinitif présent. **Au moment de** quitter la manifestation…
– on doit utiliser *en attendant de* + infinitif (→ *Unité 31*).
En attendant de retourner à mon bureau, je télétravaille.

⚠ *Alors que* et *tandis que* peuvent exprimer aussi une opposition → *Unité 45*

EXERCICES

6. La phrase complexe

1 Écoutez les phrases et encadrez la conjonction de temps qui a le même sens que celle que vous entendez.

Depuis que ce tournoi de tennis est retransmis à la télé, il est connu dans le monde entier.
tant que / ⟨maintenant que⟩
1. aussi longtemps que / aussitôt que
2. en attendant que / depuis que
3. tant que / tandis que
4. en attendant que / depuis que
5. chaque fois que / aussi longtemps que
6. alors que / maintenant que

2 Soulignez la conjonction de temps correcte.

Au festival de Cannes
Les critiques ont réagi *dès que* / *en attendant que* la liste des films sélectionnés a été publiée.
1. *Au fur et à mesure que* / *Aussitôt que* la date d'ouverture approchait, on sentait une excitation.
2. *Chaque fois qu'* / *Tant qu'* une star arrivait, le public applaudissait.
3. Les gens se sont mis à crier *aussitôt que* / *au fur et à mesure que* le héros du film est apparu.
4. Les policiers faisaient barrage *depuis que* / *lorsque* la foule s'approchait.
5. Les cameramen filmaient *alors que* / *en attendant que* les comédiens saluaient la foule.
6. *Au moment où* / *Tant que* le palmarès a été annoncé, on a entendu les bravos du public.
7. La ville a retrouvé son calme *maintenant que* / *tant que* le festival est terminé.

3 Voici des extraits d'interviews de personnalités. Réécrivez-les avec la conjonction et le verbe entre parenthèses.

Le trac disparaît à mon entrée en scène. (dès que / entrer)
→ *Le trac disparaît dès que j'entre en scène.*
1. Progressant dans mon roman, je me sens rassuré. (au fur et à mesure que / progresser)
   → .... dans mon roman, je me sens rassuré.
2. Lors de mes rencontres avec le public, je suis heureux. (chaque fois que / rencontrer)
   → .... je suis heureux.
3. Vous devez contrôler votre respiration pendant la danse. (tandis que / danser)
   → Vous devez contrôler votre respiration ....
4. En attendant la présentation des œuvres, on fait beaucoup de répétitions. (en attendant que / être présenté)
   → ...., on fait beaucoup de répétitions.
5. Mon spectacle n'est pas prêt, je ne donnerai plus d'interviews. (tant que / être prêt)
   → ...., je ne donnerai plus d'interviews.

4 Complétez avec *depuis que*, *en attendant que* ou *en attendant de*.

Reste zen *en attendant que* la connexion soit rétablie.
1. .... tu as fait les mises à jour, on surfe plus vite.
2. Prends mon chargeur .... retrouver le tien.
3. Utilise cette messagerie .... il y en ait une plus fiable.
4. .... tu as modifié ton profil, je n'ai plus accès à tes photos.
5. Je patiente .... trouver une autre application.
6. .... les données sont protégées, je suis sur ce réseau.

43 L'expression du but (1)

1 Utilisation

Les expressions de but sont utilisées pour exprimer une intention, un objectif, un résultat souhaité.

2 Formes et structure de la phrase

Pour exprimer le but, on utilise principalement :
- les prépositions *pour* et *afin de* suivies de l'infinitif ;
- les conjonctions *pour que* et *afin que* suivies du subjonctif.

Si les deux verbes ont des sujets différents	on utilise :	– *pour que* – *afin que*	+ subjonctif	*Je ferai tout mon possible **pour que** / **afin que** nous **soyons** tous ensemble.*
Si les deux verbes ont le même sujet	on utilise :	– *pour* – *afin de*	+ infinitif	*Je ferai tout mon possible **pour** / **afin d'être** là.*

⚠ On utilise *afin que* et *afin de* dans la langue soutenue.

⚠ Quand il y a deux buts exprimés :
– on ne répète pas *pour que* ou *afin que*, on utilise *que*.
*Je ferai tout mon possible **pour que** nous soyons tous ensemble et **que** nous fassions la fête.*
– on ne répète pas *afin de*, on utilise *de*.
*Je ferai tout mon possible **afin d'**être avec vous et **de** faire la fête.*

⚠ Les deux termes de la négation se placent devant l'infinitif.
*Je viendrai pour **ne pas** manquer cette fête.*

EXERCICES

6. La phrase complexe · **43**

1 Transformez avec *pour* ou *pour que* comme dans les exemples.

Je vais téléphoner. Je réserve les places de train.
→ *Je vais téléphoner pour réserver les places de train.*
Ils vont m'appeler. Je les inscris à ce voyage.
→ *Ils vont m'appeler pour que je les inscrive à ce voyage.*
1 Je leur écris. Ils m'envoient le programme. → ....
2 Tu te renseignes. On aura les meilleurs tarifs. → ....
3 On va consulter Internet. On aura les horaires. → ....
4 Vous irez à la gare. Vous prendrez les billets. → ....
5 Elle viendra à la maison. Nous partirons tous ensemble. → ....
6 Nous prendrons un taxi. Nous serons à l'heure. → ....

♪102 2 Complétez avec *afin que* ou *afin de*. Écoutez pour vérifier.

Bonjour ! Je suis le directeur du centre et je vous souhaite la bienvenue.
Afin que ce séjour se passe le mieux possible, voici quelques consignes. Respectez-les ....
.... (1) chacun d'entre vous puisse bien se reposer.
Le petit déjeuner est servi dès 7 h .... (2) vous profitiez des soins avant midi.
Par ailleurs, ... (3) le médecin connaisse la situation de chacun, laissez votre dossier au secrétariat. Vous pourrez aussi, ... (4) vous détendre, utiliser nos installations 24 h/24. Le soir, évitez le bruit .... (5) garantir la tranquillité de tous. Bonne installation à tous !

3 Mettez les mots dans l'ordre pour faire une phrase. Rétablissez l'apostrophe si nécessaire.

Avant le départ
Je vérifie mon billet pour – avion / pas / manquer / ne / mon / !
→ *Je vérifie mon billet pour ne pas manquer mon avion !*
1 Je regarde l'heure du vol – ne / l'aéroport / attendre / pas trop / afin de / à
→ ....
2 Je prends un médicament – ne / malade / être / pas / voyage / le / pendant / pour
→ ....
3 Je contrôle mon passeport – de problème / pour / douane / à / la / avoir / pas / ne
→ ....

4 Transformez les phrases avec *pour* ou *pour que*.

Portez les lunettes VUZ et votre regard sera plus séduisant.
→ *Portez les lunettes VUZ pour que votre regard soit plus séduisant.*
1 Choisissez le shampoing ROO et vos cheveux auront un bel éclat.
→ .... !
2 Voyagez avec AIRBIZ et vous ne perdrez pas de temps.
→ .... !
3 Réservez votre taxi VROUM et vous ne serez pas stressé.
→ .... !
4 Achetez le stylo BUC et vous ne ferez pas de fautes.
→ .... !

L'expression du but (2)

> La gratuité des bibliothèques a été votée **de manière à ce que** la lecture soit accessible à tous !
>
> Les pompiers sont en alerte **de peur qu'**un incendie se déclare.

1 Utilisation

Le but (→ Unité 43) peut être exprimé par d'autres prépositions ou conjonctions qui apportent des nuances de sens et qui ont parfois des niveaux de langue différents. Ces prépositions et conjonctions peuvent se placer au début ou au milieu de la phrase.

2 Formes et structure de la phrase

Prépositions

dans l'intention de / dans le but de + infinitif **en vue de** + nom/infinitif	indiquent un projet, une intention et s'utilisent dans un contexte administratif. *Les services de sécurité se préparent **en vue des** Jeux olympiques.* *La ville se modernise **dans le but de** recevoir les prochains Jeux olympiques.*

Conjonctions

de manière (à ce) que / de façon (à ce) que + subjonctif	indiquent la manière d'agir pour atteindre le but recherché. *La gratuité des bibliothèques a été votée **de manière à ce que** la lecture soit accessible à tous !*
de crainte que / de peur que + subjonctif	indiquent un résultat qu'on veut éviter. (= *parce qu'il y a la peur de*) *Les pompiers sont en alerte **de peur qu'**un incendie se déclare.*

⚠ Quand deux buts sont exprimés, on utilise *que* devant le second.
*Les pompiers sont en alerte **de peur qu'**il fasse trop chaud et **qu'**un incendie se déclare.*

⚠ Quand les deux verbes ont le même sujet, on doit utiliser *de manière à, de façon à, de crainte de, de peur de* + infinitif. (→ Unité 31)

⚠ *De peur de* et *de crainte de* peuvent être suivis par un nom.
*L'arrosage des jardins est interdit **de crainte d'**une période de sécheresse.*

On peut exprimer le but avec une proposition relative au subjonctif. (→ Unité 32)
De manière que et *de façon que* + indicatif expriment aussi une conséquence. (→ Unité 40)

EXERCICES

6. La phrase complexe — 44

1 Soulignez l'expression correcte.

On se dépêche <u>de peur de</u> / de façon à manquer le train.
1. Merci de préparer vos billets *de crainte de* / *en vue de* votre passage au contrôle.
2. Vérifiez votre numéro de place *de manière à* / *de peur* d'éviter des contestations.
3. Mettez votre téléphone en silencieux *de crainte de* / *de façon à* ne pas gêner vos voisins.
4. Restez bien ensemble *de manière à* / *de peur de* ne pas vous perdre.
5. Je note votre numéro de téléphone *de peur de* / *de manière à* ne pas pouvoir vous joindre si besoin.

2 Complétez les phrases avec les conjonctions entre parenthèses.

On va commander de nouveaux panneaux, les noms de rues seront harmonisés. (de façon à ce que)
→ On va commander de nouveaux panneaux *de façon à ce que les noms de rues soient harmonisés.*
1. Des ralentisseurs ont été installés ; les conducteurs vont trop vite. (de peur que)
→ Des ralentisseurs ont été installés ....
2. Les voitures sont interdites en ville ; il y aura moins d'accidents. (de manière à ce que)
→ Les voitures sont interdites en ville ....
3. Un parcours santé a été tracé ; les sportifs vont pouvoir s'entraîner. (de façon à ce que)
→ Un parcours santé a été tracé ....
4. La mairie a mis de nouvelles poubelles ; le tri sera facilité. (de manière que)
→ La mairie a mis de nouvelles poubelles ....
5. De nouveaux parkings ont été ouverts ; le stationnement est trop sauvage. (de crainte que)
→ De nouveaux parkings ont été ouverts ....

🎧103 **3 Transformez les phrases avec les prépositions ou les conjonctions entre parenthèses. Écoutez pour vérifier.**

Vous compléterez ce formulaire, je vais vous inscrire. (de manière à / de manière que)
→ *Vous compléterez ce formulaire de manière que je vous inscrive.*
1. Écrivez en majuscules. Comme ça, ce sera bien lisible. (de façon à / de façon à ce que).
→ ....
2. Donnez-moi votre numéro, je vous enverrai un SMS. (de manière à / de manière que)
→ ....
3. Je dois tout vérifier, je vais mettre votre dossier à jour. (de façon à / de façon que)
→ ....
4. N'oubliez pas votre médicament, vous pourriez avoir un souci. (de peur de / de peur que)
→ ....
5. Gardez cette fiche, vous la donnerez à l'anesthésiste. (de manière à / de manière que)
→ ....
6. Téléphonez vite, il n'y aura plus de place. (de crainte de / de crainte que)
→ ....

4 À vous ! Vous préparez un long voyage à pied dans un pays étranger. Sur le modèle de l'exercice 3, des familiers de ce pays vous donnent des conseils.

Apprenez les formes de politesse de base afin de vous assurer de bonnes relations avec la population locale. ....

45 L'expression de l'opposition

1 Utilisation

Les expressions d'opposition soulignent la différence entre deux faits.
*On travaille le samedi **mais** pas le dimanche.*

> **Travail dominical**
> Les employés ont accepté de faire des heures supplémentaires **mais** ils refusent toujours de travailler le dimanche.

2 Formes et structure de la phrase

Mots de liaison et prépositions

mais	oppose deux mots ou deux propositions. *J'aime mon travail **mais** je n'aime pas mes collègues.*
par contre *en revanche*	expriment une opposition plus forte que *mais* ; *en revanche* est plus formel. *Cette entreprise fait des bénéfices, **en revanche**, l'autre perd de l'argent.*
au contraire / *au contraire de /* *contrairement à* + nom	indiquent une opposition extrême. *Il a des horaires fixes ; sa femme, **au contraire**, a des horaires flexibles.* *Elle aime son travail **au contraire de** son mari.* *Elle est salariée **contrairement à** son mari.*
au lieu de + infinitif	signifie « faire une chose à la place d'une autre chose ». *Travaille **au lieu de** discuter !*

⚠ Pour souligner l'opposition, *au contraire de* et *contrairement à* + nom sont souvent précisés par une proposition relative.
*Elle aime son travail **au contraire de** son mari **qui déteste le sien**.*
*Elle est salariée **contrairement à** son mari **qui est travailleur indépendant**.*

Conjonctions

alors que / tandis que + indicatif	ajoute une idée de comparaison. *Je travaille 8 heures par jour **alors que** tu ne travailles que 6 heures.* *Tu travailles à plein temps **tandis que** ton frère a un temps partiel.*
Si + indicatif	Cette structure se place au début de la phrase. ***Si** j'adore le travail que je fais, je n'aime pas du tout les horaires.*

⚠ On ne dit pas ~~s'il~~ / ~~s'ils~~ mais *s'il* / *s'ils*.

⚠ *Alors que* et *tandis que* sont aussi des expressions de temps (→ Unité 42) et *alors que* exprime aussi la concession. (→ Unité 46)

EXERCICES

6. La phrase complexe

1 Soulignez la forme correcte.

Au lieu de / *Contrairement à* voyager en train, mon frère préfère prendre l'avion.
1. *Alors que* / *Au contraire de* j'habite une petite maison, il a un grand appartement.
2. *Contrairement à* / *Tandis que* moi, il déteste la campagne.
3. Il adore la mer, *au lieu de* / *alors que* j'y vais rarement.
4. *S'* / *En revanche* il fait beaucoup de surf, moi je me contente de jardinage.
5. En vacances, je fais du camping *au contraire de* / *au lieu de* lui qui n'en a jamais fait.
6. *Au lieu de* / *Au contraire de* parcourir le monde, je profite de ma maison.
7. On n'a pas toujours les mêmes goûts, *contrairement à* / *en revanche* on adore le cinéma.

2 Faites des phrases à l'aide des indications.

4 saisons en Europe ≠ 2 saisons en Bolivie (alors que)
→ Il y a 4 saisons en Europe *alors qu'il y a 2 saisons en Bolivie.*
1. doux dans le Sud ≠ frais dans le Nord (par contre)
   → En France, il fait doux dans le Sud ....
2. vers 18 h en Allemagne ≠ vers 22 h en Espagne (mais)
   → On dîne vers 18 h en Allemagne ....
3. 13 régions en France métropolitaine ≠ 5 régions d'outre-mer (en revanche)
   → Il y a 13 régions en France métropolitaine ....
4. à gauche au Royaume-Uni ≠ à droite en France (tandis que)
   → On roule à gauche au Royaume-Uni ....
5. pas de visa pour aller en Belgique ≠ visa pour aller en Russie (si)
   → Pour les Français, ..., il faut un visa pour aller en Russie.
6. la France : frontière avec l'Italie ≠ la Pologne : pas de frontière avec l'Italie (contrairement à)
   → La France a une frontière avec l'Italie ....

3 À vous ! Exprimez des différences entre des régions de votre pays, ou entre votre pays et d'autres pays. Utilisez des expressions d'opposition.

La Suisse n'a pas de frontière maritime alors que la France en a plusieurs. ....

4 Transformez les phrases avec les expressions entre parenthèses. Écoutez pour vérifier.

Les bureaux de notre société sont à Paris, mais l'usine se trouve en Bretagne. (Si)
→ *Si les bureaux de notre société sont à Paris, l'usine se trouve en Bretagne.*
1. Ma collègue reçoit les clients, au contraire de moi qui n'ai pas de contact avec eux. (tandis que)
   → ....
2. Si ma collègue est souvent au téléphone ; moi, j'envoie des mails. (en revanche)
   → ....
3. Mon bureau est tout petit, contrairement au sien qui est assez spacieux. (alors que)
   → ....
4. J'invite parfois des clients au restaurant, contrairement à elle qui n'en invite jamais. (Si)
   → ....
5. Elle ne déjeune pas à l'extérieur, elle reste au bureau. (Au lieu de)
   → ....

145

46 L'expression de la concession

1 Utilisation

Les expressions de concession indiquent qu'une cause n'a pas le résultat attendu.
*Les salaires n'ont pas augmenté, **pourtant**, l'entreprise a fait des bénéfices ! (ce n'est pas logique)*

> **Salaires/Profits**
> Les salaires n'ont pas augmenté, **pourtant**, l'entreprise a fait des bénéfices !

2 Formes et structure de la phrase

Mots de liaison et prépositions

mais *pourtant* *cependant*	*cependant* est plus formel. Je travaille beaucoup **mais** je ne gagne pas beaucoup d'argent. Mon entreprise fait des bénéfices, **pourtant**, les salaires baissent.

⚠ Pour renforcer la concession, on peut ajouter *quand même* (placé après le verbe).
*C'est la crise, **pourtant** mon entreprise fait **quand même** des bénéfices.*

malgré / en dépit de + nom	**Malgré** la crise, mon entreprise fait des bénéfices. L'entreprise fait des bénéfices **en dépit de** la crise.

Conjonctions

même si + indicatif	**Même si** la situation est difficile, il faut rester optimiste.
alors que + indicatif	Cette société a licencié des employés **alors qu'**elle a fait de nombreux bénéfices.
bien que + subjonctif	**Bien que** la situation soit difficile, il faut rester optimiste.
sans que + subjonctif	introduit une concession négative. Les licenciements ont eu lieu **sans que** les syndicats soient prévenus.

⚠ Quand deux concessions sont exprimées, on utilise *que* devant la seconde.
Bien qu'on ait des problèmes et **que** la situation soit difficile, on reste optimistes.
⚠ Quand les deux verbes ont le même sujet, on doit utiliser *sans* + infinitif.
*Le PDG a licencié cinq employés **sans** prévenir les syndicats.*

quoi que / où que / qui que + subjonctif *quel(le) que soit / quel(le)s que soient*	indiquent une indifférence, une variété de possibilités. **Quels que soient** ses dirigeants et **quoi qu'**ils fassent, cette entreprise a toujours été prospère.

⚠ Ces conjonctions peuvent se placer au début ou au milieu de la phrase.

avoir beau + infinitif	indique un effort inutile. *Avoir beau* est très utilisé à l'oral, se place toujours dans la première partie de la phrase et se conjugue à tous les temps. La situation **aura beau** être difficile, les efforts réalisés paieront.

EXERCICES

6. La phrase complexe

1 Écoutez et complétez.

Bien que je ne *sois* pas du quartier, je le connais bien.
1. J'habite assez loin, ... j'y .... souvent.
2. J'aime beaucoup cet endroit, ... il .... très bruyant.
3. Il y a beaucoup de maisons modernes, ... ce .... un quartier ancien.
4. Les rues sont étroites, ... elles .... très fréquentées.
5. On y rencontre des touristes, ... il n'y .... pas de monuments célèbres.
6. .... il .... un peu trop fréquenté, ce quartier garde une ambiance agréable.
7. Le maire a supprimé un espace vert .... les riverains .... donner leur avis.
8. La circulation reste difficile .... l'aménagement d'un rond-point.

2 Soulignez l'expression correcte.

Nous maintiendrons l'usine *en dépit de* / *pourtant* nos problèmes,
1. *Bien que* / *Quelle que soit* la baisse de nos bénéfices, je ne licencierai personne.
2. *Même si* / *Malgré* nous connaissons des difficultés, nous allons moderniser les ateliers.
3. *Quoi que* / *Qui que* la concurrence promette aux clients, on appliquera notre stratégie.
4. On trouvera de nouveaux marchés *malgré* / *sans que* la crise qui s'intensifie.
5. *Bien que* / *Alors que* la conjoncture soit difficile, l'exportation reste possible.
6. On réussira tous ensemble *même si* / *sans que* vos contrats soient modifiés.

3 Transformez les phrases avec les expressions entre parenthèses.

Certaines régions de ce pays reste inexplorées pourtant le tourisme augmente. (malgré)
→ *Certaines régions de ce pays restent inexplorées malgré l'augmentation du tourisme.*
1. Le tourisme est essentiel à l'économie pourtant il nuit à l'environnement. (bien que)
   → ....
2. Peu importe où je vais, j'aime voyager. (où que) → ....
3. Les croisières se développent bien qu'elles soient une menace pour les océans. (alors que)
   → ....
4. Malgré les actions des gouvernements, le tourisme de masse détériore les sites naturels. (quel(le)s que) → ....
5. Bien que les tarifs soient très bas, cette région n'attire pas les vacanciers. (même si)
   → ....
6. La ville est envahie de touristes et les habitants ne peuvent pas réduire leur nombre. (sans que)
   → ....

4 Faites des phrases en utilisant l'expression *avoir beau*.

Il fait des propositions. ≠ Personne ne l'écoute.
→ *Il a beau faire des propositions, personne ne l'écoute.*
1. Je suis motivé. ≠ Je ne réussis pas. → ....
2. Ils avaient des compétences. ≠ Ils étaient mal payés. → ....
3. Tu as travaillé pendant longtemps. ≠ On ne t'a pas donné de contrat. → ....
4. Ils assistent à toutes les réunions. ≠ Ils ne comprennent pas les décisions. → ....
5. Tu insisteras pour avoir une augmentation. ≠ Tu n'obtiendras rien. → ....
6. Elle a fait des efforts. ≠ Rien n'a changé. → ....

47 L'expression de l'hypothèse (1)

1 Utilisation

Exprimer une hypothèse, c'est imaginer des possibilités dans le futur ou une autre réalité que celles du présent ou du passé.
Si j'avais le temps en ce moment, je ferais plus de choses.
(en réalité, je n'ai pas le temps en ce moment)
Si j'avais eu le temps, je serais passé chez mes voisins.
(en réalité, je n'ai pas eu le temps de passer chez mes voisins)

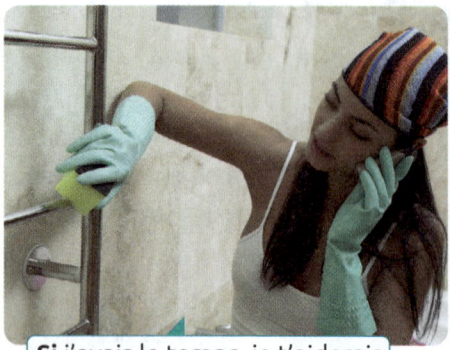

Si j'avais le temps, je t'aiderais avec plaisir !

2 Formes et structure de la phrase

L'hypothèse est exprimée par *si* et peut être placée au début ou au milieu de la phrase. Quand on exprime une hypothèse, on exprime généralement aussi la conséquence de cette hypothèse.

Si + présent → futur simple	Une possibilité dans le futur est imaginée. *Si un jour j'**ai** beaucoup d'argent, je **partirai** loin d'ici.* (= un jour peut-être, j'aurai beaucoup d'argent, mais je ne sais pas aujourd'hui)

⚠ On utilise aussi la structure **si + verbe au présent → verbe à l'impératif**.
*Prévenez-moi **si** vous avez un problème.*

Si + imparfait → conditionnel présent	Une autre réalité présente est imaginée. *Je **ferais** plus de choses si j'**avais** le temps.* (= malheureusement, je n'ai pas le temps donc je ne peux pas faire beaucoup de choses)

Si + plus-que-parfait → conditionnel présent ou passé	Une autre réalité passée est imaginée. *S'il **était parti** plus tôt, il **serait arrivé** à l'heure.* (= malheureusement il est parti tard donc il n'est pas arrivé à l'heure)

⚠ On ne dit pas s~~i il~~ / s~~i ils~~, mais *s'il* / *s'ils*.
⚠ On ne met jamais le futur ni le conditionnel dans la subordonnée introduite par *si*.

EXERCICES

6. La phrase complexe

1 Complétez avec les verbes au présent ou au futur simple.

Si on *ne fait pas* attention (ne pas faire), on *épuisera* les ressources naturelles (épuiser).
1 Si nous .... les ressources (ne pas protéger), nous .... de nourriture (manquer).
2 Si les gens .... (ne pas réagir), la situation .... dramatique (devenir).
3 Il .... de poissons (ne plus y avoir) si on ne .... pas la pêche (limiter).
4 Si on .... à couper les arbres (continuer), l'oxygène .... (diminuer).

2 Transformez les phrases avec une hypothèse à l'imparfait et le conditionnel présent.

Il ne fait pas beau. Nous ne pouvons pas pique-niquer.
→ *S'il faisait beau, nous pourrions pique-niquer.*
1 Je n'ai pas le temps. Je ne fais pas les courses.
   → ....
2 Ils ne viennent pas à la fête. Ils ne sont pas libres.
   → ....
3 Elle n'a pas envie de sortir. Elle ne vient pas avec nous.
   → ....
4 Nous n'avons pas sommeil. Nous n'allons pas nous coucher.
   → ....

3 Conjuguez les verbes au temps qui convient.

Si tu fais des efforts, tu *progresseras* (progresser).
1 Si elle .... (réfléchir) un peu plus, elle commettrait moins d'erreurs.
2 S'il se concentre, il .... (savoir) répondre aux questions.
3 Si vous .... (étudier) plus, vous auriez de meilleurs résultats.
4 Si on écoutait, on .... (comprendre) les consignes.
5 Si tu .... (prendre) le temps de t'organiser, tu finiras ton examen à temps.

4 Conjuguez les verbes au plus-que-parfait et au conditionnel passé puis associez. Rétablissez l'apostrophe si nécessaire. Écoutez pour vérifier. 🎧 107

Si nous *avions été* invités (être),   a je .... le Portugal (visiter).
1 Si je .... des vacances (prendre),   b je .... (ne pas déménager).
2 Si Thomas .... un travail (trouver), → nous *serions venus* avec plaisir (venir).
3 Si mes amis .... (venir),   c elles .... plus souvent (sortir).
4 S'il .... moins de bruit (y avoir), d on .... la fête (faire).
5 Si elles .... (pouvoir),   e ils .... ce cours (suivre).
6 S'ils .... (s'inscrire,)   f il .... dans ce quartier (rester).

5 À vous ! Comme dans les exercices 2 et 4, listez les activités que vous voudriez faire aujourd'hui ou celles que vous n'avez pas pu faire récemment. Notez aussi les raisons qui vous empêchent ou ont empêché de réaliser ces désirs. Puis formulez des hypothèses.

Je ne suis pas allé au concert / je n'avais pas acheté de billets → *Si j'avais acheté des billets, je serais allé au concert.* ....

48 L'expression de l'hypothèse (2)

> Je crains qu'il ne reste plus de plat du jour. **Au cas où** il n'y en aurait plus, vous prendriez quoi ?

1 Utilisation

L'hypothèse peut être exprimée par la phrase avec *si* (→ Unité 47) mais aussi par d'autres expressions. Ces expressions peuvent être au début ou au milieu de la phrase sauf *comme si* qui est toujours au milieu.

2 Formes et structure de la phrase

Conjonctions avec *si*

même si + indicatif	exprime à la fois l'hypothèse et l'opposition. *Je vous accompagne **même si** je n'ai pas beaucoup de temps.*
sauf si / excepté si + indicatif	expriment à la fois une hypothèse et une restriction. *Nous prendrons notre café en terrasse **sauf s'**il pleut.*
comme si + imparfait ou plus-que-parfait	exprime une comparaison avec un fait irréel. *Il a mangé son steak en deux minutes **comme s'**il n'avait rien avalé depuis plusieurs jours !*

Prépositions et conjonctions

dans la mesure où + indicatif	= *seulement si* ; exprime à la fois une hypothèse et une condition. *Vous pouvez consommer de l'alcool mais seulement **dans la mesure où** vous buvez modérément.*
au cas où + conditionnel *en cas de* + nom sans article	expriment une possibilité, une éventualité. *Je ne mange pas d'œufs **au cas où** j'aurais une réaction allergique.* ***En cas d'**accueil pas très chaleureux, on ne laissera aucun pourboire !*
en admettant que / *en supposant que /* *à supposer que* + subjonctif	= *si par hasard* ; expriment une hypothèse qui a peu de chances de se réaliser. ***En supposant qu'**il finisse son rapport cet après-midi, il pourra vous rejoindre à la pizzeria.*
avec + nom *sans* + nom	expriment une hypothèse liée à la présence ou l'absence de quelque chose ou de quelqu'un. ***Avec** plus d'employés, ce restaurant recevrait plus de clients mais, **sans** climatisation, il serait obligé de fermer l'été.*

EXERCICES

1. Mettez les mots dans l'ordre pour faire une phrase.

soif / tu dois / même si / boire / tu n'as pas / un peu d'eau
→ *Tu dois boire un peu d'eau même si tu n'as pas soif.*

1 était / comme si / insupportable / elle a crié / la douleur
→ ....

2 on va se faire / malades / même si / vacciner / on a déjà été
→ ....

3 la fracture / excepté si / reprendre / consolidée / le travail / n'est pas / il pourra
→ ....

4 le traitement / comme si / effet / nous souffrons / n'avait aucun / encore
→ ....

5 douloureuse / j'irai / la morsure de chien / un médecin / sauf si / n'est plus / consulter
→ ....

2. Transformez les phrases avec l'expression entre parenthèses.

Si je n'obtiens pas mon visa cette semaine, je devrai reporter mon départ. (en supposant que)
→ *En supposant que je n'obtienne pas mon visa cette semaine, je devrai reporter mon départ.*

1 Si tu n'as pas récupéré ton passeport, tu ne pourras pas aller à l'étranger. (au cas où)
→ ....

2 Si par hasard les routes sont mal indiquées, j'utiliserai mon GPS. (à supposer que)
→ ....

3 Si je ne trouvais pas d'hôtel, je ferais du camping. (en admettant que)
→ ....

4 Nous prolongerions notre séjour seulement si nous avions assez d'argent. (dans la mesure où)
→ ....

3. Complétez avec *sans*, *avec* ou *en cas de*. Écoutez pour vérifier. (109)

Sans les progrès technologiques, le monde serait-il meilleur ?

1 Tu ferais quoi .... coupure de courant ?
2 .... ce nouveau logiciel, nous ne pourrions pas proposer des plans très précis.
3 On achèterait plus facilement sur Internet .... les menaces de piratage.
4 .... perte de mon matériel, est-ce que je pourrais continuer mon emploi de traducteur ?
5 .... un ordinateur plus puissant, ils iraient plus vite.

4. Soulignez la forme correcte.

Rendez-vous professionnels

Je préférerais à 18 heures <u>*sauf si*</u> / *en admettant que* cela ne vous convient pas.

1 Convenons de deux dates *au cas où* / *à supposer que* la grève des transports serait maintenue.
2 *Dans la mesure où* / *En supposant que* tout le monde serait d'accord, on pourrait se retrouver demain.
3 *En admettant que* / *Excepté si* j'aie du retard, mon assistante vous recevra.
4 *En cas d'* / *Avec* empêchement, je vous préviendrai par mail.

49 L'expression de la condition

Vous pouvez profiter de réductions **à condition que** vous ayez la carte *Avantage*.

🎧110

1 Utilisation

Exprimer une condition, c'est dire qu'une action doit se produire pour qu'une autre puisse se réaliser.

2 Formes et structure de la phrase

Les formes peuvent être placées au début ou au milieu de la phrase.

à condition que + subjonctif	exprime une condition indispensable. *Vous pouvez faire voyager un chien avec vous **à condition qu'**il porte une muselière.*
pourvu que + subjonctif	exprime une condition nécessaire et suffisante. *Je choisis systématiquement le train **pourvu que** les billets soient bon marché.*
à moins que + subjonctif	= *sauf si* ; exprime une restriction. *Je viendrai avec vous **à moins que** je ne puisse pas me libérer à temps.* (= sauf si je ne peux pas me libérer)
pour peu que + subjonctif	= *il suffit que* ; exprime une condition minimale suffisante. ***Pour peu qu'**un seul train prenne un peu de retard, c'est tout le réseau qui est perturbé.*
quand bien même + conditionnel	= *même si* ; exprime une nuance d'opposition. *Je ne prendrais pas l'avion **quand bien même** les tarifs seraient inférieurs à ceux du train.* (= même si les tarifs étaient inférieurs à ceux du train)
à défaut de + nom sans article	exprime un manque. ***À défaut de** couchette, je réserverais un billet en 1re classe* (= s'il n'y avait pas de couchette, je réserverais un billet de 1re classe)

⚠ On peut utiliser *à condition de* et *à moins de* suivis de l'infinitif quand les deux verbes ont le même sujet.
*Un enfant voyage gratuitement **à condition qu'**il ait moins de 4 ans.*
*Un enfant voyage gratuitement **à condition d'**avoir moins de 4 ans.*
*Je m'installe à côté d'une fenêtre **à moins que** je sois dans le sens inverse de la marche.*
*Je m'installe à côté d'une fenêtre **à moins d'être** dans le sens inverse de la marche.*

⚠ Après *à moins de*, on peut utiliser un nom.
*Je serai à l'arrivée de ton train **à moins d'un empêchement** de dernière minute.*

EXERCICES

6. La phrase complexe

1 Soulignez la forme correcte.

Des comportements difficiles

Pour peu qu' / *À condition qu'*on lui fasse une observation, elle se ferme et ne parle plus à personne.

1. Il ne répondrait pas *quand bien même* / *à condition qu'*on s'adresserait à lui gentiment.
2. Ils n'iront pas chez les voisins *à moins d'* / *à moins qu'*avoir besoin d'aide.
3. Il appelle immédiatement la police *quand bien même* / *pour peu qu'*il entende un bruit.
4. Elle reste calme *à condition qu'* / *quand bien même* on accepte ses arguments.
5. Il se sent en sécurité *pourvu que* / *à moins que* toutes les portes soient fermées à clé.

2 Mettez les mots dans l'ordre pour faire une phrase. Écoutez pour vérifier.

le soutiennent / il remportera / d'autres partis / l'élection / à condition que
→ *Il remportera l'élection à condition que d'autres partis le soutiennent.*

1. certains compromis / à condition d' / remporter l'élection / accepter / il pourrait
   → ....
2. pourvu qu' / pour eux / je voterai / l'agriculture urbaine / ils défendent
   → ....
3. avec les partis / ils risquent de / de l'opposition / perdre / négociation / à défaut de
   → ....
4. le taux d'abstention / la défaite / pour peu que / ce sera / soit élevé
   → ....
5. il se présentera / favorables / les sondages / quand bien même / ne lui seraient pas
   → ....
6. je voterai / elle se désiste / à moins qu' / pour elle
   → ....

3 Reformulez les phrases avec les expressions entre parenthèses.

Reconversion professionnelle

Restauratrice, je deviendrai diététicienne si je suis une bonne formation. (à condition de)
→ *Restauratrice, je deviendrai diététicienne à condition de suivre une bonne formation.*

1. Mécanicien, tu fais plusieurs stages, alors tu seras garagiste. (pour peu que)
   → Mécanicien, ...
2. Infirmier, il ne peut pas exercer dans une maison de retraite s'il ne se sent pas proche des personnes âgées. (à moins de)
   → Infirmier, ...
3. Journaliste, si vous n'avez pas d'imagination, vous ne serez pas romancier (à défaut de)
   → Journaliste, ...
4. Elle est ingénieure, elle se spécialise, alors elle postulera dans l'éco-conception. (pourvu que)
   → Elle est ingénieure, ...
5. Policière, elle aimerait devenir inspectrice pénitentiaire, même si elle perd ses primes. (quand bien même)
   → Policière, ...

50 Le discours indirect au présent

1 Utilisation

On utilise le discours indirect pour rapporter les paroles de quelqu'un.
« *Mon train a du retard.* »
→ *Elle dit que son train a du retard.*

C'est Lisa. **Elle dit que** son train a du retard. **Elle demande de** ne pas l'attendre.

2 Formes

On utilise un verbe introducteur (*dire, demander, expliquer, répondre…*).

Dire que pour rapporter une affirmation	
« *Je prendrai un taxi.* » →	*Elle **dit qu'**elle prendra un taxi.*

⚠ On répète *que* devant chaque forme verbale. *Elle **dit qu'**elle prendra un taxi et **qu'**elle n'arrivera pas avant minuit.*

Demander si / Demander ce que / Demander où… pour rapporter une question	
« ***Est-ce que*** *l'avion a du retard ?* » →	*Elle demande **si** l'avion a du retard.*
« ***Qu'est-ce que*** *vous attendez ?* » « *Vous attendez **quoi** ?* » →	*Elle me demande **ce que** j'attends.*
« ***Où / Quand / Combien de temps / Pourquoi / Avec qui** partez-vous ?* » →	*Elle me demande **où** je pars. Il veut savoir **avec qui** je voyage.*

⚠ On répète l'adverbe interrogatif devant chaque forme verbale.
*Je me demande **si** elle va trouver un taxi et **si** elle va arriver à l'heure.*
⚠ On ne dit pas ~~s'il~~ / ~~s'ils~~ mais *s'il / s'ils*.

Dire / Demander de pour rapporter un ordre, une consigne	
Pour rapporter un verbe à l'impératif (→ *Unité 23*), on utilise le verbe *dire* ou *demander* + *de* + infinitif.	
« *Attendez-moi !* » →	*Elle nous **demande de** l'attendre.*
« *Ne m'attendez pas !* » →	*Elle me **dit de** ne pas l'attendre.*

⚠ On répète *de* devant chaque infinitif.
*Elle nous demande **de** ne pas l'attendre et **de** commencer à dîner sans elle.*
⚠ Attention à la place de la négation devant l'infinitif !

3 Remarques

- Dans le discours rapporté, il n'y a pas les marques de ponctuation du discours direct : points d'exclamation, points d'interrogation, guillemets.
- Quand on rapporte les paroles de quelqu'un, on doit faire attention aux pronoms personnels et aux adjectifs et pronoms possessifs.
« *Tu peux me prêter ta valise ?* » → *Elle me demande si je peux lui prêter ma valise.*

EXERCICES

6. La phrase complexe — 50

1 🎧 113 **Dites si vous entendez le discours direct ou indirect. Cochez.**

	indirect	direct
Il me demande ce que je fais.	☑	☐
1	☐	☐
2	☐	☐
3	☐	☐
4	☐	☐
5	☐	☐
6	☐	☐
7	☐	☐

2 Barrez le mot interrogatif incorrect.

Mes amis veulent savoir *si / ce que* je vais me marier. Ils me demandent *qui / pourquoi* seront nos témoins (1), *ce que / comment* nous avons prévu (2), *à quelle heure / si* la date est fixée (3), *si / combien* je les invite tous (4), *quand / pourquoi* j'ai gardé le secret aussi longtemps (5), *ce qu' / s'* ils peuvent nous offrir (6), *qui / si* nous allons partir en voyage (7).

3 Lisez les deux mails et complétez le dialogue.

De : Roland Berteau
CC : Isabelle Boger
Date : Aujourd'hui
À : Michel Dumas
Objet : Le contrat

Bonjour,
La date de la réunion approche et je n'ai pas encore reçu le contrat (1). Est-ce qu'il est possible de me l'envoyer le plus vite possible (2) ? C'est assez urgent (3) ; je ne pourrai pas venir sans ce contrat (4).
Cordialement.

De : Isabelle Boger
CC : Michel Dumas
Date : Aujourd'hui
À : Roland Berteau
Objet : Le contrat

Bonjour Monsieur,
Excusez-nous (5). On vous l'envoie immédiatement (6) et on joint les autres documents (7).
Cordialement.

Isabelle Boger : M. Dumas, vous avez lu le mail de M. Berteau ?
Michel Dumas : Non. Qu'est ce qu'il dit ?
Isabelle : *Il écrit que la date de la réunion approche* et .... (1) le contrat. Il nous demande .... (2) le plus vite possible. Il ajoute .... (3) et .... (4) sans ce contrat.
Michel Dumas : Demandez-lui .... (5). Dites-lui .... (6) immédiatement et .... (7) les autres documents.

4 À vous ! Quelles sont les questions que l'on vous pose souvent quand vous donnez votre nationalité ? Répondez comme dans l'exemple.

Quand je dis que je suis française, on me demande toujours si j'aime le fromage, pourquoi il y a beaucoup de grèves en France… ....
....
....
....

51 Le discours indirect au passé

Je suis fière du succès qu'a remporté mon roman.

Rencontre
La célèbre autrice Leila Slimani nous a confié qu'elle **était** fière du succès qu'**avait remporté** son roman.

1 Utilisation

On utilise le discours indirect au passé pour rapporter les paroles de quelqu'un quand le verbe introducteur est au passé.
« *Je suis d'accord.* » → *J'ai eu Maria au téléphone. Elle m'**a dit** qu'elle **était** d'accord.*

2 Formes et structure de la phrase

Le passage du discours direct au discours indirect entraîne des transformations morpho-syntaxiques. (→ *Unité 50*)
• Quand le verbe introducteur est à un temps du passé, certains temps des phrases rapportées changent.

« *Ici, tout va bien. Le voyage s'est bien passé. Je vous enverrai plus de nouvelles dès que nous nous serons installés.* »	Présent	→	Imparfait	*J'ai reçu un message de Loïc. Il m'a dit que tout **allait** bien, que le voyage **s'était** bien **passé** et qu'il nous **enverrait** plus de nouvelles dès qu'ils **se seraient installés**.*
	Passé composé	→	Plus-que-parfait	
	Futur simple	→	Conditionnel présent	
	Futur antérieur	→	Conditionnel passé	

⚠ Quand les verbes du discours direct sont à l'imparfait, au plus-que-parfait, au conditionnel ou au subjonctif, les temps ne changent pas.
« *Il faudrait qu'on aille à la banque.* » → *Elle m'a dit qu'il **faudrait** qu'on **aille** à la banque.*
• On change les expressions de temps ou de lieu si elles se réfèrent à un moment ou à un lieu éloignés du moment ou du lieu où l'on parle. « *J'arriverai demain soir.* »
→ *Je viens de recevoir un message de Loïc : il m'a dit qu'il arriverait **demain**.*
→ *J'ai reçu un message de Loïc il y a deux semaines : il me disait qu'il arriverait **le lendemain**.*

discours direct		discours indirect
aujourd'hui	→	ce jour-là
demain	→	le lendemain
après-demain	→	le surlendemain
hier, hier soir	→	la veille, la veille au soir
avant-hier	→	l'avant-veille
ce matin, ce soir	→	ce matin-là, ce soir-là
en ce moment	→	à ce moment-là
lundi prochain, le mois prochain	→	le lundi suivant, le mois suivant
lundi dernier, le mois dernier	→	le lundi précédent, le mois précédent
dans deux jours	→	deux jours après, deux jours plus tard
ici	→	là, là-bas

EXERCICES

6. La phrase complexe

1 Écoutez ce que dit Alice et cochez la phrase rapportée correspondante.

Nous arrivons ce soir.

Alice a précisé :	Ex.	1	2	3	4	5	6	7	8	9
qu'ils arriveraient.	☐	☐	☐	☐	☐	☐	☐	☐	☐	☐
qu'ils seraient arrivés.	☐	☐	☐	☐	☐	☐	☐	☐	☐	☐
qu'ils arrivaient.	☑	☐	☐	☐	☐	☐	☐	☐	☐	☐
qu'ils venaient d'arriver.	☐	☐	☐	☐	☐	☐	☐	☐	☐	☐
qu'ils étaient arrivés.	☐	☐	☐	☐	☐	☐	☐	☐	☐	☐
qu'ils allaient arriver.	☐	☐	☐	☐	☐	☐	☐	☐	☐	☐

2 Complétez cet article en conjuguant les verbes au temps qui convient.

« Réussir sa vie », pour vous, c'est quoi ?
Dans un récent sondage, la majorité des jeunes nous ont confié que, pour eux, le travail n'*était* (être) pas déterminant ; même si beaucoup ont reconnu qu'ils ne .... (aimer) (1) pas gagner peu d'argent. Karima nous a expliqué que l'argent ne .... (faire) (2) pas le bonheur mais qu'il y .... (contribuer) (3). Mehdi a expliqué qu'un salaire moyen ne .... (suffire) (4) pas à subvenir à ses besoins. Et beaucoup nous ont confirmé que ce qui .... (compter) (5) le plus pour eux, ce .... (être) (6) la famille. Sergio nous a dit que, enfant, il .... (vivre) (7) dans une famille nombreuse et que son avenir, il le .... (imaginer) (8) avec une femme et des enfants mais il a précisé que, les enfants, ce .... (être) (9) pour plus tard et qu'il en .... (avoir) (10) deux, pas plus.

3 Soulignez la forme correcte.

Ce matin / Le matin suivant, Raphaël m'a raconté le film qu'il a vu hier soir.
1. Il y a trois jours, José m'a promis qu'il me rappellerait *demain* / *le lendemain* mais rien !
2. Léa sera là pour mon mariage ! Elle m'a même dit qu'elle arriverait *l'avant-veille* / *le mois dernier*.
3. Aujourd'hui, mon collègue m'a annoncé qu'il serait absent *le mois prochain* / *le mois suivant*.
4. C'était le jour de notre rencontre : Alain m'a proposé d'aller au cinéma avec lui *la veille* / *le lendemain* et j'ai dit oui !
5. Fred nous a expliqué tout à l'heure qu'il travaillait beaucoup *en ce moment* / *à ce moment-là*.
6. Ils m'ont dit qu'ils arriveraient à Nice le lundi et qu'ils prendraient le bateau pour la Corse *dans deux jours* / *deux jours plus tard*.

4 Complétez pour mettre ces témoignages au discours indirect.

1. Dans son message, la semaine dernière, le DRH m'a confirmé qu'il avait reçu mon CV la veille. Il m'a dit qu'il le trouvait intéressant et qu'il aimerait me rencontrer pour un entretien. Il m'a demandé si j'étais libre rapidement.
→ Dans son message, le DRH m'a dit : « J'*ai reçu* votre CV hier. Je .... (1) intéressant et .... (2) vous rencontrer pour un entretien. Est-ce que vous .... (3) libre rapidement ? »

2. Il y a quelque temps, Mathieu nous a annoncé qu'il avait été reçu ce jour-là par son directeur qui l'avait félicité pour son travail et lui avait laissé entrevoir une possible promotion pour le mois suivant.
→ Il y a quelque temps, Mathieu nous a annoncé : « Je .... (4) .... (5) par mon directeur. Il .... (6) pour mon travail et il .... (7) une possible promotion pour .... (8). »

Bilan
La phrase

1 Faites des phrases comparatives. Écrivez les deux réponses possibles. Attention à l'accord des adjectifs ! Unité 35

Le saviez-vous ?

| grand | vite | haut | ~~étendu~~ | ancien |

1er arrondissement : 83 km² – 20e arrondissement : 98 km²
Le 1er arrondissement est *moins étendu que le 20e arrondissement. / Le 20e arrondissement est plus étendu que le 1er arrondissement.*

1. Napoléon Ier : 1,68 m – Charles de Gaulle : 1,96 m
   Napoléon était ....
2. 90 km/h sur une route – 130 km/h sur une autoroute
   On roule ....
3. La tour Eiffel : 301 m – La tour Montparnasse : 209 m
   La tour Eiffel est ....
4. La cathédrale Notre-Dame : presque 700 ans – Le Pont Neuf : 400 ans
   La cathédrale Notre-Dame est ....

2 Complétez avec *plus* ou *plus de*, *moins* ou *moins de*, *autant* ou *autant de*. Unité 35

Mangez (+) *plus de* fruits et légumes, (–) .... viande (1) et (–) .... œufs (2), pas (=) .... sucre (3) et pas (=) .... aliments (4) industriels. Ne restez pas (=) .... (5) devant le téléviseur ou l'ordinateur, déplacez-vous (+) .... (6) à pied, fumez (–) .... (7). Faites (+) .... sport (8), (+) .... activités (9) physiques, et aussi buvez (+) .... eau (10). Et beaucoup d'autres choses encore…

🎧 116 3 Soulignez la forme correcte du superlatif. Écoutez pour vérifier. Unité 35

Aujourd'hui, promotions spéciales

Venez nous voir au rayon vêtements. Vous découvrirez les modèles *les plus* / *plus* récents de la saison d'hiver, les manteaux *le plus* / *les plus* confortables (1), les accessoires *le mieux* / *les plus* pratiques (2) et *les moins* / *les plus* fragiles (3), le design avec *la meilleure* / *le plus* d'originalité (4). Pour vous satisfaire *le mieux* / *les meilleurs* (5) possible, nous vous offrons une garantie. Vous trouverez *la mieux* / *la meilleure* qualité (6) aux *meilleurs* / *mieux* prix (7).

4 Complétez l'article avec les mots suivants. Unité 35

| ~~plus~~ | les mêmes | aussi | mieux | moins de | moins | pas autant de | les moins |

Voyager en train ou en voiture ?

Bien sûr, la voiture est *plus* pratique, mais on a .... (1) place pour les jambes. On peut s'arrêter .... (2) souvent qu'on veut. En train, on n'a .... (3) liberté mais c'est .... (4) dangereux. Moi, je suis .... (5) dans le train et je sais que les tarifs ne sont pas toujours .... (6), alors je prends les billets .... (7) chers.

5 Transformez les phrases avec *moins, plus, meilleur(e)(s), mieux* comme dans l'exemple. Unité 36

Si la pâte repose, elle est très bonne. → *Plus la pâte repose, meilleure elle est.*
1. Si la farine est légère, vous pouvez bien la travailler. → ....
2. Si vous ne mettez pas trop de sel, vous préservez le goût. → ....
3. Si la cuisson est courte, le parfum se dégage bien. → ....
4. Si les produits ne voyagent pas trop, leur qualité est bonne. → ....
5. Si vous les consommez rapidement, ils gardent leur saveur. → ....

6. La phrase complexe

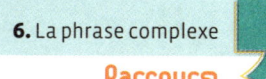

6 **Complétez l'article avec les mots suivants.** Unité 36

~~Comme~~   comme si   plutôt que   de même que   de plus en plus   telles que

Comme notre syndicat l'a dénoncé, la situation sociale dans notre pays se dégrade : .... (1) de réduire les inégalités, l'objectif de nos gouvernants est de rassurer la classe dominante. Ils font de mauvaises réformes .... (2) les augmentations d'impôts. Ils prennent des décisions injustes .... (3) ils ne s'intéressaient qu'à la partie riche de la société. Et le résultat, nous le voyons tous les jours : la précarité augmente .... (4) ! Nous demandons, ... (5) l'an dernier, l'ouverture de négociations !

7 **Complétez les phrases avec la forme correcte. Rétablissez l'apostrophe si nécessaire.** Unité 37

(*comme – parce que*) J'ai pris un rendez-vous chez le médecin *parce que* j'avais de la fièvre.
1. (*grâce à – à cause de*) Elles souffrent .... une grave brûlure.
2. (*comme – à cause de*) .... nous allons mieux, nous allons travailler.
3. (*à cause de – comme*) On arrête le traitement .... une allergie.
4. (*à cause de – grâce à*) Il se repose .... un arrêt maladie.
5. (*comme – à cause de*) .... tu te soignes, tu as moins mal.
6. (*grâce à – comme*) .... elle est en forme, elle a recommencé le sport.

8 **Mettez les mots dans l'ordre pour faire une phrase.** Unité 38

Ski : il a été éliminé / vu qu' / du slalom / il a raté / une porte
Vu qu'il a raté une porte du slalom, il a été éliminé. / Il a été éliminé vu qu'il a raté une porte du slalom.

1. Tennis : sont reportés / les matchs / en raison / de la pluie / sur terre battue
→ ....
2. Volley-ball : le joueur / l'arbitre / a touché / a sifflé / le filet / puisque
→ ....
3. Athlétisme : de / une chute / tu as fait / pratique / c'est / si / tu manquais / que
→ ....
4. Natation : entraînement / obtenu / je n'ai pas / faute / mon brevet / d'
→ ....
5. Boxe : le record / trois championnats du monde / pour / il détient / avoir remporté
→ ....
6. Cyclisme : tests / à la suite / il a été / anti-dopage / disqualifié / de
→ ....

9 **Soulignez la forme correcte.** Unité 38

Soir d'élections

Nous ne pouvons pas encore publier les résultats définitifs *parce que* / *sous prétexte* que les dépouillements ne sont pas tous terminés. De nombreux électeurs ne se sont pas présentés à leur bureau de vote, sans doute *par manque de* / *à force de* (1) motivation. Mais *car* / *du fait que* (2) l'on observe un fort taux d'abstention dans toutes les régions (une abstention *d'autant moins* / *d'autant plus* (3) forte que le soleil a brillé toute la journée), il est évident que les différents candidats, *pour* / *par* (4) avoir négligé d'organiser des débats, n'ont pas su attirer les citoyens. *Suite à* / *Grâce à* (5) une campagne vraiment monotone, on voit que beaucoup d'électeurs ne se sont pas sentis concernés. Alors, *parce qu'* / *puisqu'* (6) il reste deux semaines avant le deuxième tour, espérons qu'une dynamique va se créer !

Bilan — La phrase

10 Faites une seule phrase comme dans l'exemple. Rétablissez l'apostrophe si nécessaire. Unité 39

Scénario catastrophe

Nous devons faire attention. La Terre est en danger. (c'est pourquoi)
→ *La Terre est en danger, c'est pourquoi nous devons faire attention.*

1. Il y a des inondations. Les pluies sont très fortes. (c'est pour ça que)
→ ....
2. Les rivières sont très polluées. Les poissons meurent. (donc)
→ ....
3. Il est difficile de respirer. L'air est pollué. (alors)
→ ....
4. Les maisons sont abîmées. Les vents ont été violents. (c'est pourquoi)
→ ....
5. Les routes sont fermées. Il a beaucoup neigé. (par conséquent)
→ ....
6. Les catastrophes naturelles vont augmenter. Le climat se réchauffe. (tellement que)
→ ....

11 Soulignez la forme correcte. Unité 40

Le procès de Luc Bon

Luc Bon a grièvement blessé un piéton *c'est pourquoi* / *à tel point* qu'il y a un procès.
1. De nombreux témoins se présentent *ce qui explique* / *si bien que* la longueur du procès.
2. Les témoignages ont été *si* / *tant* longs que le jugement n'a pas encore été prononcé.
3. La défense a payé une caution *c'est la raison pour laquelle* / *au point de* Luc Bon comparaît libre.
4. L'avocat de la victime a été *assez* / *tellement* imprécis que les jurés sont perplexes.
5. À un moment, Luc Bon a eu un malaise *du coup* / *d'où* le report de l'audience.
6. L'accusé conteste trop les faits *pour* / *de ce fait* être crédible.
7. Le verdict a été prononcé *de telle manière que* / *tellement que* Luc Bon se sent soulagé.

12 Complétez le témoignage avec les mots suivants. Unité 41

~~quand~~   quand   pendant que   après que   avant de   jusqu'à ce que   avant que   après

On allume l'ordinateur *quand* on arrive. On vérifie les courriels .... (1) commencer la réunion et, ... (2) avoir répondu aux messages urgents, on retrouve les collègues. On prend des notes .... (3) notre assistant fait une présentation du travail à faire. .... (4) tous les points ont été discutés, on retourne à notre poste de travail .... (5) ce soit l'heure du déjeuner. En fin d'après-midi, ... (6) arrive l'heure de quitter les bureaux, on fait un bilan de ce qui reste à faire .... (7) les portes soient fermées par le responsable sécurité.

13 Soulignez l'expression correcte. Unité 42

Passer le permis de conduire

Depuis que / *En attendant que* le permis a été modifié, la sélection est plus sévère.
1. *En attendant que* / *Dès que* l'inspecteur est installé, vous mettez le moteur en marche.
2. Vous démarrez *lorsque* / *alors que* la voie est libre, sans oublier le clignotant !
3. Restez à une vitesse égale *aussi longtemps que* / *au moment où* vous roulez sur l'autoroute.
4. *Chaque fois que* / *Tant que* vous doublez, regardez bien dans vos deux rétroviseurs.
5. N'ayez pas peur ! *Au fur et à mesure que* / *Depuis que* vous roulerez, vous gagnerez en assurance.
6. *Au moment où* / *Tant que* vous devrez faire un créneau, prenez votre temps.
7. *En attendant d'* / *En attendant qu'*avoir les résultats, restez zen !

complexe

6. La phrase complexe

14 Transformez avec *pour* ou *pour que* (1), *afin de* ou *afin que* (2). Unité 43

Tu fais du feu et on aura moins froid. (2) → *Tu fais du feu afin qu'on ait moins froid.*
1 Elle a téléphoné et elle nous a rassurés. (1)
   → Elle a téléphoné ....
2 Je retire mes chaussures et je ne salis pas la maison. (2)
   → Je retire mes chaussures ....
3 Il télécharge le film et nous le regardons ensemble. (1)
   → Il télécharge le film ....
4 On ne fait pas de bruit et les voisins ne sont pas dérangés. (2)
   → On ne fait pas de bruit ....
5 Je t'attends et tu ne seras pas tout seul. (1)
   → Je t'attends ....

15 Choisissez l'expression qui convient et complétez le message. Unité 44

de peur que   ~~dans le but de~~   de façon à ce que   en vue de   de manière que   de peur de

Dans le but de vérifier l'installation et .... (1) une nouvelle panne, je contacte le réparateur .... (2) il vous envoie un technicien au plus vite. Par ailleurs, ... (3) une intervention rapide, je vous adresse les plans par scan .... (4) un envoi postal prenne trop de temps .... (5) vous puissiez les regarder en réunion. Cordialement.

16 Complétez l'offre publicitaire avec les expressions suivantes. Unité 45

alors que   si   ~~contrairement à~~   en revanche   au contraire de   mais   au lieu de

Optez pour la solution AK !
Contrairement à un chargeur ordinaire, AK vous offre une totale autonomie !
Vous approchez votre Smartphone de AK, et, ... (1) perdre du temps à le recharger, vous le rechargez en 5 secondes !
Vous n'aurez plus de chargeur .... (2) vous aurez AK !
.... (3) notre offre peut encore changer, nos prix, ... (4), sont garantis ! Et précision : ce chargeur est universel .... (5) beaucoup de technologies peuvent varier d'un continent à l'autre et, ... (6) certains produits similaires, AK est recyclable !

17 Complétez le dialogue avec les expressions proposées. Écoutez pour vérifier. Unités 45 et 46

Une librairie en danger

~~mais~~   malgré   alors qu'   au lieu de   ont beau

– Tu as vu ? La librairie à côté de chez toi est ouverte *mais* elle va peut-être fermer !
– Oui, je sais ; ils .... (1) avoir des promotions, ils perdent des lecteurs .... (2) au supermarché, le rayon librairie marche bien !
– Il pense quoi, le patron ?
– C'est difficile pour lui parce que, ... (3) tous ses efforts, les résultats sont mauvais. Et il sait aussi que, ... (4) venir au magasin, les gens achètent sur Internet. Il ne peut rien faire !

Bilan — La phrase

18 Associez pour faire une phrase. Unité 46

L'usine reste ouverte — bien qu'il n'y ait plus de travail.

1 Les employés protestent séparément
2 On a beau chercher des solutions
3 Quel que soit le problème,
4 Il explique la situation aux salariés
5 Le personnel veut manifester
6 Les délégués du personnel organisent une réunion
7 Il y a eu de nombreuses propositions

a on n'évitera pas la crise.
b pourtant ils ne comprennent pas toujours.
c malgré l'opposition des syndicats.
d au lieu de s'unir.
e sans qu'un accord soit trouvé.
f il faudra le régler rapidement.
g mais personne n'accepte d'y participer.

19 Conjuguez les verbes à la forme correcte. Rétablissez l'apostrophe si nécessaire. Unité 47

– Ce *serait* (être) plus facile pour toi si tu avais ton permis de conduire, non ?
– Mais si ça coûtait moins cher, je le …………… (passer) (1) et je …………… (s'acheter) (2) une voiture. Tu ne …………… (être) (3) pas obligé de m'accompagner.
– Moi, si je …………… (pouvoir) (4), je prendrais le métro, ça …………… (coûter) (5) moins cher. Et si tu …………… (avoir) (6) un vélo ?
– J'…………… (avoir) (7) peur d'avoir un accident. Mais tu as raison, c'est ce que je …………… (faire) (8) si c'…………… (être) (9) moins dangereux !

20 Mettez les mots dans l'ordre pour faire une phrase. Unité 48

tu viens / la capitale / sauf si / je quitterai / t'y installer → *Je quitterai la capitale sauf si tu viens t'y installer.*

1 de logement / chez moi / dans la mesure où / je t'accueillerais / tu ne trouverais pas
   → ……………
2 ce serait / t'hébergera / nécessaire / ma voisine / au cas où
   → ……………
3 tu auras / suffisants / sans / des difficultés / revenus
   → ……………
4 aventure / comme si / être ici / une nouvelle / on vivait / c'est / quotidiennement
   → ……………
5 vaut la peine / parfait / même si / l'expérience / n'est pas / tout
   → ……………

21 Transformez les phrases avec les expressions entre parenthèses. Unité 48

Travaux dans l'immeuble

Nous pourrons faire les travaux si tous les copropriétaires sont d'accord. (avec)
→ *Nous pourrons faire les travaux avec l'accord des copropriétaires.*

1 On demanderait un crédit si certains avaient des difficultés. (à supposer que)
   → ……………
2 On n'entreprendra rien si l'architecte ne valide pas le projet. (sans)
   → ……………
3 On ferait une nouvelle réunion si les devis avaient augmenté. (au cas où)
   → ……………
4 Les travaux commenceraient vite si les ouvriers étaient disponibles. (en admettant que)
   → ……………

complexe

6. La phrase complexe

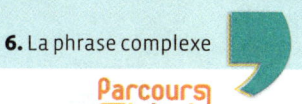

22 Soulignez la forme correcte. Unité 49

Je discuterai avec lui *à condition que* / *quand bien même* nous soyons seuls.
1. Tu aborderas le sujet *à moins que* / *pour peu que* tu en aies le temps.
2. Il n'a pas pu garder la parole *à défaut de* / *à moins de* préparation.
3. On n'évoquera pas ce sujet *à moins d'* / *sauf si* en connaître tous les enjeux.
4. Elle participera au débat *pourvu qu'* / *au cas où* elle y soit invitée.
5. Les décisions seront prises *pour peu que* / *quand bien même* nous serions absents.

23 Complétez les phrases au discours indirect. Unité 50

« Tu vas voyager seule ? » → Il me demande *si je vais voyager seule.*
1. « Vous vous arrêterez combien de fois ? » → Il se demande ....
2. « Qu'est-ce qu'elle veut découvrir ? » → Nous voudrions savoir ....
3. « Est-ce qu'il a obtenu un visa ? » → Dis-moi ....
4. « Fais-toi vacciner ! » → Elle me répète ....

24 Léo a laissé un message sur le répondeur de Pierre qui rapporte ce message à Camille. Complétez. Unité 50

Pierre dit à Camille : « Écoute le message de Léo. »
« *Je devrais arriver avec un peu de retard. Préviens Camille, et attendez-moi à l'accueil. Qu'est-ce que vous avez prévu ? Est-ce que tu veux bien te charger de ma valise ? Et tu pourras conduire ma copine Louise pendant que j'irai à mon rendez-vous ?* »
Léo explique *qu'il devrait* arriver avec un peu de retard. Il me demande ....
.... (1), et .... à l'accueil (2) ; il voudrait savoir
.... (3), ... (4) valise, et
.... (5) copine Louise pendant ....
.... (6) rendez-vous.

25 Retrouvez la phrase du discours direct. Unité 51

Il a déclaré qu'il était prêt à négocier. → *« Je suis prêt à négocier. »*
1. Ils ont indiqué qu'ils s'étaient expliqués devant leur public.
→ ....
2. Elle a affirmé que ses supporters la suivraient. → ....
3. On a voulu savoir si le débat serait diffusé. → ....
4. Les gens se sont demandé ce que les candidats avaient prévu.
→ ....
5. Certains m'ont dit de ne pas aller voter. → ....
6. D'autres ont demandé aux citoyens d'être responsables et de s'exprimer.
→ ....

26 Transformez l'interview au discours indirect. Faites les transformations de structures, de temps et de pronoms. Unité 51

L'acteur fétiche de la série *50 %* a déclaré : « Il n'y aura pas de troisième saison immédiatement, la suite n'est pas encore prévue. Tous les acteurs sont heureux du succès que la série a remporté, mais certains ont accepté d'autres tournages. En ce qui me concerne, je viens de signer un contrat et je pars demain à Madrid. »
L'acteur fétiche de la série 50 % a déclaré *qu'il n'y aurait pas* de troisième saison immédiatement,
.... (1) prévue. Il a précisé .... (2) du succès que la série
.... (3), mais .... (4) d'autres tournages. Il a ajouté
.... (5), ... (6) un contrat et .... (7) à Madrid.

163

La conjugaison des verbes au présent

Le présent de l'indicatif est la conjugaison la plus difficile du français car la plus irrégulière et il est indispensable de le connaître car il est la base de formation de plusieurs temps : l'imparfait, le subjonctif présent, le participe présent.
Les verbes sont classés par modèles de conjugaison et par ordre alphabétique à l'intérieur de chaque paragraphe.

1 Les verbes en *–er* : cas général

Tous les verbes en *-er* sauf les verbes :
– en *-ayer*, *-oyer* et *-uyer* ;
– en *-cer* et *-ger* ;
– en *-eler*, *-eter* et *-érer* (+ les verbes en *-e (é)* / consonne(s) / *er* (*lever, mener, céder, célébrer, répéter, pénétrer, protéger, sécher, régler, intégrer...*).

2 Les verbes en *–ayer*, *–oyer* et *–uyer*

-ayer	-oyer	-uyer
balayer	côtoyer	appuyer
effrayer	employer	ennuyer
essayer	envoyer	essuyer...
payer...	nettoyer	
	noyer	
	renvoyer	
	tutoyer	
	vouvoyer...	

3 Les verbes en –*cer* et –*ger*

-cer	-ger	
agacer	allonger	exiger
annoncer	aménager	héberger
avancer	arranger	immerger
commencer	bouger	interroger
dénoncer	changer	juger
déplacer	charger	loger
divorcer	corriger	manger
exercer	décharger	mélanger
fiancer	dégager	nager
financer	déménager	partager
forcer	déranger	plonger
influencer	diriger	prolonger
lancer	diverger	protéger
menacer	échanger	ranger
placer	emménager	recharger
prononcer	encourager	rédiger
recommencer	endommager	télécharger
remplacer	engager	voyager…
renoncer	envisager	
sucer		
tracer…		

La conjugaison des verbes au présent (suite)

4 Les verbes en –eler, –eter et –érer (+ les verbes en –e (é) / consonne / er)

Sur le modèle d'appeler	Sur le modèle d'acheter	Sur le modèle de préférer	
empaqueter	achever	accéder	obséder
épeler	amener	accélérer	opérer
étinceler	congeler	adhérer	pénétrer
feuilleter	dégeler	aérer	persévérer
ficeler	élever	céder	posséder
jeter	emmener	célébrer	précéder
projeter	enlever	compléter	préférer
rappeler	geler	considérer	proliférer
renouveler…	harceler	coopérer	prospérer
	lever	délibérer	protéger
	malmener	digérer	récupérer
	mener	énumérer	refléter
	peler	espérer	régler
	peser	exagérer	rémunérer
	prélever	exaspérer	répéter
	promener	gérer	repérer
	racheter	inquiéter	révéler
	ramener	insérer	sécher
	relever	intégrer	succéder
	semer	interpréter	tolérer
	soulever…	léguer	transférer…
		libérer	

5 Les verbes en –ir comme finir

agir	durcir	grossir	réfléchir
agrandir	éclaircir	guérir	refroidir
alourdir	élargir	investir	réjouir
aplatir	enrichir	maigrir	remplir
appauvrir	envahir	mincir	rétablir
applaudir	épaissir	noircir	réunir
approfondir	établir	nourrir	réussir
arrondir	s'évanouir	obéir	rougir
atterrir	fournir	pâlir	saisir
avertir	franchir	punir	salir
blanchir	garantir	raccourcir	subir
choisir	gémir	rajeunir	trahir
définir	grandir	ralentir	unir
désobéir	gravir	réagir	vieillir…

6   Les verbes en *–ir* comme *ouvrir*

accueillir	découvrir	recueillir
couvrir	offrir	rouvrir
cueillir	recouvrir	souffrir…

7   Les verbes en *–ir* comme *partir*, *dormir* et *servir*

endormir	repartir	ressortir
mentir	ressentir	sentir
pressentir	resservir	sortir…

8   Les verbes en *–ir* comme *venir* et *tenir*

s'abstenir	entretenir	provenir
appartenir	intervenir	retenir
contenir	maintenir	revenir
convenir	obtenir	soutenir
détenir	parvenir	se souvenir
devenir	prévenir	survenir…

9   Les autres verbes en *–ir*

acquérir	j'acquiers, tu acquiers, il/elle/on acquiert, nous acquérons, vous acquérez, ils/elles acquièrent
fuir sur le même modèle :	je fuis, tu fuis, il/elle/on fuit, nous fuyons, vous fuyez, ils/elles fuient s'enfuir
mourir	je meurs, tu meurs, il/elle/on meurt, nous mourons, vous mourez, ils/elles meurent
courir sur le même modèle :	je cours, tu cours, il/elle/on court, nous courons, vous courez, ils/elles courent accourir, parcourir

La conjugaison des verbes au présent (suite)

10 Les verbes en *-ire* comme *lire*, *écrire* et *rire*

Sur le modèle de *lire*	Sur le modèle d'*écrire*	Sur le modèle de *rire*
conduire construire contredire déduire déplaire élire interdire introduire médire nuire plaire prédire produire réduire réélire relire séduire suffire taire traduire…	décrire inscrire prescrire récrire réinscrire souscrire transcrire…	conclure exclure inclure sourire…

11 Les verbes *faire* et *dire*

Sur le modèle de *faire*	défaire, refaire, satisfaire
Sur le modèle de *dire*	redire

12 Les verbes en –dre

Sur le modèle de *prendre*	apprendre, comprendre, reprendre, surprendre
Sur le modèle d'*attendre*	confondre, correspondre, défendre, dépendre, descendre, détendre, entendre, mordre, perdre, prétendre, rendre, répondre, suspendre, tordre, vendre
Les verbes en *-indre*	atteindre, craindre, éteindre, joindre, plaindre, peindre, repeindre, rejoindre, restreindre
coudre	*je couds, tu couds, il/elle/on coud, nous cousons, vous cousez, ils/elles cousent*
Sur le même modèle :	découdre, recoudre
résoudre	*je résous, tu résous, il/elle/on résout, nous résolvons, vous résolvez, ils/elles résolvent*

13 Les verbes en –tre et –re

être et

Sur le modèle de *mettre*	admettre, battre, combattre, commettre, débattre, permettre, promettre, remettre, retransmettre, transmettre
Sur le modèle de *connaître*	accroître, apparaître, comparaître, disparaître, naître, paraître, reconnaître
suivre	*je suis, tu suis, il/elle/on suit, nous suivons, vous suivez, ils/elles suivent*
Sur le même modèle :	poursuivre, vivre
convaincre	*je convaincs, tu convaincs, il/elle/on convainc, nous convainquons, vous convainquez, ils/elles convainquent*
Sur le même modèle :	vaincre
distraire	*je distrais, tu distrais, il/elle/on distrait, nous distrayons, vous distrayez, ils/elles distraient*
interrompre	*j'interromps, tu interromps, il/elle/on interrompt, nous interrompons, vous interrompez, ils/elles interrompent*
Sur le même modèle :	rompre
croire	*je crois, tu crois, il/elle/on croit, nous croyons, vous croyez, ils/elles croient*

La conjugaison des verbes au présent (suite)

14 Les verbes en –oir

avoir, devoir, falloir, pouvoir, vouloir, savoir et

Sur le modèle de *voir*	entrevoir, prévoir, revoir
Sur le modèle de *recevoir*	apercevoir, concevoir, décevoir
promouvoir	je promeus, tu promeus, il/elle/on promeut, nous promouvons, vous promouvez, ils/elles promeuvent
Sur le même modèle :	émouvoir, mouvoir
pleuvoir	Il pleut
valoir	je vaux, tu vaux, il/elle/on vaut, nous valons, vous valez, ils/elles valent
s'asseoir	je m'assois / je m'assieds, tu t'assois / tu t'assieds, il/elle/on s'assoit / il/elle/on s'assied, nous nous assoyons / nous nous asseyons, vous vous assoyez / vous vous asseyez, ils/elles s'assoient / ils/elles s'asseyent

Annexe 2 | La conjugaison du passé composé et de l'imparfait

Le passé composé

avoir ou *être* au présent + participe passé du verbe

Formation avec *avoir* : la majorité des verbes	*J'ai* attendu *deux heures.* *Le magasin* a ouvert *le mois dernier.*
Formation avec *être* : – les verbes pronominaux – 12 verbes de déplacement et leurs composés : *aller, arriver, descendre, entrer, monter, partir, passer, rentrer, retourner, sortir, tomber, venir.* – 5 autres verbes : *décéder, devenir, mourir, naître, rester.*	*Nous nous* sommes écrit *pendant deux ans.* *Elle* est sortie. *Ils* sont rentrés. *Elle* est née *en 2000.* *Ils* sont morts *en 1999.*

⚠ Avec le verbe *être*, le participe passé s'accorde avec le sujet.
Pour l'accord du participé passé avec le verbe *avoir* → **Unité 2**

L'imparfait

Radical de la 1ʳᵉ personne du pluriel *(nous)* **au présent** + terminaisons **-ais, -ais, -ait, -ions, -iez, -aient**.

Infinitif	Radical du présent avec *nous*	Imparfait
aller	nous allons	j'all**ais**
avoir	nous avons	tu av**ais**
connaître	nous connaissons	il/elle/on connaiss**ait**
croire	nous croyons	nous croy**ions**
faire	nous faisons	vous fais**iez**
prendre	nous prenons	ils/elles pren**aient**

⚠ Le radical du verbe *être* est irrégulier : *j'étais, tu étais…*

Les participes passés

Tous les verbes en *-er* ont un participe passé en *-é* : *Téléphoner : téléphoné. J'ai téléphoné à Laurent.*

Infinitif	Participe passé	Infinitif	Participe passé
accroître	accru	écrire	écrit
accueillir	accueilli	élargir	élargi
acquérir	acquis	élire	élu
agir	agi	émouvoir	ému
apercevoir	aperçu	entendre	entendu
appauvrir	appauvri	envahir	envahi
applaudir	applaudi	établir	établi
attendre	attendu	éteindre	éteint
atterrir	atterri	être	été
avoir	eu	évanouir	évanoui
battre	battu	faire	fait
boire	bu	falloir	fallu
choisir	choisi	finir	fini
conclure	conclu	fondre	fondu
conduire	conduit	fuir	fui
confondre	confondu	grandir	grandi
connaître	connu	gravir	gravi
construire	construit	guérir	guéri
correspondre	correspondu	interrompre	interrompu
coudre	cousu	joindre	joint
courir	couru	lire	lu
craindre	craint	maigrir	maigri
croire	cru	mentir	menti
cueillir	cueilli	mettre	mis
déduire	déduit	mordre	mordu
défendre	défendu	mourir	mort
dépendre	dépendu	naître	né
descendre	descendu	nourrir	nourri
détendre	détendu	nuire	nui
devoir	dû	obéir	obéi
dire	dit	offrir	offert
distraire	distrait	ouvrir	ouvert
dormir	dormi		
durcir	durci		

172

Infinitif	Participe passé	Infinitif	Participe passé
paraître	paru	saisir	saisi
partir	parti	savoir	su
perdre	perdu	sentir	senti
plaire	plu	servir	servi
pleuvoir	plu	sortir	sorti
pouvoir	pu	souffrir	souffert
prendre	pris	subir	subi
prétendre	prétendu	suffire	suffi
promouvoir	promu	suivre	suivi
		suspendre	suspendu
ralentir	ralenti		
réagir	réagi	taire	tu
réfléchir	réfléchi	tenir	tenu
réjouir	réjoui	tordre	tordu
remplir	rempli		
rendre	rendu	unir	uni
répondre	répondu		
résoudre	résolu	vaincre	vaincu
réunir	réuni	valoir	valu
réussir	réussi	vendre	vendu
rire	ri	venir	venu
rompre	rompu	vieillir	vieilli
rougir	rougi	vivre	vécu
		voir	vu
		vouloir	voulu

Les participes passés (suite)

Certains verbes sont des composés de verbes ou ont une similitude de terminaison à l'infinitif ; ils ont le même participe passé.

Sur le modèle de…	
apercevoir	concevoir, décevoir, recevoir
conclure	exclure
conduire	introduire, produire, réduire, séduire, traduire
connaître	reconnaître
coudre	découdre, recoudre
courir	accourir, parcourir, secourir
craindre	plaindre
cueillir	accueillir, recueillir
dire	contredire, interdire, médire, prédire, redire
dormir	(s')endormir
écrire	décrire, inscrire, prescrire, récrire, réinscrire, souscrire, transcrire
éteindre	atteindre, peindre, repeindre, restreindre
faire	refaire, satisfaire
fuir	(s')enfuir
joindre	rejoindre
lire	relire
mettre	admettre, commettre, permettre, promettre, remettre, transmettre
ouvrir	couvrir, découvrir, rouvrir
paraître	apparaître, comparaître, disparaître
partir	repartir
prendre	apprendre, comprendre, reprendre, surprendre
rire	sourire
sentir	ressentir
servir	resservir
suivre	poursuivre
tenir	s'abstenir, appartenir, contenir, détenir, entretenir, maintenir, obtenir, retenir, soutenir
vaincre	convaincre
venir	convenir, devenir, intervenir, parvenir, prévenir, provenir, revenir, se souvenir, subvenir, survenir
voir	entrevoir, prévoir, revoir

Annexe 4

La conjugaison du futur simple

Le radical est le même à toutes les personnes.

- **Formation régulière : infinitif + terminaisons -ai, -as, -a, -ons, -ez, -ont.**

Verbes en *-er* et *-ir*	je changer**ai** tu manger**as** il/elle/on se préparer**a** nous choisir**ons** vous maigrir**ez** ils/elles réussir**ont**
Verbes en *-re* : on supprime le *-e* de l'infinitif	je prendr**ai** on vivr**a**

- **Cas particuliers**

Les verbes en *-eter, en -eler, en -ener* : 1re personne du présent + r + terminaisons	j'achète → j'achèter**ai** je me promène → il se promèner**a** j'appelle → ils/elles appeller**ont**
Les verbes en *-oyer* et *-uyer* Les verbes en *-ayer*	tu nettoier**as** – on essuier**a** nous paier**ons** – nous payer**ons**

- **Formations irrégulières**

aller → j'**irai** avoir → nous **aurons** courir → tu **courras** devoir → vous **devrez** envoyer → j'**enverrai** être → tu **seras**	faire → on **fera** falloir → il **faudra** mourir → nous **mourrons** pleuvoir → il **pleuvra** pouvoir → ils **pourront** recevoir → on **recevra**	savoir → elle **saura** tenir → tu **tiendras** venir → vous **viendrez** voir → je **verrai** vouloir → elles **voudront**

Les constructions verbales

La construction verbale d'un verbe indique si ce verbe est utilisé ou non avec une préposition quand il est suivi d'un complément. Le complément est souvent un nom (quelqu'un/quelque chose = qqn/qqch) ou un autre verbe à l'infinitif (= v. inf.).

Accepter qqn/qch *On n'accepte que les spectateurs mineurs. Vous acceptez les chèques ?*
Accepter de faire (v. inf.) *J'accepte de vous remplacer.*

Certains verbes n'ont pas de complément d'objet.
Affluer. *Les clients affluent.* Postuler. *Je vais postuler.* Souffrir. *Vous souffrez ?*

Ces verbes peuvent être suivis d'autres compléments.
Les clients affluent pendant les jours de soldes. Vous souffrez où exactement ?

Le complément du verbe est un nom

Les verbes peuvent être suivis d'un complément d'objet direct (*Ils cherchent le rayon vêtements.*) ou indirect (*Je téléphone à mes parents.*).

Le verbe peut changer de sens selon la préposition qui suit.
Parler ≠ Parler à ≠ Parler de. *Je parle français. Il parle à ses amis. Vous parlez de vos parents.*

D'autres prépositions que *à* ou *de* peuvent être utilisées : *en*, *dans*, *sur*, *contre*…
Se concentrer sur. *Je me concentre sur ce qui est essentiel.* Croire en. *On ne croit pas en l'avenir.*

Certains verbes sont suivis de deux compléments, l'un représentant une chose, l'autre une personne.
Envoyer qch à qqn. *On a envoyé une lettre à notre directeur. On lui a envoyé une lettre. On la lui a envoyée.*

Certains verbes sont suivis d'un seul complément :
– avec la préposition *à*
Ressembler à. *Elle ressemble vraiment à sa mère. Ça ressemble à un arbre.*
– avec la préposition *de/d'*
Se souvenir de. *Je ne me souviens pas de mon arrière-grand-père. Tu te souviens de ton premier jour en France ?*

Le complément du verbe est un verbe

Certains verbes peuvent être suivis d'un verbe complément à l'infinitif précédé ou non d'une préposition.
Espérer + v. inf. *Elle espère obtenir un bon salaire !*
Hésiter à + v. inf. *N'hésitez pas à me poser des questions.*
Décider de + v. inf. *Ils ont décidé de tout arrêter !*

⚠ L'infinitif peut se rapporter au complément du verbe conjugué.
Entendre qqn + v. inf. *J'entends mes voisins rentrer.*
Aider qqn à + v. inf. *Elle a aidé les enfants à traverser la rue.*
Remercier qqn de + v. inf. *Il me remercie de payer pour lui.*

Cette liste est composée de verbes majoritairement suivis d'une préposition. N'apparaissent pas les verbes suivis d'une construction directe.

abstenir (s') de + v. inf.	Ils se sont abstenus de réagir.
accepter de + v. inf.	J'accepte de vous remplacer.
accuser qqn de qqch	Tu l'accuses de quoi ?
accuser qqn de + v. inf.	Vous êtes accusé d'avoir menti dans votre déclaration.
acheter qqch à qqn	Elle veut acheter un téléphone portable à sa fille de 8 ans.
adhérer à qqch.	Jamais je n'adhérerai à ce parti !
adresser (s') à qqn/qqch.	On doit s'adresser à qui ? Adressez-vous au commissariat !
aider qqn à + v. inf.	Tu veux que je t'aide à remplir le formulaire ?
aimer + v. inf.	Pourquoi tu n'aimes pas lire ?
annoncer qqch à qqn	Il n'a pas encore annoncé sa décision à tout le monde.
apercevoir (s') de qqch	Tu ne t'es pas aperçu de son absence ?
apparaître à qqn	Cette solution est apparue à tous comme étant la meilleure.
appartenir à qqn	À qui appartient ce sac ?
apporter qqch à qqn	Il faudra apporter tous les dossiers au patron.
apprécier de + v. inf.	On apprécie de faire la grasse matinée le dimanche.
apprendre à + v. inf.	Elle voudrait apprendre à conduire une moto.
apprendre à qqn à + v. inf.	On devrait apprendre aux enfants à lire dès le plus jeune âge.
approcher (s') de qqn/qqch	Stop ! Ne t'approche pas du bord ! Approchez-vous de moi !
arrêter (s') de + v. inf.	Je n'arrête pas de te répéter la même chose, et arrête-toi de crier !
arriver à + v. inf.	Elle n'arrive pas à perdre du poids.
assister à qqch	Tu as déjà assisté à la cérémonie des Césars ?
assurer (s') de qqch/v. inf.	Assurons-nous des démarches à faire. Assurez-vous de ne rien oublier.
attendre de + v. inf.	Ils attendent d'avoir leurs résultats.
attendre (s') à qqch/+ v. inf.	On s'attendait à de forts orages mais pas à être bloqués par des inondations.
avouer qqch à qqn	Elle n'avouera jamais sa responsabilité à quiconque.
cacher qqch à qqn	Je ne peux pas cacher la bonne nouvelle à la famille !
cesser de + v. inf.	Ils ont tous cessé de crier !
changer de qqn/qqch	J'ai changé de coiffeur mais pas de coupe de cheveux.
charger qqn de qch/+ v. inf.	Ma sœur m'a chargée des invitations, je l'ai chargée de prévoir le menu.
chercher à + v. inf.	Vous cherchez à faire quoi ?
choisir de + v. inf.	Ils choisissent de ne pas s'inscrire.
commencer à + v. inf.	On va commencer à choisir la décoration.
concentrer (se) sur qqch	Concentre-toi surtout sur le vocabulaire.

Les constructions verbales

confier qqch/qqn à qqn confier (se) à qqn	Samedi, on confiera la maison et les enfants à mes parents. Elle se confie à son amie.
confirmer qqch à qqn	Elle n'a rien confirmé à personne.
conseiller qqch/qqn à qqn conseiller à qqn de + v. inf.	Je lui conseille cette méthode, à moi, il m'a conseillé un bon coach. Il conseille à chacun de faire du sport.
contenter (se) de qqch contenter (se) de + v. inf.	Tu peux te contenter d'un seul repas par jour ? Pour répondre, elle s'est contentée de sourire.
continuer à/de + v. inf.	Je continue à/d'écouter des chansons en arabe.
contribuer à qqch contribuer à + v. inf.	Ce système a contribué au succès de son entreprise. Les moteurs électriques contribuent à diminuer la pollution sonore.
convenir à qqn/qqch convenir de + v. inf.	Ce projet convient à la situation mais pas à tout le monde. Ils conviennent de partir ensemble pour le week-end.
correspondre à qqch	Cette expression ne correspond à rien en japonais.
craindre de + v. inf.	Je crains de devoir tout recommencer.
crier qqch à qqn crier à qqn de + v. inf.	Tu as crié quoi au monsieur ? Elle crie aux enfants de rentrer immédiatement.
croire en qqn/qqch croire à qqch croire + v. inf.	Je crois en toi. Peu de gens croient en cette théorie. Tu crois à tout ce qu'il dit ? Vous croyez connaître la vérité !
débarrasser (se) de qqn débarrasser qqn/qqch de qqn/qqch	Le directeur veut se débarrasser des employés incompétents. Je peux vous débarrasser de votre manteau ? Elle a débarrassé la cave des objets inutiles.
décider de + v. inf.	Ils ont décidé de tout arrêter !
déclarer qqch à qqn	Elle a enfin déclaré son amour à l'homme de sa vie !
défendre de + v. inf. défendre à qqn de + v. inf.	Il est défendu d'entrer. On défend à qui que ce soit de prononcer des grossièretés.
dégager (se) de qqch	Le champion a pu se dégager du peloton.
déguiser (se) qqn en qqn/qqch	Elle va déguiser sa fille en super-héroïne et se déguiser, elle, en sorcière !
demander qqch à qqn demander à qqn de + v. inf.	Je vais demander la permission à mes parents. On demande à tous de donner une réponse rapide.
se dépêcher de + v. inf.	Vite, dépêchez-vous de vous préparer !
dépendre de qqn/qqch	Ça dépend de qui vient avec moi et de la date.
destituer qqn de qqch	On va le destituer de sa fonction de président.
détester + v. inf.	Tu détestes vraiment te doucher le matin ?
devoir qqch à qqn devoir + v. inf.	Je dois des excuses à mes collègues. Vous devez changer votre façon de faire.

dire qqch à qqn	Ils disent des mensonges à tout le monde.
dire à qqn de + v. inf.	Nous disons à tous de se taire !
disposer de + qqch	Vous ne disposez que de quelques minutes.
dissuader qqn de + v. inf.	On a dissuadé nos amis de déménager.
donner qqch à qqn	Tu donnes toujours quelque chose aux mendiants ?
échanger qqch contre qqch	J'ai échangé des livres contre des disques.
écrire qqch à qqn	Elle a écrit une lettre de rupture à son fiancé.
empêcher qqn de + v. inf.	Pousse-toi, tu m'empêches de voir l'écran !
emprunter qqch à qqn	À qui vas-tu emprunter l'argent qui te manque ?
encourager qqn à + v. inf.	Ils l'ont encouragée à devenir auto-entrepreneuse.
enfuir (s') de qqch	Il s'est enfui de la prison cette nuit.
engager (s') dans qqch	Je voudrais m'engager dans une association.
engager (s') à + v. inf.	Elle s'est engagée à faire du bénévolat.
enseigner qqch à qqn	Vous enseignez les maths à des enfants de quel âge ?
entraîner qqn à qqch	Il s'entraîne à la marche nordique depuis longtemps ?
entraîner qqn à + v. inf.	Elle entraîne ses élèves à chanter en rythme.
envisager de + v. inf.	Et donc, j'envisage de suivre une nouvelle formation.
envoyer qqch à qqn	J'ai envoyé ma candidature au directeur des ressources humaines.
espérer + v. inf.	Elle espère obtenir un bon salaire !
essayer de + v. inf.	On va essayer de tout préparer pour le week-end prochain.
éviter de + v. inf.	Évite de courir si tu as du mal à respirer.
exclure qqn de qqch	Pourquoi avez-vous exclu ces élèves du cours de philo ?
excuser qqn de/pour qqch	Je vous prie de m'excuser de/pour mon absence à la réunion.
excuser qqn de + v.inf.	Excusez-moi de ne pas vous avoir appelé plus tôt.
exiger de + v. inf.	Il exige de ses employés de ne prendre aucune pause supplémentaire.
expliquer qqch à qqn	Il a expliqué la marche à suivre à chacun d'entre nous.
fâcher (se) avec/contre qqn	Pourquoi tu t'es fâché avec/contre ta sœur ?
falloir + v. inf.	Il faut regarder devant soi !
féliciter qqn de qqch	Je te félicite de ces résultats !
féliciter qqn de + v. inf.	Je vous félicite d'avoir été si déterminé !
fier (se) à qqn/qqch	Tu devrais te fier à moi et à mes compétences.
finir de + v. inf.	Je viens de finir de faire la vaisselle.
fonder qqch sur qqch	Ils fondent leur théorie sur des études récentes.

Les constructions verbales

fondre (se) dans qqch	*Magnifique ! La maison se fond dans le paysage !*
forcer qqn à + v. inf.	*Personne ne me forcera à révéler mes secrets.*
gagner à qqch gagner à + v. inf.	*Tu as gagné à la loterie ?* *Ces gens gagneraient à être mieux connus.*
habituer (s') à qqn/qqch	*Tu t'habitues à tes nouveaux collègues et au rythme de travail ?*
habituer (s') à + v. inf.	*J'ai du mal à m'habituer à vivre seule.*
hésiter à + v. inf.	*N'hésitez pas à me poser des questions.*
immerger (s') dans qqch	*Très jeune, il s'est immergé dans la politique !*
indemniser qqn de qqch	*Je voudrais que l'entreprise m'indemnise de tous mes frais.*
informer qqn de qqch	*Les médias informent le public de ce qui se passe partout.*
inquiéter (s') de qqch	*On s'inquiète de son état de santé.*
inscrire qqn à qqch	*Impossible d'inscrire toute la famille à des cours de ski : c'est trop cher !*
insister sur qqch	*Insiste sur les solutions, pas sur les problèmes.*
interdire à qqn de + v. inf.	*Il était interdit à certains de s'asseoir où ils voulaient !*
intéresser (s') à qqn/qqch	*Elle s'intéresse surtout aux jeunes et à leur formation.*
inviter qqn à qqch inviter qqn à + v. inf.	*Tu invites qui à ton anniversaire ?* *Vous êtes invités à célébrer cette victoire avec nous.*
jouer à qqch jouer de qqch	*Les enfants sont dehors, ils jouent au ballon.* *Elle aimerait jouer de la harpe.*
libérer qqn de qqch	*Elle veut se libérer de l'autorité de ses parents.*
lier qqn/qqch à qqn/qqch	*Un contrat de travail lie les employés à leur entreprise.*
lire qqch à qqn	*Lire une histoire aux enfants le soir, c'est super !*
manquer à qqn manquer de qqch	*Les voisins sont partis : ils ne manqueront à personne.* *Pour son cadeau, je manque d'idées, tu peux m'aider ?*
méfier (se) de qqn/qqch	*Je me méfie de cet individu et de ce qu'il raconte.*
menacer qqn (de qqch) menacer de + v. inf.	*Ils menacent leurs employés de licenciement.* *La neige menace de tomber cette nuit.*
mentir à qqn	*Inutile de mentir à qui que ce soit : la vérité sera révélée tôt ou tard !*
mettre (se) à qqch	*Je vais me mettre aux activités manuelles, c'est apaisant et productif.*
mettre (se) à + v. inf.	*Il s'est mis à pleurer sans rien dire.*
militer pour/contre qqn/qqch	*Elle milite pour l'égalité et contre les privilèges.*
montrer qqch à qqn	*Tu veux bien que je montre ça à mes élèves ?*
moquer (se) de qqn/qqch	*Ne te moque pas d'eux ni de leur prononciation !*

négliger de + v. inf.	*La secrétaire a négligé de contacter certains clients !*
obéir à qqn/qqch	*Comme un soldat, il obéit à son chef et aux ordres qu'il reçoit.*
occuper (s') de qqn/qqch	*Il s'occupe de ses parents âgés et de leur logement.*
occuper (s') à + v. inf.	*Je m'occupe à apprendre de nouvelles choses tous les jours.*
offrir qqch à qqn	*On va offrir un séjour de thalassothérapie à nos parents.*
opposer qqn/qqch à qqn/qqch	*C'est facile d'opposer les garçons aux filles et le blanc au noir !*
oublier de + v. inf.	*J'ai oublié de prendre un rendez-vous avec mon dentiste.*
parler de qqn/qqch	*Elle parle de sa vie et des gens qu'elle aime.*
parler de qqn/qqch à qqn	*Tu as parlé de ton compagnon et de sa profession à ta famille ?*
partager qqch avec qqn	*Elle partage sa chambre avec sa sœur.*
participer à qqch	*Je n'ai pas pu participer à cette réunion.*
participer de qqch	*Ce roman participe de l'Histoire et de l'aventure.*
parvenir à qqch/+ v. inf.	*Il est parvenu au sommet, mais n'est pas parvenu à planter son drapeau.*
penser à qqn/qqch	*Nous pensons à nos amis et aux difficultés qu'ils traversent.*
penser qqch de qqn/qqch	*Que pensez-vous de ces joueurs de handball et de leur performance ?*
penser + v. inf.	*Elles pensent demander un aménagement de leur emploi du temps.*
penser à + v. inf.	*Pensez à valider votre titre de transport !*
permettre qqch (à qqn)	*Ne permettez pas tout à de jeunes enfants !*
permettre à qqn de + v. inf.	*Il n'est permis à personne de se déplacer à pied sur une autoroute.*
persuader qqn de + v. inf.	*Il a persuadé ses enfants de ne pas déménager.*
plaire à qqn	*Cette réforme ne plaît pas à tous les citoyens, loin de là.*
postuler à/pour qqch	*Tu postules à ce poste ou pour un autre ?*
précipiter (se) sur qqn/qqch	*Ils se sont précipités sur le voleur et lui, s'est précipité sur la porte.*
préférer + v. inf.	*Je préfère aller au théâtre.*
préparer (se) à qqch	*On se prépare tous au bac en juin.*
préparer (se) à + v. inf.	*Ils se préparent à recevoir moins de subventions.*
prescrire qqch (à qqn)	*Le médecin prescrit des médicaments à ses patients.*
présenter (se) à qqn/qqch	*Vous vous êtes présenté à qui au secrétariat ?*
préserver (se) de qqch	*Il faut se préserver du froid.*
prétendre + v. inf.	*Ils prétendent être les seuls à savoir.*
prêter qqch à qqn	*Je ne prête pas mon téléphone portable à des enfants.*
prévenir qqn de qqch	*Vous avez prévenu la famille de votre arrivée ?*
prévoir de + v. inf.	*On a prévu de partir pour une bonne semaine.*

Les constructions verbales

profiter de qqch/qqn	*En vacances, je profite des vacances et de mes amis.*
promettre qqch à qqn promettre à qqn de + v. inf.	*Nous avons promis une soirée exceptionnelle à notre fille.* *Je vous promets à tous de ne rien dire.*
proposer qqn/qqch à qqn	*On propose cette entreprise et cet artisan à nos amis pour les travaux.*
proposer à qqn de + v. inf.	*Nos amis proposent à notre fils de rester chez eux trois mois.*
protéger qqn/qqch de qqn/qqch	*Protégeons les enfants des écrans et la nature des pollueurs et de la surexploitation.*
raconter qqch à qqn	*Elle raconte son voyage en solitaire à tous ceux que ça intéresse.*
rappeler qqch à qqn rappeler à qqn de + v. inf.	*Je leur rappelle notre rendez-vous.* *Nous rappelons à vous tous de porter un masque en intérieur.*
réagir à qqch	*Comment avez-vous réagi à ses remarques ?*
recevoir qqch de qqn	*J'attends de recevoir une réponse de mon responsable.*
recommander qqn/qqch à qqn	*Je recommande ce comique et son spectacle à ceux qui ont de l'humour.*
recommander à qqn de + v. inf.	*Il recommande à son équipe de garder son calme.*
réfléchir à qqch	*Vous réfléchissez à une solution ?*
refuser qqch à qqn refuser de + v. inf.	*On a longtemps refusé le droit de vote aux femmes.* *Tu as refusé de donner un pourboire ?*
régaler (se) de qqch	*Génial, nous nous sommes vraiment régalés de ce spectacle !*
regretter de + v. inf.	*Nous regrettons de ne pas avoir donné suite à sa demande.*
réjouir (se) de qqch réjouir (se) de + v. inf.	*On se réjouit de votre succès.* *Le professeur se réjouit de voir ses élèves progresser.*
remercier qqn de + v. inf.	*Je vous remercie de m'avoir accueillie si gentiment.*
remplacer qqn par qqn/qqch	*Va-t-on remplacer les gens par des robots ?*
renoncer à qqn/qqch renoncer à + v. inf.	*Elle a renoncé à l'homme de sa vie et à des années de bonheur.* *Il ne doit pas renoncer à faire ce qu'il veut.*
renseigner (se) auprès de qqn renseigner (se) sur qqn/qqch	*Renseigne-toi auprès de ton collègue !* *Je vais me renseigner sur ce parti et ses adhérents.*
répondre à qqn/qqch répondre qqch à qqn/qqch	*Tu vas répondre à ta tante ? Qu'est-ce que tu vas lui répondre ?* *J'ai répondu « oui » à mon collègue et à ses questions.*
résister à qqn/qqch	*Comment résister à la publicité et aux publicistes ?*
ressembler à qqn/qqch	*Tu ressembles à ton père ou à ta mère ? Ça ne ressemble à rien !*
réussir qqch réussir à + v. inf.	*Elle a parfaitement réussi son premier soufflé au fromage !* *Je ne sais pas si je vais réussir à tout apprendre par cœur.*
rêver à qqn/qqch	*Qui rêve encore au prince charmant et à une vie idéale ?*

rêver de qqn/qqch	*Toute la nuit, j'ai rêvé de lui et de ses promesses.*
rêver de + v. inf.	*Ils rêvent de retourner dans leur pays.*
risquer de + v. inf.	*Prends ton parapluie, il risque de pleuvoir !*
séparer (se) de qqn/qqch	*Elle n'a pas la force de se séparer de son compagnon, ni de sa voiture.*
servir à qqn	*Les béquilles servent aux personnes qui ont du mal à marcher.*
servir à + v. inf.	*Apprendre sert à savoir et à comprendre.*
servir de qqn/qqch	*Ma cousine qui est bilingue me sert d'interprète et de dictionnaire !*
servir (se) de qqch	*Tu ne t'es jamais servi de cet outil ?*
soucier (se) de qqn/qqch	*Elle se soucie peu de l'opinion des autres.*
sourire à qqn	*Très aimable, elle sourit même aux gens qu'elle ne connaît pas.*
souvenir (se) de qqn/qqch	*On se souvient bien des acteurs, beaucoup moins de l'histoire.*
succéder à qqn/qqch	*Elle succédera à son père au travail malgré les difficultés qui se succèdent.*
tâcher de + v. inf.	*Tâchez d'arriver à l'heure !*
tarder à + v. inf.	*La réponse tarde à venir, qu'est-ce qui se passe ?*
téléphoner à qqn	*Elle téléphone à ses copines quasiment tous les jours.*
tenir à qqn/qqch	*Je tiens à la famille. Tu tiens vraiment à ce meuble ?*
tenir à + v. inf.	*Ils tiennent à respecter leurs engagements.*
terminer de + v. inf.	*Terminez de manger avant de sortir de table !*
terminer (se) en qqch	*En français, il y a beaucoup de verbes qui se terminent en -er.*
transmettre qqch à qqn	*Vous avez transmis mon message à tout le personnel ?*
tromper (se) de qqch	*J'ai peur de m'être trompée de route, je dois faire demi-tour.*
user de qqch	*Il a usé de son influence pour obtenir des privilèges.*
veiller à qqch	*Les responsables veillent au bon fonctionnement du système.*
veiller sur qqn/qqch	*Nous, infirmières, veillons sur nos malades nuit et jour.*

Annexe 6

Glossaire grammatical

a

accord : on fait correspondre deux ou plusieurs mots en genre et en nombre. Ces mots peuvent être :
– le déterminant et le nom. *Un pantalon, la chemise, ces robes, ma chaussure.*
– le nom et l'adjectif. *Un pantalon noir, des pantalons noirs.*
– l'adjectif ou le participe passé et le sujet. *Ils sont intéressants. Elle est arrivée.*
– le participe passé et le complément d'objet direct. *La voiture ? Je l'ai laissée au garage.*

adjectif : mot qui donne des informations sur le nom. Il s'accorde en genre et en nombre avec le nom. *Une belle ceinture. Certains vêtements.*

adverbe : mot invariable qui donne des précisions sur un verbe, un adjectif ou un autre adverbe. *On travaille beaucoup. Nous sommes très dynamiques. Vous parlez trop lentement.*

antécédent : mot ou groupe de mots placé devant le pronom relatif auquel il se rapporte. *C'est le boulevard qui entoure la capitale. Ce sont les jeunes chanteurs dont tout le monde parle en ce moment.*

article : mot placé devant un nom ou un adjectif. L'article défini *le, la, l', les. C'est la première rue à droite. J'aime les fruits.* L'article indéfini *un, une, des. Il a une voiture. Ce sont des fruits.* L'article partitif *du, de la, de l', des. Je prends du beurre et de la confiture.* L'article contracté (forme des articles définis combinés avec les prépositions *de* et *à*). *La porte du garage. Il joue aux échecs.*

auxiliaire : verbe qui permet de conjuguer les autres verbes à des temps composés. Auxiliaire *avoir. On a fini de manger* (passé composé). Auxiliaire *être. Je serai parti avant 8 heures* (futur antérieur).

c

comparatif : structure qui permet de comparer des personnes, des objets, des actions. *Plus pollué. Moins vite. Autant de bruit. Travailler plus.*

complément : mot ou groupe de mots qui apportent une précision sur le sens de ce mot. Il y a des compléments de verbe : compléments d'objet direct (*Je regarde la télévision*), d'objet indirect (*Il parle à ses voisins*), de lieu (*On travaille à Toulouse*), de temps (*Vous rentrez dimanche*), de manière (*Nous rentrons à pied*), de cause (*Il a réussi grâce à moi*), etc. Il existe aussi des compléments de nom précédés de la préposition *de* ou *à* qui précisent le sens de ce nom. *Le livre de Sophie. L'art de vivre. Le café au lait.*

complément d'agent : dans une forme passive, le complément d'agent indique la personne ou la chose qui fait l'action du verbe. Il est souvent précédé de la préposition *par. La nouvelle salle a été inaugurée par le maire.*

conjonction : mot invariable qui sert à joindre deux parties d'une phrase. *Je sais que c'est difficile. Reste assis jusqu'à ce que je revienne.*

conjugaison : différentes formes d'un verbe en fonction du sujet et du temps. *Je rentre, nous rentrons, il est rentré hier, il rentrera demain…*

consonnes : lettres de l'alphabet : *b, c, d, f, g, h, j, k, l, m, n, p, q, r, s, t, v, w, x, z.*

construction verbale : information qui permet de savoir si on doit utiliser ou non une préposition après un verbe. *Elle ne connaît pas tous mes copains. Je téléphone à ma cousine. On aime dormir. Ils commencent à comprendre. Tu demandes à tes voisins de faire moins de bruit.* → **Annexe 5**

contracté : voir *article*

d

déterminant : mot placé devant le nom qui donne des précisions sur ce nom. Il peut être un article ou un adjectif démonstratif, possessif, interrogatif ou indéfini.
Il s'accorde avec le nom. *Le parapluie. Ce parapluie. Mon parapluie. Quel parapluie ? Chaque parapluie.*

discours direct : façon de rapporter directement les paroles ou les pensées de quelqu'un telles qu'elles ont été exprimées ou pensées. *Elle dit : « Je suis d'accord ! »*

discours rapporté ou indirect : façon de rapporter indirectement les paroles ou les pensées de quelqu'un. *Elle dit qu'elle est d'accord.*

f

forme active / passive : structure donnant l'information sur une action.
Le gardien nous a contactés. Nous avons été contactés par le gardien.

français familier, courant, formel : différents niveaux de langue.
– **familier :** on s'exprime naturellement, spontanément, comme on parle, la forme n'est pas toujours correcte. *Je peux pas te répondre.*
– **courant :** on s'exprime de manière correcte. *Je ne peux pas te répondre.*
– **formel :** on s'exprime « comme un livre ». *Comment pourrais-je te répondre ?*

g

genre : indication du masculin ou du féminin. *Le pantalon (m.). La robe (f.).*

gérondif : forme verbale constituée de la préposition *en* suivie de la forme en *–ant* du verbe. *J'ai maigri en faisant un régime.*

groupe nominal : ensemble des mots réunis autour du nom. *Un beau pull noir en pure laine mohair.*

i

infinitif : forme du verbe non conjuguée donnée dans les dictionnaires. *Donner. Voir. Prendre.*

intonation : mélodie, musique de la phrase qui donne une information, qui peut changer le sens.

invariable : un mot invariable a une seule orthographe. Il ne s'accorde pas. *Il parle vite. Ils parlent vite.*

inversion : structure généralement utilisée pour une question en français formel. On change l'ordre du sujet et du verbe : le sujet est derrière le verbe. *Viens-tu ?*

irrégulier : une forme irrégulière présente une ou plusieurs différences par rapport au modèle général.

l

locution : groupe de mots qui exprime une idée unique : locution adjective (*un rocher à pic*), adverbiale (*tout de suite*), verbale (*avoir l'air*), conjonctivale (*à moins que*), prépositive (*en dehors de*).

m

mode : catégorie de formes verbales qui informe sur « l'état d'esprit » du locuteur par rapport à ce qu'il veut exprimer. Un mode a plusieurs temps. Il y a quatre modes personnels.
– L'indicatif présente des faits réalisés ou réalisables. *Nous avons pris des vacances.*
– Le subjonctif présente des faits envisagés par la pensée. *J'aimerais que nous partions en vacances.*
– Le conditionnel présente les faits comme une éventualité. *Ce serait formidable si nous partions en vacances ensemble.*

Glossaire grammatical (suite)

– L'impératif présente l'information sous la forme d'un ordre, d'une consigne. *Taisez-vous !*

mot de liaison : mot ou expression invariable qui met en relation deux mots, deux phrases, deux paragraphes ou deux parties d'un texte. *Il pleut **et** il y a du vent. Il a mangé **puis** il est sorti.*

mot interrogatif : mot qui introduit une question. Il peut être adjectif (***Quel** livre ?*), pronom (***Qui** parle ?*), adverbe (***Comment** vous venez ?*).

n

nature des mots : catégorie grammaticale des mots. Le nom : *film*. Le pronom : *je*. Le déterminant : *mon*. L'adjectif : *magnifique*. L'adverbe : *beaucoup*. Le verbe : *voir*. La préposition : *avec*. La conjonction : *parce que*.

négation : mot ou groupe de mots qui sert à dire « non ». *Je **ne** sais **pas**.*

nom : mot qui désigne les personnes ou les choses. Il y a des noms propres qui sont invariables : *Marseille*. Il y a des noms communs : *voiture*.

nom composé : nom qui est formé de plusieurs mots. *Grand-père*.

nombre : indication du singulier ou du pluriel. *Le pantalon* (**s.**). *Les pantalons* (**pl.**).

o

orthographe : manière d'écrire un mot.

p

participe passé : forme verbale utilisée avec l'auxiliaire *avoir* ou *être* pour former les temps composés. *J'avais **fini** de manger quand elle est **rentrée**.*

participe présent : forme verbale impersonnelle terminée par *–ant*. *Disant. Finissant.*

partitif : voir *article*.

passif : la forme verbale passive met en valeur l'action et non pas le sujet de l'action. *Une nouvelle école va être construite.*

phrase : ensemble de mots organisés pour donner du sens. Les phrases commencent par une lettre majuscule. Il y a des phrases simples. *Je connais bien Paris.* Il y a des phrases complexes. *Les personnes que j'ai rencontrées pendant que j'étais en vacances sont devenues mes amis.*

préposition : mot invariable suivi d'un nom ou d'un infinitif qui informe sur le temps, le lieu, la cause, le but, etc. ***Après** 9 heures. **Dans** le réfrigérateur. **Grâce à** toi. **Pour** réussir.*

pronom : mot utilisé pour ne pas répéter un nom. *Sophie ? Non, je n'ai pas pu **la** joindre mais je **lui** ai laissé un message. / Tu veux quel stylo ? **Celui-ci**.*

proposition : partie de phrase contenant un verbe. Elle peut être indépendante : seule, elle a un sens. *J'ai vu beaucoup de gens.* Elle peut être principale si elle est complétée par une autre, une subordonnée. *J'ai vu beaucoup de gens* (principale) ***quand je suis sorti*** (subordonnée).

r

radical : partie minimale d'un verbe à laquelle on ajoute une terminaison pour former les conjugaisons. *je **regarde**, nous **finissons**, elles **écrivaient***. Certains verbes ont plusieurs radicaux.

s

structure de la phrase : organisation des mots dans la phrase selon le type de phrase (affirmative, négative, interrogative, exclamative).

sujet : mot généralement placé devant le verbe conjugué et qui indique qui fait l'action du verbe. C'est généralement un nom ou un pronom. *Ma voiture est en panne. Je prends le train.*

superlatif : terme qui exprime le degré supérieur d'une qualité. On utilise un adjectif, un adverbe, un nom ou un verbe. Les formes indiquent la supériorité ou l'infériorité. *Le meilleur acteur de sa génération. Ce sont eux qui gagnent le moins.*

t

temps : comme terme grammatical, temps a deux significations :
– les indicateurs qui permettent de situer des événements dans le temps (*Je vais à Marseille pour trois jours*).
– les conjugaisons, c'est-à-dire présent, futur, passé, etc. (*Le train arrive à 8 heures. Le train arrivera à 8 heures. Le train est arrivé à 8 heures.*)

terminaison : lettres finales d'un mot qui permettent d'indiquer le genre et le nombre d'un nom et le temps d'un verbe.
Un étudiant – une étudiante. Des fleurs. Il mange – elle mangeait.

trait d'union : signe écrit utilisé pour former certains noms composés (*un ouvre-boîte*), certains pronoms (*celui-ci*), pour marquer l'ordre inhabituel des mots (*Habille-toi. Connaissez-vous Lille ?*).

v

verbe : mot qui exprime une action, un état et qui change selon :
– le sujet qui l'accompagne (*Je range mes affaires. Ils sont malades. Il fait du tennis.*).
– le temps de l'action (*Elle dort encore. Elle dormira encore.*).

verbe impersonnel : verbe employé uniquement à la 3e personne du singulier. Le sujet, généralement *il*, ne représente rien ni personne. *Il va pleuvoir. Il a fallu du courage.*

verbe pronominal : verbe conjugué avec un pronom personnel réfléchi : *Se souvenir* *Je me souviens.*

voyelle : lettres de l'alphabet *a, e, i, o, u, y*.

Index par unité

A

à cause de	37
Accord :	
– de l'adjectif qualificatif	9
– du participe passé	2
à condition de/que	98
à défaut de	49
Adjectif :	
– accords particuliers	9
– de couleur	9
– employé comme adverbe	9
– indéfini	12
– numéral	9
– place et sens	10
– qualificatif	9 et 10
Adjectif verbal	26
afin de/que	43
à force de	38
ainsi que	36
à laquelle	22
à la suite de	38
alors	39
alors que	42, 45, 46
à moins de/que	49
après (que)	41
Article (absence d'article)	11
assez (de)... pour (que)	40
à supposer que	48
à tel point que	40
au cas où	48
au contraire (de)	45
aucun(e)... ne / ne... aucun(e)	12, 14, 20
au fur et à mesure que	42
au lieu de	45
au moment où	42
au point que	40
auquel	22
aussi... que	35
aussi longtemps que	42
aussitôt que	7, 42
autant... autant...	36
autant (de)... que	35
autre(s)	12, 20
auxquels, auxquelles	22
avant de/que	41
avec	48
avoir (auxiliaire)	2
avoir beau	46

B

bien que	46
But (expression du)	43, 44

C

c'est la raison pour laquelle	39
c'est pour ça que	39
c'est pourquoi	39
ça	15
car	38
Cause (expression de la)	37, 38
ce (pronom démonstratif)	19
ce qui explique (que)	40
ceci, cela	19
celle(s) (-ci/-là)	19
celui (-ci/-là)	19
ceux (-ci/-là)	19
cependant	46
certain(e)s	12, 20
chacun(e)	20
chaque	12
chaque fois que	42
comme :	
– expression de la cause	37
– expression de la comparaison	35, 36
comme si	36, 48
Comparaison	35, 36
compte tenu de/que	38
Concession (expression de la)	46
Condition (expression de la)	49
Conditionnel :	
– présent	33
– passé	34
Conjonctions de temps	41, 42
Conséquence (expression de la)	39, 40
contrairement à	45

D

d'autant moins (de)... que	38
d'autant plus (de)... que	38
dans l'intention de	44
dans la mesure où	48

dans le but de	44
de/d' (absence d'article)	11
de ce fait	40
de crainte de/que	44
de façon à/à ce que	44
de manière à/à ce que	44
de même que	36
de même que... de même	36
de moins en moins	36
demander de/si/ce que	50, 51
demi	9
Démonstratif (pronom)	19
de peur de/que	44
de plus en plus	36
depuis que	42
dès que	4, 42
de (telle) façon que	40
de (telle) manière que	40
de (telle) sorte que	40
dire que	50
Discours indirect :	
– au présent	50
– au passé	51
donc	39
dont	21
d'où	40
du coup	40
du fait de/que	38
duquel	22

E

en :	
– expression de lieu	15
– pronom complément	15 à 18
– en + ... –ant	26
en admettant que	48
en attendant que	42
en cas de	48
en dépit de	46
en raison de	38
en revanche	45
en supposant que	48
en vue de	44
étant donné (que)	38
être (auxiliaire)	2
excepté si	48

F

faute de	38
Forme passive	24
Forme pronominale à sens passif	25
Forme verbale en –ant	26
Futur :	
– antérieur	7
– proche	6
– simple	6

G

Gérondif	26
grâce à	37

H

Hypothèse (expression de l') :	
– avec si	47
– autres formes	48

I

Imparfait et passé composé	3
Impératif	18, 23
Indéfini :	
– adjectif indéfini	12
– pronom indéfini	20
Infinitif	27, 31
Interrogation	13
Inversion (question)	13

J

jamais	14
jusqu'à ce que	41

L

la (pronom complément)	15, 18
laquelle (pronom relatif composé)	22
le (l') (pronom complément)	15, 17, 18
lequel (pronom relatif)	22
les (pronom complément)	15, 18
lesquels, lesquelles (pronom relatif)	22

Index par unité

leur (pronom complément)	15, 18
leur(s) (le, la, les)	19
lorsque	42
lui (pronom complément)	15, 18

M

maintenant que	42
mais	45, 46
malgré	46
me (m')	15, 18
meilleur :	
– *meilleur(e)(s)… que*	35
– *le, la, les meilleur(e)(s)*	35
même(s) (le, la, les)	12, 20, 35
même si	46, 48
le, la, les mien(s), mienne(s)	19
mieux :	
– *mieux… que*	35
– *mieux (le)*	35
moi	16, 23
moins :	
– *moins (de)… que*	35
– *le moins (de)*	35
– *moins… moins…*	36
– *moins… plus…*	36

N

Négation :	
– combinaison de la négation	14
– *ne… aucun(e)/aucun(e)… ne*	14
– *ne… jamais*	14
– *ne… ni… ni*	14
– *ne… nulle part*	14, 20
– *ne… pas*	14
– *ne… pas encore*	14
– *ne… personne*	14
– *ne… plus*	14
– *ne… que*	14
– *ne… rien*	14
n'importe quoi/qui/où/quel(le)s…	15, 20
Noms composés	8
nôtre(s) (le, la, les)	19
nous	15, 18

O

Opposition (expression de l')	45
Ordre des pronoms compléments	18

où (pronom relatif)	21
où que	46

P

par	24, 38
parce que	37
par conséquent	39
par contre	45
par manque de	38
Participe passé (accord)	2
Participe présent	26
pas (ne…)	14
pas de	14
Passé :	
– antérieur	5
– composé	2, 3
– simple	5
– surcomposé	4
Passé composé et imparfait	3
Passive (forme)	24
pendant que	3, 41
personne… ne	14
pire (le)	35
Pluriel (des noms)	8
plus (ne…)	14
plus :	
– *(de)… que*	35
– *le plus (de)…*	35
– *plus… meilleur/moins/mieux/plus*	36
plusieurs	12, 20
Plus-que-parfait	4
plutôt que	36
Possessif (pronom)	19
pour :	
– expression de cause	38
– expression de but	43
pour peu que	49
pour que	43
pourtant	46
pourvu que	49
Prépositions :	
– de but	43, 44
– de cause	37, 38
– de condition	49
– d'hypothèse	48
Présent de l'indicatif (valeurs)	1

Pronom :
- complément — 15 à 18
- tonique — 16
- possessif — 19
- démonstratif — 19
- indéfini — 20
- relatif — 21, 22

Pronominaux (accord des verbes) — 2
puisque — 38

Q

quand (conjonction de temps) — 41
quand bien même — 49
que/qu' :
- pronom interrogatif — 13
- pronom relatif — 21

quel(le)s (interrogation) — 35
quel(le)(s) que soi(en)t — 46
quelque chose — 20
quelque part — 20
quelques — 12
quelques-un(e)s — 20
quelqu'un — 20
qu'est-ce que (interrogation) — 13
Question avec inversion — 13
qui :
- pronom interrogatif — 13
- pronom relatif — 21, 22

qui que — 46
quoi :
- pronom interrogatif — 13
- pronom relatif — 22

quoi que — 46

R

Relatif (pronom) — 21, 22

S

sans — 14, 48
sans que — 46
sauf si — 48
se (s') — 15, 18
se faire — 2, 25
se laisser — 2, 25
si :
- expression de l'opposition — 45
- expression de l'hypothèse — 47
- discours indirect — 50, 51

si bien que — 40
si… c'est que… — 38
si… que — 39
sien(s), sienne(s) (le, la, les) — 19
sous prétexte de/que — 38
Subjonctif :
- présent — 28
- passé — 29
- expression de l'opinion — 30
- ou infinitif ? — 31
- ou indicatif ? — 30
- après les conjonctions — 41 à 44, 46, 48, 49
- dans la proposition relative — 32

suite à — 38
Superlatif — 35

T

tandis que — 42, 45
tant (de)… que — 39
tant que — 42
te (t') — 15, 18
tel(le)s… que — 36
tel(le)s… tel(le)s… — 36
tellement (de)… que — 39
Temps (expression du) — 41, 42
tien(s), tienne(s) (le, la, les) — 19
toi — 23
Tonique (pronom) — 16
tout(e), toute(s), tous — 12, 20
trop (de)… pour (que) — 40

U

une fois que — 4

V

vôtre(s) (le, la, les) — 19
vous — 15, 18
vu (que) — 38

Y

y — 15 à 18

Crédits photographiques et droits de reproduction
Photos de l'intérieur : © Shutterstock (sauf pages 19 et 70 : N. Piroux)

Nous avons fait notre possible pour obtenir les autorisations de reproduction des documents publiés dans cet ouvrage. Dans le cas où des omissions ou des erreurs se seraient glissées dans nos références, nous y remédierons dans les éditions à venir.

Illustrations
Félix BLONDEL : 38, 47, 62, 90, 116
Gabriel REBUFELLO : 20, 42, 44, 66, 68, 74, 94, 96, 100, 108, 126, 136, 154
Corinne TARCELIN : 28, 56, 76, 128

Couverture : Nicolas PIROUX
Conception graphique : Véronique LEFÈVRE
Mise en pages : MEDIAMAX
Suivi éditorial : Françoise MALVEZIN / Le Souffleur de mots
Enregistrement audio, montage et mixage : QUALI'SONS (David HASSICI)
Maîtrise d'œuvre : Joëlle BONENFANT et Françoise MALVEZIN

ISBN : 978-2-01-628652-4

© HACHETTE LIVRE, 2022
58 rue Jean Bleuzen – CS 7007, 92178 Vanves Cedex, France

http://www.hachettefle.fr

Le code de la propriété intellectuelle n'autorisant, aux termes des articles L. 122-4 et L. 122-5, d'une part, que « les copies ou reproductions strictement réservées à l'usage privé du copiste et non destinées à une utilisation collective » et, d'autre part, que « les analyses et les courtes citations » dans un but d'exemple et d'illustration, « toute représentation ou reproduction intégrale ou partielle, faite sans le consentement de l'auteur ou de ses ayants droit ou ayant cause, est illicite ». Cette représentation ou reproduction, par quelque procédé que ce soit, sans autorisation de l'éditeur ou du Centre français de l'exploitation du droit de copie (20, rue des Grands-Augustins, 75006 Paris), constituerait donc une contrefaçon sanctionnée par les articles 425 et suivants du Code pénal.

Achevé d'imprimer en août 2022 en Italie par L.E.G.O. S.p.A. Lavis (TN)
Dépôt légal : août 2022 - Édition 01

Grammaire du français
Corrigés et transcriptions

transcriptions

Chapitre 1 — Les temps de l'indicatif

Unité 1 — Les valeurs du présent de l'indicatif

1 1 accueille – 2 empruntent – 3 se fond – 4 s'élève – 5 parcourez – 6 vous immergez

2 1 s'enfuit ; demeure – 2 reconnaît – 3 chauffe ; voit – 4 appauvrit – 5 suit – 6 fait ; contribue – 7 entretiennent

3 La réunion démarre à l'instant. – 1 Le président remercie les nombreux participants de leur présence. – 2 Ils se réunissent une fois par mois. – 3 On organise une séance plus longue la prochaine fois. – 4 Tu viens sinon je pars sans toi ! – 5 Nous nous partageons souvent les comptes rendus. – 6 Le film commence juste. – 7 Nos invités nous rejoignent dès la fin du débat. – 8 Monsieur Grand s'exprime depuis dix minutes. – 9 Vous sortez juste ? – 10 Vous suivez mes instructions sinon vous sortez ! – 11 Je salue le président, attendez-moi ! – 12 Ces rencontres sont toujours de qualité.

Action passée : 6, 9 – Action habituelle : 2, 5, 12 – Action en train de s'accomplir : 1, 8 – Action future : 3, 7, 11 – Ordre : 4, 10

4 1 naît – 2 ne veut pas – 3 rompt – 4 rejoint – 5 suit – 6 se marie – 7 se sépare – 8 naissent – 9 décide – 10 se réfugie – 11 hébergent – 12 publie – 13 prédit – 14 paraît

Unité 2 — L'accord du participe passé

1 1 sont apparus – 2 sont descendus – 3 sont devenus – 4 sont partis – 5 sont passées – 6 est demeurés

2 1 *correct* – 2 eue – 3 offertes – 4 donné – 5 reçus – 6 *correct*

3 1 c – 2 e – 3 b – 4 a – 5 g – 6 f – 7 d

4 Ton manteau, tu l'as mis ? → Ta veste, tu l'as mise ? – 1 Ton passeport, tu l'as pris ? → Ta carte d'identité, tu l'as prise ? – 2 Ton sac, tu l'as ouvert ? → Ta valise, tu l'as ouverte ? – 3 Ton nom, tu l'as écrit ? → Ton adresse, tu l'as écrite ? – 4 Le paiement, tu l'as fait ? → La réservation, tu l'as faite ? – 5 Le message, tu l'as compris ? → L'explication, tu l'as comprise ? – 6 Le mail, tu l'as transmis ? → La note, tu l'as transmise ?

5 *Production libre.*

6 a Accord : 1, 2, 5, 6, 8, 9, 10 – Pas d'accord : 3, 4, 7
b Accord avec le sujet : 1, 6 (verbes essentiellement pronominaux), 9, 10 (verbe à sens passif) – Accord avec COD placé avant le verbe : 2, 5, 8 – Pas d'accord car COD placé après le verbe : 3, 7 – Pas d'accord car COI : 4

7 1 adressées – 2 demandé – 3 réjouies – 4 échangé – 5 entendues – 6 choisi – 7 achetées

Corrigés et transcriptions

8 1 Elles se sont fait renvoyer. – 2 Elle s'est fait comprendre. – 3 Tu t'es fait conseiller. – 4 Nous nous sommes fait convoquer. – 5 Vous vous êtes fait aider. – 6 Ils se sont fait exclure.

9 1 aperçue – 2 sentie – 3 regardés – 4 y a eu – 5 observée – 6 entendu – 7 fait

Unité 3 L'imparfait et le passé composé

1 L'action s'est passée pendant le déroulement d'une autre : 1 b ; 2 a ; 3 a ; 4 b – Les 2 actions se sont passées l'une après l'autre : 1 a ; 2 b ; 3 b ; 4 a

2 1 Je regardais le film, à ce moment-là, le téléphone a sonné. – 2 Pendant que nous jouions dehors, il s'est mis à neiger. – 3 Je préparais le gâteau quand tu as appelé. – 4 Il dormait quand nous sommes arrivés. – 5 Elle est revenue pendant que je travaillais. – 6 Il s'est endormi pendant qu'on dînait. – 7 Elle se reposait, soudain, elle a entendu un grand bruit.

3 1 <u>Elle n'avait pas d'espèces.</u> Elle a payé avec sa carte. – 2 Nous sommes rentrés. <u>Il faisait froid.</u> – 3 Ils ont sonné. <u>Il n'y avait personne.</u> – 4 On est arrivés. <u>C'était trop tard.</u> – 5 <u>Vous étiez pressés.</u> Vous ne vous êtes pas arrêtés. – 6 <u>Il neigeait.</u> On est restés à la maison. – 7 Nous avons baissé le chauffage. <u>Il faisait trop chaud.</u>

4 1 n'est pas allé ; était – 2 êtes parti(e)(s) ; ne trouviez pas – 3 a pris ; ne marchait pas – 4 a perdu ; travaillait – 5 n'avons pas changé ; étions

5 – Alors, madame, qu'est-ce que vous avez vu ?
– Eh bien, deux hommes **sont montés** (1) dans le wagon du métro, ils **ont volé** (2) le sac de la dame à côté de moi, qui **lisait** (3) un journal, et ils **sont ressortis** (4) très vite.
– Ils **étaient** (5) comment ?
– Ils **portaient** (6) des vêtements élégants.
– Ils **ont dit** (7) quelque chose à la dame ?
– Oui, mais je **n'ai pas entendu** (8), désolée.

6 Quand l'orage a éclaté, je dormais profondément. Un bruit m'a réveillé. Je n'étais pas très rassuré. Je suis sorti de mon lit. Il faisait noir. J'ai allumé toutes les lampes. J'ai regardé dehors. C'étaient les volets qui claquaient. J'ai fermé les volets. Je me suis recouché.

7 1 Arthur repeignait son salon, il **était** sur une échelle, il **a perdu** l'équilibre, il **est tombé**, il **s'est cassé** la jambe. – 2 Émilie et Jean **étaient** sur la route, ils **partaient** en vacances, ils **ont vu** de la fumée, ils **se sont arrêtés**, ils **ont appelé** un garagiste.

8 Alfred et Florence vivaient dans un petit village des Alpes. Alfred **dirigeait** (1) un bel hôtel et Florence **s'occupait** (2) de leur grand chalet. Ils **recevaient** (3) des touristes du monde entier. Un jour, une famille italienne **est arrivée** (4) ; il y **avait** (5) les parents, Luigi et Carla, et leur fils de 6 ans, Umberto. Chaque jour, ils **faisaient** (6) du ski ensemble. Mais un après-midi, Umberto **a disparu** (7) ; Alfred, Florence, Luigi et Carla **sont partis** (8) à sa recherche…

9 1 ne parlait pas ; a suivi – 2 as découvert ; empruntais – 3 mangiez ; avez beaucoup grossi – 4 avons acheté ; faisions – 5 fumais ; ai arrêté

10 *Production libre.*

Unité 4 Le plus-que-parfait et le passé surcomposé

1 Tu avais fini de manger. – 1 Tu n'as rien dit. – 2 Elle n'avait pas compris. – 3 Ils sont restés. – 4 Je ne m'étais pas préparé. – 5 Je n'ai pas parlé. – 6 Il ne regardait pas. – 7 Vous vous reposiez.

Passé composé : 1, 3, 5 – Imparfait : 6, 7 – Plus-que-parfait : 2, 4

2 1 d – 2 a – 3 c – 4 b – 5 e

3 1 avait laissé – 2 avait prêté – 3 avait envoyé – 4 avaient offert – 5 avions fait – 6 avait prescrit

4 1 Elle **est entrée** dans la salle mais le film **avait** déjà **commencé**. – 2 La police **est arrivée** mais les voleurs **s'étaient** déjà **enfuis**. – 3 Il m'**a invité(e)** au restaurant mais **j'avais** déjà **déjeuné**. – 4 J'**ai voulu** régler l'addition mais mon copain **avait** déjà **payé**. – 5 Ils **sont arrivés** à l'aéroport mais l'avion **avait** déjà **décollé**. – 6 Vous **êtes allé(e)(s)** voir un ami mais il **était** déjà **parti**.

5 *Production libre.*

6 On a eu terminé. – 1 Tu n'as pas menti. – 2 Vous avez eu commencé. – 3 Elles sont revenues. – 4 Elles ont été rentrées. –

Grammaire du français

5 Je ne me suis pas endormie. – **6** Il n'a pas écouté. – **7** Nous avons été partis. – **8** J'ai eu répondu. – **9** Vous êtes descendu. – **10** Je me suis inscrite.

Passé surcomposé : 2, 4, 7, 8

7 **1** Après qu'on **a eu débuté** la réunion, des retardataires sont arrivés. – **2** Dès qu'ils **ont été entrés**, nous avons interrompu le débat. – **3** Quand ils **ont eu pris** place, la discussion a repris. – **4** Une fois que chaque intervenant **a eu donné** son avis, un vote a eu lieu. – **5** Quand on **a eu terminé** la réunion, tout le monde s'est levé. – **6** Aussitôt que tous les participants **ont été partis**, on a fermé la salle.

8 **1** avait déjà payé – **2** n'avait pas compris ; a eu relu – **3** ont été montés ; était déjà parti – **4** ai eu descendu ; n'avais pas pris – **5** avais endommagé ; ont eu réalisé

9 **1** s'était arrêté – **2** avait fallu – **3** était venue – **4** avais oublié – **5** avait fait – **6** ont eu compris – **7** n'avais rien prévu – **8** a été reparti

Unité 5 | Le passé simple

1 **a** Camille entendit démarrer la voiture, elle guetta le bruit du moteur qui s'éloignait, jeta un œil au réveil, puis se retourna et se rendormit. Un cri terrible la fit sursauter ; dès qu'elle eut retrouvé ses esprits, elle sauta du lit et se mit à la fenêtre mais elle ne vit rien d'anormal. Il y eut alors un autre cri. Elle courut à l'escalier puis sortit dans la cour de la ferme et fut très surprise de ne trouver personne ! Tout à coup des pas résonnèrent derrière elle. Aussitôt qu'elle eut compris qu'un danger menaçait, un frisson glacial la parcourut.
b -ai, -as, -a, -âmes, -âtes, -èrent : guetter, jeter, se retourner, sauter, résonner.
-is, -is, -it, -îmes, -îtes, -irent : se rendormir, faire, se mettre, voir, sortir, parcourir.
-us, -us, -ut, -ûmes, -ûtes, -urent : avoir, courir, être, parcourir.

2 **1** dut – **2** firent – **3** arriva – **4** entra – **5** obtint – **6** rencontra – **7** se marièrent – **8** poursuivit – **9** fut – **10** commença – **11** annoncèrent – **12** reçurent – **13** remplaça – **14** devint – **15** se consacra – **16** eut – **17** mourut

3 Suivant Patricia, je contournai une colline et m'**enfonçai** dans une haute brousse. Il me **fallut** souvent avancer sur les genoux, et parfois même je **dus** ramper. Quand la petite fille **s'arrêta** enfin, elle **prêta** longuement l'oreille, **observa** la direction du vent et me **dit** : « Ne bougez pas ! » Puis elle **partit** et **fut** comme dévorée par les buissons.
[…] Tout à coup, un rire enfantin **sonna** comme un tintement de clochettes dans le silence de la brousse. Et mon rire lui **répondit**, plus merveilleux encore. Quand nos deux rires **cessèrent**, j'**entendis** Patricia m'appeler. Je **gravis** la pente, me **raccrochai** aux arbustes, **écartai** le mur végétal… et je **vis** la petite fille, assise entre les pattes d'un lion.

4 *Production libre.*

Unité 6 | Le futur proche et le futur simple

1 g – **2** b – **3** a – **4** e – **5** f – **6** d – **7** c

2 Ne courez pas, vous allez tomber ! – **1** Ne t'inquiète pas, ça va aller ! – **2** Fermez les fenêtres, on va attraper froid ! – **3** C'est facile, je vais te montrer. – **4** Mais si, tu vas y arriver tout seul ! – **5** Attention à la plante, tu vas marcher dessus ! – **6** Mets ton pull, tu vas tomber malade. – **7** Vite, on va être en retard ! – **8** Réfléchis bien sinon tu vas te tromper ! – **9** Explique-lui calmement, il va comprendre.

Mettre en garde : 2, 5, 6, 7, 8 – Rassurer : 1, 3, 4, 9

3 **1** va prendre – **2** téléphonerai – **3** conduirai – **4** paierai – **5** vais répondre – **6** va s'arrêter

4 **1** va prolonger ; mettrai – **2** va y avoir ; n'aura plus besoin – **3** ne vont pas changer ; apprécieront – **4** va installer ; ferai – **5** vont construire ; pourront – **6** vais prendre ; enverrai

5 *Production libre.*

Unité 7 | Le futur antérieur

1 Il aura répondu. – **1** Nous nous serons réunis. – **2** Vous avez accepté. – **3** On aura discuté. – **4** Elles se sont téléphoné. – **5** Vous vous serez mis d'accord. – **6** Tu auras compris.

Futur antérieur : 1, 3, 5, 6

Corrigés et transcriptions

2 1 aurez pris – 2 aurai fini – 3 te seras décidé – 4 aura atterri – 5 aura trouvé

3 1 Le DRH te **donnera** sa réponse dès que tu **auras passé** deux entretiens. – 2 On **enverra** les convocations lorsqu'on **aura choisi** la date. – 3 Ils **quitteront** l'entreprise une fois qu'ils **auront donné** leur démission. – 4 On **rédigera** le rapport aussitôt que tu **auras obtenu** les informations.

4 1 respirera ; aura été – 2 auront découvert ; chercheront – 3 redeviendront ; auront été

5 *Production libre.*

Bilan

1 1 f – 2 e – 3 c – 4 d – 5 g – 6 a – 7 b

2 1 cirée – 2 repassés – 3 triés – 4 classées – 5 rangés – 6 empilés – 7 essuyée

3 1 écoutée – 2 posé – 3 invitée – 4 remerciée – 5 comprise – 6 eu – 7 réglés

4 1 regardés – 2 plu – 3 souri – 4 parlé – 5 évanouie – 6 promenés – 7 fâchés – 8 réconciliés – 9 approchés – 10 serrée – 11 fait – 12 mis – 13 fait – 14 allés – 15 revus – 16 souvenus – 17 mariés

5 1 s'est passé – 2 était – 3 ai fait – 4 étais – 5 étais – 6 avait – 7 devais – 8 parlaient – 9 ont remarqué – 10 prononçais – 11 ont réagi – 12 ont décidé – 13 a changé

6 La famille s'est réunie le week-end dernier. – 1 Tout le monde était heureux. – 2 Mon cousin a prononcé un discours. – 3 Les invitations avaient été envoyées six mois plus tôt. – 4 Grand-mère portait une très belle robe. – 5 Elle était allée chez le coiffeur. – 6 Nous avions acheté un superbe cadeau. – 7 Mes parents avaient réservé une grande salle. – 8 Mon cousin a joué un morceau de musique. – 9 Nous avons fait la fête. – 10 Mon grand-père n'arrêtait pas de plaisanter.

Passé composé : 2, 8, 9 – Imparfait : 1, 4, 10 – Plus-que-parfait : 3, 5, 6, 7

7 1 n'avait pas terminé – 2 devait – 3 a mis – 4 a conduits – 5 régnait – 6 chantaient – 7 riaient – 8 sommes arrivés – 9 avons trouvé – 10 ai ouvert – 11 étaient – 12 avait glissés – 13 est reparti – 14 attendais – 15 avions – 16 s'est terminée – 17 est revenu – 18 avons pu

8 1 venait – 2 refusait – 3 avait pris – 4 a accepté – 5 s'est fâché – 6 a découvert – 7 soupçonnait – 8 avait construit – 9 avait balayé – 10 avait fait – 11 vivaient – 12 a / avait entendu – 13 révélait

9 1 avions demandé – 2 avait conseillés – 3 s'était montré – 4 avait prévu – 5 étaient arrivés – 6 a eu obtenu

10 La porte du café claqua devant Adamsberg, qui **eut** (1) du mal à récupérer sa veste tombée sur le trottoir, puis à l'enfiler dans le bon sens. Ses pas chancelants le **menèrent** (2) mécaniquement jusqu'à l'entrée du sentier de portage. Il **eut** (3) la vague conscience que Noëlla **pouvait** (4) l'y attendre, tapie dans l'ombre comme le loup gris. Dès qu'il **eut trouvé** (5) sa lampe de poche, il l'**alluma** (6), balayant les alentours d'un geste incertain. Adamsberg **s'engagea** (7) résolument sur le sentier. Malgré l'ivresse, la mémoire du chemin, logée dans la plante de ses pieds, le **menait** (8) courageusement, même s'il **se cognait** (9) à un tronc de temps à autre, suite à quelque écart de direction. Pas assez pour éviter la branche basse qui **barrait** (10) le passage et sous laquelle il **se glissait** (11) habituellement. Il **prit** (12) le bois en plein front et **se sentit** (13) tomber au sol, les genoux d'abord, puis le visage, sans que ses mains puissent l'empêcher de tomber. Une nausée **arracha** (14) Adamsberg à sa stupeur. Son front **frappait** (15) si violemment qu'il **eut** (16) du mal à ouvrir les paupières. Quand il **parvint** (17) à fixer son regard, il ne **vit** (18) rien. Que du noir.

11 1 demanda – 2 dis – 3 fut – 4 prononçai – 5 proposa – 6 eus – 7 soupira – 8 ne répondit pas

12 1 vont fermer, a – 2 n'allons rien comprendre, c – 3 vais rentrer, a – 4 va commencer, a – 5 ne va plus y avoir, c – 6 va trouver, b

13 1 passera ; sera allé(e)s – 2 aura trouvé ; préparera – 3 s'endormiront ; aurai éteint – 4 prendrons ; aurez envoyé – 5 auront obtenu ; s'achèteront – 6 commencera ; ne sera assis – 7 inviterons ; nous serons installés

grammaire du français

Chapitre 2 | Le nom, l'adjectif qualificatif, les déterminants

Unité 8 | Les noms composés

1 1 Un ouvre-boîte – 2 Une porte-fenêtre – 3 Un lave-linge – 4 Un canapé-lit – 5 Un presse-citron – 6 Un vide-ordures – 7 Un grille-pain – 8 Un porte-serviette

2 Une chambre à coucher – 1 Une salle **de** bains – 2 Le rez-**de**-chaussée – 3 Le garage à vélos – 4 La cave à vin – 5 La salle **de** jeux – 6 Le local à poubelles – 7 Un deux-pièces – 8 Une boîte à lettres – 9 Un gratte-ciel

3 1 Des porte-bonheur – 2 Des après-shampoing – 3 Des chausse-pieds – 4 Des sacs à main – 5 Des sous-vêtements – 6 Des brosses à dents – 7 Des boucles d'oreilles – 8 Des sèche-cheveux – 9 Des rouges à lèvres – 10 Des porte-monnaie – 11 Des robes à fleurs – 12 Des fers à repasser

4 1 petit-fils – 2 grand-mère – 3 arrière-grand-père – 4 petits-enfants – 5 belle-mère – 6 beaux-parents – 7 belles-sœurs

5 1 Un lave-linge, un ouvre-boîte, un tire-bouchon, une brosse à dents, un fer à repasser…
2 Des sous-vêtements, une robe à rayures, des boucles d'oreilles, un tee-shirt…
3 Un gratte-ciel, une chambre de bonne, le rez-de-chaussée…

Unité 9 | L'adjectif : accords particuliers

1 1 cent vingt – 2 quatre cent vingt-huit – 3 trois cent quatre-vingt-quinze – 4 sept cents – 5 cent six – 6 cinq cent quatre-vingts – 7 six cent quatre-vingt-un – 8 deux mille cinq cents

2 1 Une baguette et **demie** – 2 Une **demi**-bouteille – 3 Trois **demi**-journées – 4 Six mois et **demi** – 5 Une page et **demie** – 6 Une **demi**-finale

3 1 pareilles ; pareil – 2 fort ; forts – 3 juste ; justes – 4 faux ; fausses – 5 nettes ; net – 6 cher ; chères

4 1 noirs, verts, rouges ou blancs – 2 rouge ou blanche – 3 orange – 4 jaunes ou verts – 5 noires ou vertes

5 Elle porte une robe bleue avec des rayures bleu foncé. – 1 Il a une chemise **grise** et une cravate **gris clair**. – 2 Les jupes de ces petites filles sont **vertes** avec des pois **jaune citron**. – 3 Ses chaussures sont **marron** avec des lacets **noirs**. – 4 Cette robe **noir et blanc** est portée avec une veste **noire**. – 5 Regardez ces foulards **orange** et ces ceintures **violettes** !

Unité 10 | La place de l'adjectif

1 1 de/des **grands** amis – 2 de/des **beaux** cheveux – 3 une femme **agréable** – 4 de/des **bons** acteurs – 5 un peintre **intéressant** – 6 des musiciens **excellents**/d'**excellents** musiciens

2 Chez moi, il y a : une vieille télévision – 1 un bel escalier – 2 un vieux réfrigérateur – 3 un beau tableau – 4 un nouveau lit – 5 une belle carte du monde – 6 un vieil appareil photo – 7 un nouvel ordinateur

3 Je cherche un beau canapé bleu. – 1 un ancien ordinateur portable. – 2 un vieux tapis rond. – 3 une petite table basse. – 4 une nouvelle chaise confortable. – 5 un joli miroir rectangulaire. – 6 un petit meuble anglais. – 7 un vieux piano électrique.

4 *Production libre.*

5 1 Il porte un vieux pantalon, un tee-shirt **rouge** et une **grande** chemise **blanche**. Il a aussi des chaussures **marron** et une **vieille** casquette **marron**. – 2 Elle porte une robe **violette** avec une veste **noire**. Elle a une paire de chaussures **noires** et un sac **rouge**.

6 1 f – 2 c – 3 a – 4 d – 5 e – 6 b

7 Je suis retourné dans mon ancienne maison. – 1 J'ai trouvé le quartier **propre**. – 2 Mes amis vivent dans le même immeuble, à **différents** étages. – 3 Leur appartement a son **propre** ascenseur. – 4 Il n'y a pas de terrasse mais un **simple** balcon. – 5 Moi, j'habite un immeuble **ancien**. – 6 Mes cousins habitent le même village, dans des maisons **différentes**.

5

Corrigés et transcriptions

8 1 f – 2 d – 3 c – 4 e – 5 a – 6 b

9 Mes chers collègues. Je passe mes deux derniers jours de vacances en Sicile. J'ai visité des sites antiques magnifiques. J'ai vu des paysages montagneux splendides. J'ai aussi fait différentes rencontres agréables. Hier, il y avait une grande soirée internationale. J'ai rencontré trois filles espagnoles vraiment sympathiques. Elles m'invitent à Madrid l'année prochaine !

10 *Production libre.*

Unité 11 | L'article et l'absence d'article

1 1 Le samedi, je m'occupe des enfants de ma sœur. – 2 Je me souviens de l'ancien directeur. – 3 Ce travail a besoin de patience et de courage. – 4 Vous avez besoin du conseil du responsable. – 5 Le commercial parle des nouveaux prototypes. – 6 Tu parles souvent de difficultés dans ton travail.

2 1 au – 2 de – 3 de – 4 de la – 5 de – 6 de – 7 de – 8 de – 9 au – 10 aux

3 1 de – 2 de – 3 de – 4 des – 5 de la – 6 de l' – 7 du – 8 du – 9 ø – 10 de

4 1 Olivier Bancel est le conseiller **du** président **de la** République. – 2 Camille Flaux est **le** préfet **du** département. Il sera préfet longtemps, je pense. – 3 Sans **le** vote **de la** majorité **des** députés, la loi ne sera pas adoptée. – 4 Il est maire sans être dans un parti politique. Il est sans étiquette. – 5 Jeanne Souve est sénatrice. Mais elle a été consule pendant plusieurs années.

5 1 de la ; du – 2 de – 3 de – 4 une ; une – 5 du ; de – 6 des ; une

Unité 12 | Les adjectifs indéfinis

1 1 : a, e – 2 : d, f – 3 : b, g, h – 4 : c, i

2 1 toutes les – 2 tous les – 3 toutes les – 4 toutes les – 5 tous les – 6 tous les – 7 tout le – 8 toute la

3 1 Aujourd'hui, vous ne trouvez aucun café. – 2 Aujourd'hui, on n'a aucune boulangerie. – 3 Aujourd'hui, nous n'avons aucune épicerie. – 4 Aujourd'hui, il n'y a aucun train. – 5 Aujourd'hui, ils n'ont aucun hôtel.

4 1 chaque – 2 tous ; chaque – 3 tous – 4 chaque ; tous

5 Notre hôtel ferme tous les hivers, de novembre à mars. – 1 **Toutes les** réservations sont faites pour les vacances de Pâques. – 2 Nous n'avons **aucune** possibilité avant le 10 mai. – 3 **Tous les** membres de notre personnel sont bilingues. – 4 À la piscine il est demandé à **chaque** famille de surveiller ses enfants. – 5 **Aucune** baignade n'est autorisée après 20 heures. – 6 Des spectacles sont organisés **chaque** soir. – 7 **Toutes les** soirées sont gratuites.

6 C'est bien, il y a plusieurs trains par jour. – 1 Vite, on a seulement **quelques** minutes avant le départ du train ! – 2 Vous avez encore un grand choix, il reste **plusieurs** places. – 3 On entendait beaucoup d'informations, **certaines** annonces étaient même en anglais. – 4 Je suis presque seul dans le wagon, il y a juste **quelques** passagers. – 5 Beaucoup de voyageurs sont bloqués : **plusieurs** trains sont supprimés ! – 6 C'est vraiment génial, on a **plusieurs** billets pour le même tarif ! – 7 Nous vous demandons de patienter encore **quelques** instants.

7 1 une autre qualité – 2 d'autres défauts – 3 la même impression – 4 les mêmes réactions – 5 un autre intérêt – 6 la même organisation – 7 d'autres sentiments

8 1 n'importe quels – 2 n'importe quels – 3 n'importe quelle – 4 n'importe quelles – 5 n'importe quelles – 6 n'importe quel

9 *Exemples de production :* Il y a plusieurs hommes/clients au bar. Deux hommes portent un costume et une cravate. L'autre homme porte un tee-shirt. Tous les hommes sont debout. Plusieurs clientes sont assises. Les serveuses n'ont pas le même tee-shirt. Il n'y a aucun enfant.

Bilan

1 1 Une queue **de** cheval → Des queue**s** de cheval – 2 Un couteau **à** fromage → Des couteaux à fromage – 3 Un croque-monsieur → Des croque-monsieur 4 Un ouvre-boîte → Des ouvre-boîte**s** – 5 Un faire-part → Des faire-part – 6 Une boîte

Grammaire du français

à outils → Des boîtes à outils – **7** Une salle d'attente → Des salles d'attente

2 **1** des arcs-en-ciel – **2** des chefs-d'œuvre – **3** des porte-serviettes – **4** des sacs à dos – **5** des gratte-ciel – **6** des arrière-boutiques – **7** des tasses à café – **8** des machines à écrire – **9** des night-clubs

3 **1** cent quatre-vingt-sept mille ; soixante-sept millions huit cent mille – **2** huit cent soixante-treize mille sept cent seize ; six et demi pour cent / six virgule cinq pour cent – **3** quatre-vingt-neuf millions quatre cent mille – **4** cent millions ; soixante milliards. – **5** demie ; demi-

4 **1** marron ; haut – **2** bleues ; bleu clair – **3** rouge et vert – **4** hauts – **5** pareil ; pareilles – **6** orange

5 **1** gris foncé – **2** roses – **3** vert pâle – **4** marron – **5** violet et mauve – **6** orange – **7** jaune et blanc – **8** blanches – **9** jaune citron

6 Ses explications sont très claires. – **1** Ça sent vraiment **mauvais** ici. – **2** Ces bottes ne sont pas **chères** ! – **3** Ce plat est **bon** ! – **4** Il faut travailler **dur** ! – **5** Tais-toi, s'il te plaît ! Tu chantes **faux** ! – **6** Cet exercice est **dur** ! Je ne comprends rien ! – **7** Bravo ! Tu sautes **haut** ! – **8** On ne voit pas **clair**.

Adjectif : 2, 3, 6 – Adverbe : 1, 4, 5, 7, 8

7 **1** bon ; bonne – **2** dur ; dures – **3** droit ; droite – **4** bas ; basses – **5** courts ; court – **6** gros ; grosse – **7** grand ; grandes

8 J'aimerais un petit téléphone portable. – **1** Il a acheté un bel ordinateur ultrarapide. – **2** Regarde sa dernière tablette blanche. – **3** C'est notre premier tableau numérique. –
4 Nous n'aimons pas les vieux livres inintéressants. – **5** Vous vendez votre vieux téléviseur allemand. – **6** Leurs jeunes enfants adorent les séries étrangères. – **7** Ce mauvais système informatique fonctionne trop lentement.

9 **1 chère** voisine – **2 curieuse** journaliste – **3 grand** roman – **4 dernier** jour – **5** pays **pauvre** – **6 propre** plage – **7 petit** film

10 **1** des – **2** de la – **3** des – **4** de – **5** de – **6** de – **7** de – **8** d' – **9** d' – **10** de – **11** de

11 **1** de – **2** de – **3** de – **4** de – **5** de – **6** du – **7** sans – **8** sans la – **9** d' – **10** une – **11** de – **12** des – **13** sans

12 **1** de – **2** des – **3** de – **4** du – **5** de – **6** de la – **7** de – **8** de – **9** d' – **10** ø

13 **1** du – **2** de – **3** de – **4** de la – **5** des – **6** de la – **7** de – **8** de l' – **9** d' – **10** de

14 **1** aucun – **2** toutes – **3** chaque – **4** aucun – **5** aucune – **6** toute – **7** chaque – **8** tous

15 **1** aucune – **2** toutes – **3** d'autres – **4** aucun – **5** les mêmes – **6** tous

16 **1** Chaque jour, ils oublient des documents. – **2** Je relève tout le temps les mêmes fautes. – **3** Je donne certaines activités supplémentaires à plusieurs élèves. – **4** Je suis épuisé de répéter toutes mes explications chaque jour. – **5** Avec les autres classes, je ne rencontre aucun problème. – **6** Je peux leur proposer n'importe quel exercice difficile.

17 **1** même – **2** Certains – **3** quelques – **4** autres – **5** toutes – **6** chaque – **7** n'importe quelle

Chapitre 3 | La structure de la phrase

Unité 13 | La question avec inversion

1 **1** Quel âge avez-vous ? – **2** Où habitez-vous actuellement ? – **3** Quand pensez-vous déménager ? – **4** À quelle heure commencez-vous votre travail ? – **5** Que faites-vous pendant le week-end ? – **6** Pourquoi aimez-vous ce quartier ? – **7** Quel moyen de transport prenez-vous ?

2 **1** Prenez-vous – **2** Pouvons-nous – **3** Y a-t-il – **4** Commandez-vous – **5** Voulez-vous – **6** Désirez-vous

3 Comment s'appelle-t-elle ? – **1** Pourquoi s'arrête-t-on ? – **2** Se promène-t-il seul ? – **3** À quelle heure se lève-t-elle ? – **4** Où s'installe-t-on ? – **5** Comment se soigne-t-il ? – **6** Pourquoi se couche-t-elle de bonne heure ?

Corrigés et transcriptions

4 1 Avec quoi se chauffe-t-il ? – 2 Que pouvons-nous améliorer ? – 3 Dans quoi conserve-t-il l'eau de pluie ? – 4 Qu'a-t-on économisé avec ce changement ? – 5 Par quoi vont-ils remplacer leur chauffage électrique ? – 6 Pour quoi vous engagez-vous ?

5 *Production libre.*

6 Inversion simple : 1, 3 – Inversion complexe : 4, 6 – Forme interro-négative : 2, 5, 7

7 En quelle année la Révolution française a-t-elle eu lieu ? – 1 Quand les femmes ont-elles obtenu le droit de vote ? – 2 Combien de temps la Seconde Guerre mondiale a-t-elle duré ? – 3 Pourquoi l'Union européenne a-t-elle été créée ? – 4 En quoi l'Histoire de France est-elle liée à celle de nombreux pays européens ? – 5 Où Napoléon Ier est-il décédé ? – 6 Quand la Commune de Paris s'est-elle déroulée ?

8 1 Cet accident s'est-il produit à un carrefour ? – 2 La voiture a-t-elle dérapé à cause d'une vitesse excessive ? – 3 Le conducteur a-t-il eu son permis de conduire récemment ? – 4 Les secours sont-ils arrivés vite ? – 5 L'avenue a-t-elle été fermée longtemps ? – 6 Les blessés ont-ils dû être transportés à l'hôpital ?

9 1 N'avez-vous pas voulu l'aider ? – 2 N'a-t-il pas changé de programme ? – 3 Ne l'avez-vous pas soutenu au début ? – 4 Son projet ne vous paraît-il plus intéressant ? – 5 N'a-t-il pas dépensé énormément d'argent ? – 6 Ses sympathisants n'ont-ils pas un peu perdu confiance ?

Unité 14 | La négation

1 le temps : 1, 4, 7 – le lieu : 3, 6 – les personnes : 2 – les choses : 5

2 1 Elles n'ont jamais fait de sport. – 2 On n'a pas encore gagné de match. – 3 Elle ne veut plus perdre de compétition. – 4 Elle ne respecte jamais les règles.

3 1 Je ne m'amuse jamais. – 2 Nous n'invitons personne. – 3 Elle n'a aucun ami. – 4 Vous pensez ne rien réussir. – 5 Personne n'a voulu me parler. – 6 Ici, rien ne me plaît.

4 1 ne cherche rien – 2 n'attendons personne – 3 n'ai pas encore payé – 4 n'ai plus – 5 ne réservons jamais – 6 n'ai aucun – 7 n'ai pas encore rempli – 8 n'ai vu cet article nulle part / ne l'ai vu nulle part

5 *Production libre.*

6 1 sans – 2 n'... que – 3 ne... que – 4 sans – 5 ne... ni... ni – 6 ne... qu'

7 1 Je **n'**aime **ni** le rap **ni** le métal. – 2 Tu as du mal à te concentrer **sans** musique. – 3 On ne va pas au concert **sans** avoir réservé. – 4 Ils **ne** savent **ni** se détendre **ni** s'amuser. – 5 Pourquoi **n'**achètes-tu **que** des CD de musique pop ? – 6 **Ni** l'opéra, **ni** la musique classique **ne** m'intéressent.

8 1 Plus personne – 2 Plus aucun – 3 Jamais personne – 4 encore jamais – 5 plus aucun ; ni ne

9 1 Elle n'a encore obtenu ni son permis de conduire ni son bac. – 2 On voulait partir sans rien dire à personne. – 3 Plus jamais, il ne m'a envoyé de message. – 4 Vous n'êtes encore jamais allés nulle part loin de chez vous.

10 *Production libre.*

Bilan

1 1 Quand va-t-il – 2 Pourquoi ne s'est-elle pas renseignée – 3 Où pensent-ils – 4 Comment as-tu réservé – 5 Est-on sûrs – 6 Avec qui voyage-t-il – 7 A-t-elle

2 1 À quoi cet individu ressemblait-il ? – 2 Où précisément l'agression a-t-elle eu lieu ? – 3 Combien de personnes se sont-elles interposées ? – 4 Comment l'agresseur a-t-il réagi ? – 5 Où la victime se trouvait-elle exactement ? – 6 Les secours sont-ils intervenus rapidement ? – 7 Pourquoi la victime n'a-t-elle pas voulu témoigner ? – 8 Par où l'agresseur a-t-il pris la fuite ?

3 1 Les délégués se sont-ils tous exprimés ? – 2 Tout le monde n'a-t-il pas pu donner son avis ? – 3 Les débats ont-ils terminé tard ? – 4 Les participants avaient-ils préparé leurs interventions ? – 5 Ne pensez-vous pas avoir obtenu satisfaction ? – 6 L'assistant n'a-t-il pas envoyé le compte rendu ?

4 1 Nous n'avons rempli aucun formulaire. – 2 Je n'ai lu cette information nulle part. – 3 On n'a eu besoin ni de passeport ni de carte d'identité. – 4 Ils ne nous ont pas encore demandé de signer. – 5 Personne ne nous a reçus. – 6 Je n'ai rien voulu dire.

5 2 a – 3 f – 4 b – 5 d – 6 e – 7 c

6 1 Personne ne m'a accueilli gentiment. – 2 Je ne prends plus jamais le bus. – 3 Je n'ai pas encore organisé une fête. – 4 Aucun voisin ne m'a rien apporté. – 5 Je ne peux me déplacer nulle part à pied. – 6 Je ne connais encore aucun habitant de l'immeuble. – 7 Ni la décoration ni l'aménagement ne me conviennent.

7 1 Personne ne nous a jamais alertés. – 2 On n'a rien vu nulle part. – 3 Ils sont arrivés sans aucun bruit. – 4 Ils se sont installés sans papiers ni bagages. – 5 Il n'y a plus jamais eu de problèmes. – 6 Mais maintenant, on n'a plus aucune trace d'eux.

8 1 **Ne** suivez **jamais aucun** inconnu ! – 2 Vous **ne** faites **que** ce que je vous dis ! – 3 N'achetez **rien sans** me demander ! – 4 Vous n'acceptez **jamais ni** bonbons **ni** gâteaux de **personne** !

Chapitre 4 | Les pronoms

Unité 15 | Les pronoms compléments (1)

1 1 les – 2 vous – 3 vous – 4 le – 5 l'

2 1 Ils m'ont seulement souri. / Ils m'ont souri seulement. – 2 Je n'ai pas voulu lui mentir. – 3 J'ai essayé de lui raconter par téléphone. – 4 Il doit beaucoup te manquer. – 5 Je ne sais pas si ça va leur plaire.

3 1 leur – 2 l' – 3 les – 4 m' – 5 leur – 6 leur – 7 vous – 8 les – 9 leur – 10 les

4 1 Persuadez-**les** de venir. – 2 Ne **les** changez pas. – 3 Tâchez de **la** convaincre. – 4 Ne **les** communiquez pas tout de suite. – 5 Dites-**leur** de répondre vite. – 6 Ne **leur** coupez pas la parole. – 7 Expliquez-**lui** tout ça.

5 1 Je n'en fais beaucoup. – 2 J'en prends très peu. – 3 J'en ai visité un seul. – 4 J'en parle deux. – 5 J'en ai visité plusieurs. – 6 J'en ai rapporté bien trop. – 7 Je n'en ai pas d'autres.

6 1 j'en – 2 les – 3 les – 4 n'en – 5 les – 6 j'en – 7 le – 8 l' – 9 en – 10 les

7 1 Lisez-en deux ou trois ! – 2 N'en écrivez pas trop ! – 3 Restes-y un bon moment ! – 4 Apprends-en une au moins ! – 5 Ne t'y promène pas seul ! – 6 N'en sors pas trop tard ! – 7 Passes-y un peu de temps !

8 *Production libre.*

Unité 16 | Les pronoms compléments (2)

1 Chose : 2, 3, 5, 7 – Personne : 1, 4, 6

2 1 Je m'y intéresse. – 2 Il s'en souvient. – 3 On n'en parle pas. – 4 Elle rêve de lui. – 5 Ils en ont besoin.

3 1 en rêvons – 2 y participe – 3 en ont peur – 4 ne s'y habituent pas – 5 s'en méfie – 6 ne m'en occupe pas

4 Il n'a pas fait attention à toi. – 1 On ne s'en est pas occupé. – 2 Nous ne nous sommes pas intéressés à eux. – 3 Elle n'y a jamais participé. – 4 Nous n'en avons pas eu besoin. – 5 Vous ne vous y êtes pas habitués. – 6 Elles n'y ont pas réfléchi. – 7 Ils ne se sont pas moqués d'elles.

5 *Production libre.*

Unité 17 | Les pronoms compléments (3)

1 Quand Léo est-il arrivé dans ce village ? Je l'ignore ! – 1 Il vit de façon marginale. Va-t-on s'y habituer ? – 2 Sa vie, tous les curieux s'y intéressent. – 3 Méfiants, les gens le sont depuis son arrivée au village. – 4 D'où vient-il ? On se le demande. – 5 Il vient probablement de très loin, je le pense. – 6 On dit qu'il est venu pour se cacher. Tout le monde en parle. – 7 Son histoire, il ne veut pas en parler. – 8 Tout le monde le surveille. – 9 Il n'a pas envie de s'intégrer. On s'en doute. – 10 Mystérieux, il le restera toujours !

Pronom neutre : 1, 3, 4, 5, 6, 9, 10

2 1 s'en – 2 n'en – 3 le – 4 en – 5 l' – 6 le – 7 en

3 1 en – 2 en – 3 y – 4 en – 5 y – 6 en – 7 y

4 1 a ; l' – 2 f ; le – 3 c ; y – 4 b ; en – 5 e ; l' – 6 d ; y

5 *Production libre.*

Corrigés et transcriptions

Unité 18 | Les pronoms compléments (4)

1 1 te le – 2 te les – 3 me les – 4 vous les

2 1 vais la lui envoyer ; viens de la lui envoyer – 2 va le leur expliquer ; vient de le leur expliquer – 3 vont la leur indiquer ; viennent de la leur indiquer

3 1 a ; Non, il ne lui en a pas envoyé. – 2 e ; Non, il ne nous en a pas envoyé. – 3 d ; Non, je ne leur en ai pas donné. – 4 b ; Oui, on m'en a envoyé une.

4 a Oui, il les lui a laissées. / b Oui, il les leur a laissées. – 1 a Oui, elle me les a prêtées. / b Oui, elle me l'a prêtée. – 2 a Non, je ne la lui donne pas. / b Non, je ne les lui donne pas. – 3 a Oui, je vais le lui expliquer. / b Oui, je vais la lui expliquer. – 4 a Non, ils ne me les ont pas encore envoyées. / b Non, ils ne m'en ont pas encore envoyé. – 5 a Oui, je vais t'en parler. / b Oui, je vais lui en parler. – 6 a Non, on ne vous en a pas montré. / b Non, on ne nous les a pas montrées.

5 1 Envoie-le-nous ! – 2 Faites-la-lui ! – 3 Transférez-le-moi ! – 4 Poste-les-leur ! – 5 Dites-la-lui !

6 1 offre-la-moi ; ne me l'offre pas – 2 envoie-les-lui ; ne les lui envoie pas – 3 Achète m'en un ; ne m'en achète pas – 4 prêtez-le-moi ; ne me le prêtez pas – 5 Donne-leur en une ; ne leur en donne pas

7 Je le leur ai fait remplir. – 1 On te l'a fait relire. – 2 Vous me l'avez fait rejouer. – 3 Il veut la leur faire enregistrer. – 4 Ils n'ont pas voulu me le faire lire. – 5 On les leur fera changer. – 6 Je vais vous la faire répéter.

8 1 les a entendus en parler – 2 les ai regardés en prendre. – 3 les ai laissés le boire. – 4 les ai laissés le prendre – 5 les a vus la voler

9 *Production libre.*

Unité 19 | Les pronoms démonstratifs et possessifs

1 1 Celui – 2 ceux – 3 celui – 4 Celles ; celles – 5 celle – 6 Ceux ; ceux – 7 Celle

2 Vous avez trouvé ce que vous cherchez ? – 1 Nous aimerions ceux-ci. – 2 Ceci est d'excellente qualité. – 3 Je voudrais voir celles qui sont derrière. – 4 On ne veut pas ce qui casse facilement. – 5 Elles ont horreur de cela. – 6 Tu prends celui-là ?

3 1 le vôtre – 2 les tiens – 3 la vôtre – 4 la nôtre – 5 la leur – 6 les siennes – 7 le leur

4 1 la sienne – 2 le tien – 3 la mienne – 4 la sienne – 5 la leur – 6 les nôtres – 7 le leur – 8 les tiens – 9 les miens

5 *Production libre.*

Unité 20 | Les pronoms indéfinis

1 J'en connais plusieurs – 1. Tu as parlé à chacun d'entre eux ? – 2. Quelques-unes sont nouvelles. – 3. Il n'en aime aucun. – 4. Elle en a rencontré plusieurs. – 5. On discute avec chacune. – 6. Certains ne sont pas sympas. – 7. Aucune ne veut participer.

pluralité : 2, 4, 6 – individualité : 1, 5 – quantité nulle : 3, 7

2 1 Je ne les aime pas tous. – 2 Tu ne les as pas tous comptés. – 3 Je ne l'ai pas toute regardée. – 4 Il les a tous marqués. – 5 Ils ne les connaissent pas toutes.

3 1 certains – 2 Quelques-unes – 3 Aucun – 4 plusieurs – 5 chacune

4 1 quelques-unes – 2 tous – 3 chacun – 4 aucun – 5 Quelques-uns – 6 Certains – 7 aucun – 8 tout

5 *Production libre.*

6 1 un autre – 2 le même – 3 d'autres – 4 une autre – 5 les mêmes

7 1 les autres – 2 d'autres – 3 d'autres – 4 l'autre

8 1 rien – 2 Quelqu'un ; quelque chose de – 3 quelque part ; Personne – 4 Quelque chose ; nulle part

9 1 N'importe laquelle – 2 n'importe où – 3 n'importe quand – 4 N'importe qui

10 1 quelque chose d' – 2 n'importe quoi – 3 les mêmes – 4 tous – 5 quelques-uns – 6 d'autres – 7 quelque chose d' – 8 tout

Unité 21 | Les pronoms relatifs *qui, que, où, dont*

1 1 Paris est une métropole **que** des millions de touristes visitent chaque année. – 2 Août est le mois d'été **où** beaucoup de Français partent en vacances. – 3 Le périphérique est un boulevard **qui** entoure Paris. – 4 Paris a des places célèbres **où** on danse le 14 juillet.

Grammaire du français

2 1 C'est lui qui est devenu maître de conférences ? – 2 C'est toi qui étudies à l'étranger ? – 3 C'est nous qui ne prenons pas de cours de langue. – 4 Ce sont eux qui passent leur oral demain. – 5 C'est vous qui ne vous êtes pas inscrit au master ? – 6 Ce sont elles qui ont obtenu une bourse ?

3 Voici le programme dont je suis chargée. – 1 C'est un contrat dont nous sommes fiers. – 2 C'est une information dont on n'est pas sûrs. – 3 Voilà un travail dont nous sommes contents. – 4 Ce sont des collaborateurs dont je suis proche. – 5 Voilà une décision dont je ne suis pas informé.

4 1 Va au distributeur prendre les espèces dont tu as besoin. – 2 Ne gardez pas ces cartes dont vous ne vous servez plus. – 3 Elle a oublié son mot de passe dont le code était facile. – 4 J'ai trouvé la nouvelle agence dont tu m'avais parlé.

5 *Production libre.*

Unité 22 | Les pronoms relatifs composés

1 1 Les musiciens auxquels/à qui je pense. – 2 Le film auquel je pense. – 3 Les deux actrices auxquelles/à qui je pense. – 4 Le journaliste auquel/à qui je pense. – 5 L'émission à laquelle je pense. – 6 Les tableaux auxquels je pense.

2 1 **près duquel** on pêchait – 2 **derrière lesquels** on se cachait – 3 **chez qui/chez laquelle** on allait goûter – 4 **auxquels** on jouait – 5 **pendant lesquelles** on discutait

3 Mangez le chocolat Miam grâce auquel on reste en forme. – 1 Voici le stylo PLUME **avec lequel** vous ne ferez plus de fautes. – 2 Conduisez la voiture BAP **dans laquelle** vous vous sentirez comme dans un fauteuil. – 3 Voici la valise VOYA **sans laquelle** on ne peut plus voyager. – 4 Écoutez la radio LibreAir **grâce à laquelle** vous apprendrez plein de choses.

4 *Production libre.*

5 1 C'est le réalisateur avec lequel je travaille. – 2 C'est un sujet auquel les écrivains s'intéressent. – 3 C'est la date à laquelle le spectacle a lieu. – 4 C'est le théâtre dans lequel on va jouer.

6 1 de laquelle – 2 desquels – 3 dont – 4 duquel – 5 dont

7 C'est une agence connue au-dessus de laquelle on a installé nos bureaux. – 1 C'est un immeuble neuf en haut duquel il y a une belle terrasse. – 2 On est dans un quartier nouveau dont je vais t'envoyer le plan. – 3 Tu verras le fameux bâtiment penché au sujet duquel j'ai écrit un article. – 4 Tu pourras te garer au parking dont l'entrée est à 300 mètres environ.

8 1 quoi – 2 laquelle – 3 quoi – 4 auxquelles – 5 quoi – 6 laquelle

9 1 contre quoi je me bats tous les jours. – 2 pour quoi on doit militer. – 3 à quoi je m'oppose. – 4 sur quoi je fonde de l'espoir. – 5 sans quoi la planète serait invivable.

10 *Production libre.*

Bilan

1 1 le – 2 l' – 3 lui – 4 nous – 5 le – 6 me – 7 vous – 8 t' – 9 te

2 1 Il les accompagne, il leur donne des explications. – 2 Je vais le voir, je ne lui téléphone pas. – 3 Vous les renseignez, vous leur parlez allemand. – 4 Nous le prévenons, nous lui indiquons un changement. – 5 Elle lui envoie un mail, elle ne l'appelle pas. – 6 Vous les réunissez, vous leur faites une proposition. – 7 Ils leur répondent, ils les informent précisément.

3 1 j'en ai un – 2 il n'en a pas – 3 je vais en avoir une – 4 j'en ai un – 5 il y en a eu beaucoup – 6 il n'en a pas eu – 7 j'en ai une

4 1 le – 2 j'en – 3 les – 4 la – 5 en – 6 l' – 7 en

5 1 Ils y habitent – 2 Ils en reviennent – 3 Elle y reste – 4 Nous y retournons / On y retourne – 5 Ils y sont partis – 6 On en sort / Nous en sortons / J'en sors – 7 Il va y aller

6 1 Il y pense trop. – 2 Tout le monde parle d'elle. – 3 On en discute trop. – 4 Il faut vraiment s'y intéresser. – 5 Il est important de penser à eux. – 6 On devrait plus s'en préoccuper. / On devrait s'en préoccuper plus.

7 1 en – 2 les – 3 leur – 4 lui – 5 en

8 1 Les industriels **le** promettent. – 2 Les personnels politiques s'**en** inquiètent. – 3 Ils **y** réfléchissent. – 4 Les gens **le** demandent. – 5 Ils **y** tiennent. – 6 Tous **le** réclament.

Corrigés et transcriptions

transcriptions

9
– Marine, vous pouvez apporter ce dossier à Marc ? Il le signe et il vous le redonne tout de suite, c'est urgent.
– D'accord, je **le lui** (1) apporte immédiatement.
– Vous avez réservé un hôtel pour nos clients ?
– Oui, je **leur en** (2) ai réservé un, tout près de la foire internationale, on **me l'**(3) a conseillé, c'étaient les deux dernières chambres.
– Bien. Vous pourrez **les y** (4) conduire ce soir et aller **les y** (5) chercher demain matin ? Moi, j'irai sur notre stand directement et je **vous y** (6) attendrai vers 10 heures. N'oubliez pas d'apporter des albums, on pourra **leur en** (7) offrir. Et bien sûr, si vous avez un problème, dites-**le-moi** (8).

10 1 ne **leur en** prescrivez pas – 2 Demandons-**lui-en** ! – 3 Expliquez-**le-lui** – 4 Ne **leur en** donnons pas – 5 Mets-**t'en** – 6 Ne **les lui** administrez pas ! – 7 Demandez-**lui-en**

11 1 celle – 2 la sienne – 3 celui – 4 le tien/celui-là/celui-ci – 5 celui – 6 la mienne – 7 ceux

12 1 tous – 2 quelques-uns – 3 d'autres – 4 personne – 5 le même

13 1 où – 2 dont – 3 que – 4 où – 5 qui – 6 dont – 7 qui – 8 que

14 1 Martin, c'est l'ami grâce à qui elle a pu rencontrer le DRH. – 2 C'est exactement ce à quoi elle s'attendait. – 3 C'est le job auquel elle rêvait depuis longtemps. – 4 Les primes, à propos desquelles ils ont discuté, la satisfont. – 5 Elle a suivi une formation sans laquelle elle n'aurait pas été retenue. – 6 Elle aura des collègues avec lesquelles elle travaillera en équipe.

15 1 celui – 2 qui – 3 dont – 4 moi – 5 le – 6 vous y – 7 vous – 8 les – 9 toutes – 10 y – 11 en – 12 plusieurs – 13 vous en – 14 un autre – 15 celui – 16 qu' – 17 en – 18 vous – 19 eux – 20 leur

16 1 lui – 2 y – 3 celle – 4 dont – 5 certains – 6 l' – 7 Ce qui – 8 les uns – 9 les autres – 10 le mien – 11 offrez-le-leur – 12 duquel

Chapitre 5 | Les autres modes et aspects du verbe

Unité 23 | L'impératif

1 1 Faites – 2 Ne reste pas – 3 Montons – 4 Ne prends pas – 5 Mangeons – 6 Dormez

2 1 Ne t'arrête pas – 2 Dépêchez-vous – 3 Levons-nous – 4 Prépare-toi – 5 Habille-toi – 6 Ne vous inquiétez pas

3 Ne restons pas au soleil ! – 1 Assieds-toi à l'ombre ! – 2 Soyons prudents ! – 3 Ne te baigne pas ici ! – 4 Rhabille-toi vite ! – 5 Vas-y ! N'aie pas peur ! – 6 Amuse-toi bien ! – 7 Ne vous approchez pas trop du bord !

Ordre : 3, 4, 7 – Conseil : 1, 2, 5 – Souhait : 6

4 1 Parlez-moi – 2 Ne me téléphone pas – 3 Aide-moi – 4 Regarde-la – 5 Ne les oubliez – 6 Écoute-les – 7 Parles-en

5 *Production libre.*

Unité 24 | La forme passive

1 Forme active : 2 – Forme passive : 1, 3, 4, 5

2 1 b – 2 c – 3 d – 4 a – 5 e

3 1 J'ai été appelé. – 2 Je serai reçu(e). – 3 J'ai été invité. – 6 J'étais écouté(e).

4 *Production libre.*

5 Un retard d'une heure est annoncé. – 1 Les horaires ont été changés. – 2 Des boissons vont être servies. – 3 Les passagers sont invités à patienter. – 4 Deux trains viennent d'être annulés. – 5 Les billets vont être remboursés.

Grammaire du français

Unité 25 | La forme pronominale à sens passif

1 Ces personnes se regardent avec mépris. – **1** C'est une information qui s'entend partout. – **2** Mes cousins s'envoient des sms sans arrêt. – **3** Ce message ne se comprend pas facilement. – **4** Les décisions se prendront rapidement. – **5** Pourquoi mes deux collègues se détestent comme ça ? – **6** Ce projet se compose de trois parties. – **7** Ce matériau s'employait déjà au XVIe siècle. – **8** Ils se contactent régulièrement. – **9** Elles s'injurient pour un rien. – **10** Ils se croisent tous les matins.

Sens actif : 2, 5, 8, 9, 10 –
Sens passif : 1, 3, 4, 6, 7

2 **1** Le règlement s'est durci. – **2** Les relations internationales ne se sont pas améliorées. – **3** Les contrôles de toutes sortes se sont accrus. – **4** Les libertés individuelles se sont restreintes. – **5** L'économie ne s'est pas améliorée. – **6** Les protestations se sont éteintes. – **7** Une forte propagande s'est installée.

3 Oui : 1, 4, 5, 6 – Non : 2, 3, 7

4 **1** Vous vous êtes fait masser. – **2** Il se fait transporter en ambulance. – **3** Tu te laisses transférer dans un autre service. – **4** Je me suis fait suivre par un spécialiste. – **5** Ils se font recevoir par le médecin-chef. – **6** On s'est laissé ausculter par un interne. – **7** Nous nous laissons examiner.

5 *Production libre.*

Unité 26 | Les formes verbales en -ant

1 **1** nous écrivons ; écrivant – **2** nous venons ; venant – **3** nous prenons ; prenant – **4** nous craignons ; craignant – **5** nous connaissons ; connaissant – **6** nous réussissons ; réussissant – **7** nous prévoyons ; prévoyant – **8** nous partageons ; partageant – **9** nous prononçons ; prononçant – **10** nous éteignons ; éteignant

2 **1** en ayant – **2** en écrivant – **3** en réfléchissant – **4** en se posant – **5** en travaillant – **6** en n'étant pas – **7** en lisant – **8** en prenant

3 **1** On rêve en dormant. – **2** Tu écoutes de la musique en faisant du sport. – **3** *Gérondif impossible.* – **4** Il regarde la télévision en mangeant. – **5** Nous t'appellerons en allant au bureau. – **6** *Gérondif impossible.*

4 En ne prenant pas la voiture, nous éviterons de polluer. – **1** En chauffant moins, tu baisseras ta facture de chauffage. – **2** En ne jetant pas les papiers par terre, vous respectez l'environnement. – **3** En prenant des douches, j'économise de l'eau. – **4** En éteignant les appareils, nous consommons moins d'électricité. – **5** En faisant attention, on préserve la planète. – **6** En triant les déchets, vous sauvez les océans. – **7** En se déplaçant à vélo, on produit moins de gaz carbonique.

5 *Production libre.*

6 1 a – 2 a – 3 b – 4 b – 5 a

7 Les personnes ayant reçu le vaccin pourront voyager. – **1** Les passagers ne justifiant pas d'un test négatif ne seront pas admis. – **2** Les patients s'étant inscrits sur notre site ont priorité. – **3** Seuls les restaurants ayant installé une terrasse seront autorisés à ouvrir. – **4** Les théâtres et cinémas devant limiter leurs entrées risquent de connaître des difficultés. – **5** Les spectateurs n'ayant pas réservé devront patienter. – **6** Les commerçants n'ayant pas respecté les consignes ont été verbalisés. – **7** La population se sentant libérée du danger sanitaire a l'intention de fêter le retour à la normale.

Participe présent : 1, 4, 7 – Forme composée du participe présent : 2, 3, 5, 6

8 **1** sachant – **2** ayant déjà participé – **3** étant – **4** maîtrisant – **5** acceptant – **6** justifiant – **7** ayant géré – **8** exigeant

9 **1** émouvantes et choquantes – **2** différents ; obsédant – **3** bouleversantes et même traumatisantes – **4** provocants – **5** divergentes ; intrigant

Unité 27 | L'infinitif

1 Après *c'est* : 4, 5, 10, 11 – Complément d'un nom/adjectif : 2, 3, 8 – Complément d'un verbe : 1, 7, 13 – Sujet du verbe : 6, 9, 12

2 *Production libre.*

Corrigés et transcriptions

3 **a 1** Tu regrettes de ne pas t'être inscrit assez vite. – **2** On pense être bien préparés. – **3** Vous craignez de ne pas pouvoir soutenir votre thèse. – **4** Ils sont heureux d'avoir eu les félicitations du jury. – **5** Nous avons peur de ne pas avoir assez révisé. – **6** Elle croit avoir la meilleure note.
b 2 On pense qu'on est bien préparés. – **6** Elle croit qu'elle a la meilleure note.

4 Tu ne peux pas voter sans être inscrit. – **1** Il a donné sa démission après avoir perdu l'élection. – **2** Nous ne savons pas à qui nous fier. – **3** On ne sait pas avec qui faire alliance. – **4** Elle ne fera pas de discours avant de connaître tous les résultats. – **5** Nous voulons un président en qui avoir complètement confiance. – **6** Vous vous demandez quoi faire et qui croire.

5 **1** On a emmené nos amis voir la pièce. – **2** Le metteur en scène a écouté les actrices réviser leur texte. – **3** Nous avons vu les comédiens mettre leur costume. – **4** Les enfants ont observé le clown se maquiller.

Unité 28 | Le subjonctif présent

1 **1** attendent ; attendions – **2** se taisent ; se taisent – **3** réussissent ; réussisses – **4** passent ; passions – **5** finissent ; finisse – **6** arrêtent ; arrête

2 **1** mette → mettre – **2** comprenions ; comprennent → comprendre – **3** venions → venir – **4** boive ; buviez → boire – **5** voies ; voient → voir – **6** doive ; doivent → devoir – **7** recevions ; reçoive ; reçoivent → recevoir

3 **1** ait – **2** prévoient – **3** saches – **4** apprenions – **5** choisisse – **6** lise – **7** parte

4 *Production libre.*

5 Il faut que vous arrêtiez de fumer. – **1** Il faut que tu **fasses** une prise de sang. – **2** Il faut qu'on **suive** un traitement. – **3** Il faut que j'**aille** chez le dentiste régulièrement. – **4** Il faut que nous **buvions** beaucoup d'eau. – **5** Il faut qu'elle **soit** plus dynamique. – **6** Il faut qu'ils **perdent** un peu de poids.

6 **1** c ; soit – **2** d ; aident – **3** a ; signions – **4** d ; sentiez – **5** b ; prenne – **6** a ; plaises – **7** c ; aient

7 **1** que nous soyons invités à leur mariage. – **2** qu'on réunisse les copains. – **3** qu'elle ne soit pas heureuse. – **4** que tu ne répondes jamais. – **5** que vous ne nous téléphoniez pas souvent. – **6** que je connaisse tous les voisins. – **7** qu'on vive ensemble.

8 **1** Nous refusons que ; soient – **2** Vous exigez que ; fassions – **3** nous demandons que ; ait – **4** nous demandons que ; puisse – **5** Nous souhaitons que ; organisiez – **6** Nous ne voulons pas que ; ferme

9 Je trouve bien que nous nous réunissions régulièrement. – **1** Il n'est pas normal que **vous travailliez le 1er mai**. – **2** Ils aimeraient que **le directeur accepte leurs conditions**. – **3** Nous trouvons important que **les jeunes aient des stages**. – **4** Elle exige qu'**on finisse plus tard**. – **5** Il n'est pas bon qu'**on fasse la grève**.

10 *Production libre.*

Unité 29 | Le subjonctif passé

1 C'est super qu'il ait gagné la course. – **1** Je suis vraiment déçu que vous ne soyez pas prêts. – **2** Je ne pense pas qu'elle se soit assez entraînée. – **3** C'est dommage que tu ne fasses plus de sport. – **4** Tu trouves normal qu'il ait arrêté les compétitions ? – **5** Ça m'ennuie que vous ayez été éliminé. – **6** Il est possible que nous devions abandonner.

Subjonctif présent : 1, 3, 6
Subjonctif passé : 2, 4, 5

2 **1** ait appris – **2** n'ait pas choisi – **3** ne se soit pas amusé(e)s – **4** me sois inscrit(e) – **5** ne soyons pas allé(e)s

3 Il est désolé que ses amis soient partis habiter si loin. – **1** C'est dommage que tu n'aies pas pu rester avec nous. – **2** Je suis heureuse que mes parents soient venus me voir. – **3** C'est bizarre que tu aies quitté ton travail. – **4** Ça me fait plaisir que vous vous soyez installé(e)(s) à côté de chez moi. – **5** Je suis contente que nous nous soyons retrouvé(e)s.

4 **1** Il est possible qu'il **ait eu** un empêchement ou qu'il **se soit perdu**. – **2** Il se peut qu'ils **aient déménagé**, qu'ils **soient partis** en vacances ou qu'ils **aient décidé** de m'éviter.

5 *Production libre.*

Grammaire du français

Unité 30 | Subjonctif ou indicatif ?

1 Indicatif : 1, 4, 5 – Subjonctif : 2, 3, 6

2 On croit que le groupe de randonneurs n'est pas loin du refuge. – **1** Il est possible qu'il y **ait eu** un orage. – **2** Vous n'êtes pas sûr qu'ils **puissent** téléphoner. – **3** Je pense qu'ils **ont pris** des risques. – **4** Elle estime que la météo **a été** trop mauvaise. – **5** Il n'est pas évident que les secours **soient arrivés** assez vite. – **6** Nous apprenons que le groupe **vient** de rentrer à l'hôtel.

3 **1** Il est sûr que les automobilistes **sont** raisonnables. – **2** On est certains qu'ils **ont** conduit trop vite. – **3** Nous ne pensons pas que les secours **soient** trop lents. – **4** Vous ne trouvez pas que les gens **sont** impatients.

4 **1** qu'elles **aient entendu** du bruit. – **2** qu'il **avait** des gants. – **3** qu'ils **aient vu** la caméra. – **4** que le cambriolage **ait duré** seulement 10 minutes. – **5** qu'elle **a** un complice. – **6** qu'ils **sont** très malins.

5 *Production libre.*

Unité 31 | Subjonctif ou infinitif ?

1 **1** Nous voudrions **partir** avec vous. – **2** Tu refuses **de rester** seule. – **3** Elles ont peur **de se perdre**. – **4** Je suis triste **d'avoir perdu**. – **5** On préfère **rentrer** tôt. – **6** Tu as envie **de faire** un beau voyage.

2 **1** que vous preniez – **2** que je comprenne – **3** réfléchir – **4** que nous attendions – **5** recevoir – **6** que je ne sois pas

3 **1** Nous sommes soulagés d'être arrivés à l'heure. – **2** Elle est déçue qu'ils ne soient pas venus. – **3** Ils sont tristes d'avoir raté la soirée. – **4** Je ne suis pas surprise que nous nous soyons trompés de chemin ! – **5** On est énervés d'avoir dû faire demi-tour.

4 Elle est vexée de ne pas être aimée. – **1** Je regrette de **ne pas m'entendre avec cette personne**. – **2** Elle est satisfaite de **ne pas s'être disputée avec lui**. – **3** Il n'est pas content de **ne pas avoir gardé son calme**. – **4** Ça m'agace de **ne pas avoir compris**. – **5** Ils sont désolés de **ne pas s'être excusés**.

5 *Production libre.*

Unité 32 | Le subjonctif dans la proposition relative

1 Nous voudrions une hôtesse d'accueil qui soit patiente et souriante. – **1** Notre entreprise recherche des stagiaires qui sachent parler le portugais. – **2** Je souhaite un horaire qui corresponde à celui de mon conjoint. – **3** Vous attendez une rémunération grâce à laquelle vous puissiez vivre confortablement. – **4** La direction exige un(e) candidat(e) dont le CV soit clair et pertinent. – **5** Ils voudraient un(e) responsable du personnel qui fasse preuve de tact. – **6** Nous recherchons un travail qui permette une certaine autonomie.

2 **1** On n'a rencontré personne qui ait su nous conseiller. – **2** Je n'ai visité aucun appartement qui ait une terrasse. – **3** Le quartier n'a aucun avantage qui nous fasse rêver. – **4** Ils n'ont rien découvert qui leur plaise. – **5** Nous n'avons trouvé personne qui nous ait bien renseignés.

3 **1** C'est le site le plus pittoresque que je puisse vous conseiller. – **2** C'est l'hébergement le mieux adapté qu'ils nous aient proposé. – **3** C'est la maison la moins confortable que mes amis aient louée. – **4** C'est le chalet le mieux aménagé où tu puisses t'installer. – **5** C'est le voyage le plus agréable que tes amis aient organisé.

4 **1** le dernier qu'il ait écrit – **2** les pires moments qu'elle ait connus – **3** le meilleur qu'on ait goûté – **4** le premier qu'il ait vu – **5** l'unique que nous exposions – **6** la seule qu'ils aient envie de visiter

Unité 33 | Le conditionnel présent

1 Je partirais – **1** Tu réfléchiras – **2** Ils voudront – **3** Nous réagirions – **4** Vous pouviez – **5** Il faudrait – **6** On aura – **7** Ils feraient

Conditionnel présent : 3, 5, 7

2 **1** ait – **2** ions – **3** iez – **4** aient – **5** ais – **6** ait – **7** ions – **8** ais – **9** aient – **10** ait – **11** iez

3 **1** Pourriez – **2** auriez – **3** souhaiterais – **4** voudrions – **5** préférerait – **6** pourrais – **7** Serait

15

Corrigés et transcriptions

4 1 poserions – 2 quitterais – 3 mettrait – 4 prendrait – 5 ne resteraient pas – 6 ne paierais pas – 7 referais

5 *Production libre.*

Unité 34 | Le conditionnel passé

1 J'aurais voulu partir. – 1 Il aurait fallu attendre. – 2 Tu te serais arrêté. – 3 Nous étions rentrés. – 4 On aurait été en retard. – 5 Elles auraient pu voyager seules. – 6 Vous vous étiez retrouvés. – 7 Tu aurais gagné du temps.

Conditionnel passé : 1, 2, 4, 5, 7

2 1 Vous auriez prévenu. – 2 Tu n'aurais pas réservé. – 3 On se serait trompé. – 4 Ils se seraient inscrits. – 5 Nous nous serions amusés. – 6 Elles auraient été ensemble.

3 1 On ne se serait pas mis en colère. – 2 Je n'aurais pas pris autant de temps. – 3 Nous n'aurions rien dit. – 4 Elle ne se serait pas fâchée. – 5 Ils ne lui auraient pas répondu de cette façon.

4 J'aurais dû réagir plus vite. – 1 Vous **auriez pu** me prévenir du changement d'horaire ! – 2 On **aurait souhaité** lui parler mais il n'a pas voulu. – 3 Il **aurait fallu** mieux s'exprimer pour être plus clair ! – 4 Tu **n'aurais pas dû** lui répondre si sèchement ! – 5 Nous **aurions aimé** rester plus longtemps mais ce n'était pas possible ! – 6 Elle **aurait voulu** s'excuser mais elle n'a pas trouvé les mots.

Regret : 2, 5, 6 – Reproche : 1, 3, 4

5 *Production libre.*

Bilan

1 1 asseyez-vous – 2 dites-lui – 3 faites-le-lui parvenir – 4 ne le dérangez pas – 5 envoyez-le-moi

2 1 vient d'être attaqué – 2 ont été aperçus – 3 est blessé – 4 va être hospitalisé – 5 étaient prévenus

3 1 se faire remarquer. – 2 se reconnaîtra – 3 vous faire élire – 4 me suis laissé entraîner – 5 se faire inviter – 6 s'est laissé critiquer

4 Aucun bijou n'a été retrouvé. – 1 Le cambrioleur s'est fait arrêter hier soir. – 2 Les vols se produisent souvent la nuit. – 3 Il est conseillé d'installer une alarme à son domicile. – 4 Tu t'es laissé frapper par le malfaiteur. – 5 On ne pourra peut-être pas se faire indemniser par l'assurance. – 6 Peu d'objets de valeur seront retrouvés. – 7 Cette bagarre s'est terminée sans victime.

5 1 en faisant : temps – 2 En voulant : manière – 3 En se désaltérant un peu : condition – 4 en lisant : manière – 5 en suivant : manière – 6 En te couchant : condition

6 Je ne connais pas bien ces plaques chauffantes. – 1 Appréciant la gastronomie, il s'est inscrit dans des cours de cuisine. – 2 On met les œufs dans l'eau frémissante. – 3 Je me suis brûlé en ouvrant le four. – 4 Ne s'étant pas méfié, il a mis trop de sel. – 5 Continue de tourner en réduisant le feu. – 6 Attention, les confitures sont brûlantes ! – 7 Prends un plat allant au four. – 8 Maintenant je vais verser le lait bouillant. – 9 On aura un meilleur résultat en mélangeant bien. – 10 Ayant adoré ton plat, je voudrais la recette.

Gérondif : 3, 5, 9 – Participe présent : 1, 7 – Forme composée du participe présent : 4, 10 – Adjectif verbal : 2, 6, 8

7 1 en menaçant ; menaçantes. – 2 en hésitant ; hésitante ; Hésitant – 3 Différents ; différant ; En différant – 4 touchantes ; touchant ; En touchant – 5 précédant ; En précédant ; précédente

8 1 Ils avaient un peu peur d'être mal entraînés. – 2 Nathan a senti ses forces le lâcher. – 3 On a vu Karim l'encourager. – 4 À un moment, Nathan a pensé arrêter. – 5 Il se demandait où trouver encore de la force. – 6 Il avait pensé mieux résister. – 7 Finalement, ils sont fiers de ne pas avoir abandonné et d'avoir réussi un exploit.

9 1 j'écrive ; nécessité – 2 soit ; souhait – 3 veuille ; jugement – 4 vienne ; possibilité – 5 fassiez ; sentiment – 6 aies ; possibilité – 7 commandions ; nécessité – 8 ne puisse pas ; sentiment

10 1 C'est étrange qu'elle ne soit pas venue me voir. – 2 C'est possible qu'elle ait pris des congés. – 3 Mais je suis étonnée qu'elle ne m'ait rien dit. – 4 C'est curieux que sa maison soit restée fermée. – 5 J'ai peur qu'elle ait eu un problème de santé.

11 1 se fassent – 2 sont – 3 peut – 4 ayez voulu – 5 sachent – 6 ont

Grammaire du français

12 Je regrette que la pièce ait été annulée. – **1** On est ravis d'avoir vu cet opéra. – **2** Je suis surprise que ce film t'ait plu. – **3** Ils sont déçus d'avoir manqué ce spectacle. – **4** Je suis stupide de ne pas avoir réservé les places. – **5** C'est bizarre que cette exposition n'ait pas eu de succès. – **6** C'est dommage que l'émission n'ait pas été rediffusée.

13 **1** Voici le vase le plus original que je puisse vous proposer. – **2** C'est la seule statuette en marbre que nous ayons acquise récemment. – **3** Tu vois quelque chose que tu veuilles mettre dans ton salon ? – **4** Ici, vous avez notre unique vase en porcelaine qui soit certifié du XVIIIe siècle. – **5** C'est le seul tableau que nous ayons remarqué. – **6** On aimerait une petite horloge qui ne prenne pas trop de place.

14 **1** voudrais – **2** auriez – **3** pourrais – **4** faudrait – **5** devraient – **6** préférerais – **7** aurait envie – **8** souhaiterait

15 **1** tu aurais protesté – **2** je ne serais pas parti(e) – **3** je n'aurais pas claqué la porte – **4** nous nous serions excusé(e)s – **5** vous n'auriez pas été vexé(e)(s) – **6** je leur aurais prêté attention – **7** tu ne te serais pas moqué(e) de lui – **8** vous n'auriez pas été choqué(e)(s)

16 **1** d – **2** a – **3** d – **4** f – **5** c – **6** e – **7** c – **8** b

Chapitre 6 | La phrase complexe

Unité 35 | Le comparatif et le superlatif

1 **1** Je suis plus stressé que mon collègue. – **2** On prend autant de congés qu'avant. – **3** Ils font plus d'heures supplémentaires que moi. – **4** Tu as moins de responsabilités que la directrice. – **5** Ils sont aussi consciencieux l'un que l'autre. – **6** Elle a l'air plus engagée que lui.

2 Cette recette est meilleure, non ? – **1** Ton gâteau me semble meilleur. – **2** J'aime mieux la crème au chocolat. – **3** Nous trouvons votre sauce meilleure. – **4** Votre four ne marche pas mieux ! – **5** Ces crêpes sont meilleures. – **6** Non, ce dessert n'est pas meilleur. – **7** Tu cuisines mieux !

meilleur(e)(s) : 1, 3, 5, 6 – mieux : 2, 4, 7

3 **1** Comme – **2** les mêmes – **3** un peu plus – **4** un peu moins – **5** plus – **6** autant de – **7** aussi

4 **1** Cette omelette est aussi bonne que l'autre. – **2** J'ajoute beaucoup plus de beurre que toi. – **3** Je mets bien moins de sel que vous. – **4** Choisis les produits bio, bien meilleurs que les produits industriels. – **5** Les plats préparés sont vraiment pires que ceux-là.

5 *Production libre.*

6 **1** la forme la plus moderne. – **2** le jardin le plus exotique. – **3** les meubles les moins traditionnels. – **4** les objets les moins courants. – **5** la terrasse la plus impressionnante. – **6** le chauffage le moins polluant.

7 **1** C'est en hiver qu'il y a le moins de visiteurs. – **2** Je cherche le site touristique le plus connu. – **3** C'est le transport qui pollue le moins. – **4** C'est la visite la plus intéressante. – **5** Ce sont tes souvenirs les meilleurs. – **6** On vient de faire le moins bon repas du séjour. – **7** C'est ici que je m'amuse le mieux.

8 C'est lui qui a le plus de qualités. – **1** Ce sont eux qui **sont les moins courageux**. – **2** C'est vous qui **avez le plus mauvais caractère**. – **3** C'est toi qui **aides le moins**. – **4** C'est vous qui **avez les meilleures idées**. – **5** Ce sont elles qui **ont le moins de défauts**. – **6** C'est toi qui **mens le plus et le mieux**.

9 **1** Quel est le continent le plus vaste du monde ? – **2** Quelle est la région la moins chère de France ? – **3** Quel est le fleuve le plus long d'Afrique ? – **4** Quel est l'endroit le moins peuplé de Russie ? – **5** Quelle est la ville la plus cosmopolite de la planète ?

10 *Production libre.*

Corrigés et transcriptions

transcriptions

Unité 36 Les autres formes de la comparaison

1 Plus tu cours souvent, moins tu t'essouffles. – **1 Autant** elle aime nager, **autant** elle déteste courir. – **2 Plus** nous nous entraînons, **meilleures** sont nos performances. – **3 Moins** vous vous couchez tard, **plus** vous êtes en forme le lendemain. – **4 Plus** on contrôle sa respiration, **mieux** on se sent. – **5 Autant** il améliore sa technique, **autant** il ne prend aucun plaisir à jouer. – **6 Plus** je fais de l'activité physique, **mieux** je me porte.

2 1 De plus en plus d'espèces animales disparaissent. – 2 La pollution augmente de plus en plus. – 3 Il y a de moins en moins de forêts. – 4 Les scientifiques sont de plus en plus inquiets. – 5 La biodiversité est de moins en moins présente.

3 1 De même que ; de même – 2 comme – 3 plutôt qu' – 4 comme si – 5 telle que

4 1 Comme si – 2 comme – 3 plutôt que – 4 plutôt que – 5 comme si – 6 comme – 7 ainsi que – 8 plutôt qu' – 9 tels que – 10 de même que

Unité 37 L'expression de la cause (1)

1 1 à cause du – 2 à cause des – 3 grâce à – 4 à cause des – 5 grâce aux – 6 à cause du – 7 à cause du

2 Je boîte parce que je me suis fait mal au genou. – 1 Il a mal parce qu'une guêpe l'a piqué. – 2 Elle a mal à une jambe parce qu'elle est tombée de l'échelle. – 3 Elle est à l'hôpital parce qu'elle a eu malaise. – 4 Tu t'es brûlé parce que tu n'as pas fait attention. – 5 Il saigne un peu parce qu'il s'est coupé. – 6 Ils n'ont plus de voiture parce qu'ils ont eu un accident. – 7 Je me suis tordu la cheville parce que j'ai glissé dans l'escalier.

Cause : 1 Une guêpe l'a piqué. – 2 Elle est tombée de l'échelle. – 3 Elle a eu malaise. – 4 Tu n'as pas fait attention. – 5 Il s'est coupé. – 6 Ils ont eu un accident. – 7 J'ai glissé dans l'escalier.

3 1 parce qu' – 2 parce que – 3 comme – 4 parce qu' – 5 qu' – 6 Comme – 7 parce qu' – 8 que

4 *Production libre.*

Unité 38 L'expression de la cause (2)

1 1 Vu – 2 Sous prétexte d' – 3 par – 4 pour – 5 par manque d' – 6 Du fait de – 7 vu

2 1 Faute de – 2 par – 3 à la suite de – 4 Vu – 5 sous prétexte d' – 6 pour

3 1 Suite à la modification – 2 faute de salle de spectacles – 3 À force d'insistance – 4 Suite à l'interdiction – 5 À force de détermination – 6 faute de financement

4 *Production libre.*

5 Du fait que le départ a été retardé, nous devrions atterrir autour de 23 heures, heure locale. – 1 Compte tenu que votre dossier n'est pas complet, il faudra revenir. – 2 Nous aurons d'autant plus de chance de nous préparer que le procès est reporté. – 3 Vous protestez sous prétexte qu'un camion masquait le feu rouge ?! – 4 Vu que nos scores sont bons, nous avons des chances de gagner l'élection ! – 5 Recommence puisque tu t'es trompé d'exercice ! – 6 On va prendre les quais étant donné que le boulevard est fermé à la circulation. – 7 Si je peux faire ce reportage, c'est que j'ai ma carte de presse. – 8 Quelques orages éclateront car les températures seront trop élevées ! – 9 Les bénéfices des entreprises seront d'autant moins importants que les charges ont augmenté.

1 un employé administratif ; Compte tenu que – 2 un avocat ; d'autant plus de… que – 3 un policier ; sous prétexte qu' – 4 un homme politique ; Vu que – 5 un professeur ; puisque – 6 un chauffeur de taxi ; étant donné que – 7 un journaliste ; Si… c'est que – 8 un météorologue ; car – 9 un économiste ; d'autant moins… que

6 1 Étant donné que les travaux commencent le 1er juin, vous veillerez à vider vos caves. / Vous veillerez à vider vos caves étant donné que les travaux commencent le 1er juin. – 2 Cet aménagement est d'autant plus indispensable que l'immeuble est très ancien. – 3 Puisque l'entreprise nous est recommandée, les gens sont rassurés. / Les gens sont rassurés puisque l'entreprise nous est recommandée. – 4 Il faudra changer la moquette de l'escalier car elle est très abîmée. – 5 Sous prétexte qu'on

Grammaire du français

dépense trop, mon voisin a refusé de voter les travaux. / Mon voisin a refusé de voter les travaux sous prétexte qu'on dépense trop. – **6** Cette copropriétaire est d'autant moins satisfaite du vote qu'elle sera obligée de contribuer au financement des travaux. – **7** Puisque nous sommes tous propriétaires, nous devons prendre les décisions ensemble. / Nous devons prendre les décisions ensemble puisque nous sommes tous propriétaires.

7 1 puisque – 2 Étant donné que – 3 d'autant plus – 4 qu' – 5 Si – 6 c'est qu'

8 *Production libre.*

Unité 39 I L'expression de la conséquence (1)

1 1 e – 2 d – 3 b – 4 a – 5 c

2 Je suis sortie de chez moi et j'ai vu qu'il pleuvait donc je suis retournée prendre un parapluie ; c'est pour cela que je suis en retard. – **1** J'ai obtenu un nouveau travail et j'habitais assez loin alors j'ai voulu me rapprocher ; c'est pourquoi j'ai déménagé. – **2** J'ai décidé de vivre en Pologne donc j'ai commencé à étudier la langue ; en plus, j'ai rencontré une Polonaise, c'est la raison pour laquelle je parle couramment polonais.

3 *Production libre.*

4 Conséquence : **1** J'ai mal au ventre. – **2** Je vais en reprendre. – **3** Ils ont été malades. – **4** Ce n'est pas mangeable. – **5** J'en achète presque tous les jours ! – **6** Je l'ai avalé en dix secondes ! – **7** Elle est écœurante.
1 J'ai tellement/tant bu d'eau que j'ai mal au ventre. – **2** Tu cuisines si/tellement bien les légumes que je vais en reprendre. – **3** Ils ont mangé tellement/tant de chocolat qu'ils ont été malades. – **4** Tu as mis tellement/tant de sel que ce n'est pas mangeable ! – **5** J'aime tellement/tant ces gâteaux que j'en achète presque tous les jours ! – **6** Ton dessert est si/tellement bon que je l'ai avalé en dix secondes ! – **7** Cette crème est si/tellement sucrée qu'elle est écœurante.

Unité 40 I L'expression de la conséquence (2)

1 1 du coup – 2 ce qui explique qu' – 3 ce qui explique – 4 de ce fait – 5 d'où

2 La filière droit international est motivante si bien qu'elle attire de nombreux candidats. – **1** Il y a eu trop de demandes d'inscription pour satisfaire tous les étudiants. – **2** Les critères de sélection sont très exigeants au point que les volontaires sont découragés. – **3** On n'a pas assez de données précises pour s'inscrire dans cette formation. – **4** Emma a obtenu une bourse de telle façon qu'elle peut mener à terme son projet. – **5** Il avait beaucoup révisé si bien qu'il se sentait sûr de lui et qu'il a brillamment réussi. – **6** J'ai réussi le concours de sorte que je peux intégrer une école supérieure. – **7** Ce diplôme est trop sélectif pour que tu aies la moindre chance de réussir.

3 Conséquence : **1** ils sont déçus – **2** tu as obtenu le poste que tu souhaitais – **3** elle est très préoccupée et elle dort mal – **4** nous nous sommes mis en grève – **5** il est en congé maladie

1 Leur demande d'augmentation de salaire est restée sans réponse si bien qu'ils sont déçus. – **2** Tu as fait preuve d'une grande motivation à tel point que tu as obtenu le poste que tu souhaitais. – **3** Elle risque d'être licenciée ce qui explique qu'elle est très préoccupée et qu'elle dort mal. – **4** Les conditions de travail étaient déplorables, de sorte que nous nous sommes mis en grève. – **5** Il souffrait de surmenage, du coup, il est en congé maladie.

4 *Production libre.*

Unité 41 I Les conjonctions de temps (1)

1 1 quand – 2 Pendant qu' – 3 quand – 4 Pendant que – 5 pendant qu' – 6 Quand

2 Attache bien ta ceinture quand tu t'assois. Tu pourras la détacher **après que** (1) le signal sera éteint. Un conseil : garde-la attachée **jusqu'à ce que** (2) l'avion soit complètement arrêté ! Écoute bien **pendant que** (3) l'hôtesse donne les consignes. Et

Corrigés et transcriptions

transcriptions

> puis **quand** (4) l'avion décolle, n'aie pas peur ! **Pendant que** (5) vous survolerez les Alpes, tu verras les montagnes enneigées, c'est magnifique ! Allez, bon voyage ! Téléphone-nous **après que** (6) tu seras arrivé. Et fais attention à tes affaires, n'oublie pas ton sac **avant de** (7) sortir de l'avion.

3 1 Vous prenez le tramway numéro 4 jusqu'à ce que vous arriviez à la Poste. – 2. Vous vous reposerez un peu avant de visiter la ville. – 3 Vous vous regrouperez quand le guide vous appellera. – 4. Pendant que vous monterez au château, vous découvrirez un superbe paysage. – 5 Vous ferez le tour du château après vous être promené(e)s dans le parc. – 6. Là-haut, vous pourrez faire des photos avant que le soleil se couche. – 7 Après que vous aurez terminé la visite, vous remplirez un questionnaire de satisfaction.

4 *Production libre.*

Unité 42 | Les conjonctions de temps (2)

1 Depuis que ce tournoi de tennis est retransmis à la télé, il est connu dans le monde entier. – 1 Dès que la partie débute, je suis devant la télévision. – 2 Maintenant que je comprends les règles, j'apprécie davantage ce sport. – 3 Les joueurs se sont échauffés aussi longtemps que c'était possible. – 4 Les joueuses patientent dans le vestiaire jusqu'à ce que le match commence. – 5 Tant que le match n'est pas terminé, les spectateurs restent dans les tribunes. – 6 Les spectateurs applaudissent tandis que les joueurs se serrent la main.

1 aussitôt que – 2 depuis que – 3 tant que – 4 en attendant que – 5 aussi longtemps que – 6 alors que

2 1 Au fur et à mesure que – 2 Chaque fois qu' – 3 aussitôt que – 4 lorsque – 5 alors que – 6 Au moment où – 7 maintenant que

3 1 Au fur et à mesure que je progresse – 2 Chaque fois que je rencontre le public – 3 tandis que vous dansez – 4 En attendant que les œuvres soient présentées – 5 Tant que mon spectacle ne sera pas prêt

4 1 Depuis que – 2 en attendant de – 3 en attendant qu' – 4 Depuis que – 5 en attendant de – 6 Depuis que

Unité 43 | L'expression du but (1)

1 1 Je leur écris pour qu'ils m'envoient le programme. – 2 Tu te renseignes pour qu'on ait les meilleurs tarifs. – 3 On va consulter Internet pour avoir les horaires. – 4 Vous irez à la gare pour prendre les billets. – 5 Elle viendra à la maison pour que nous partions tous ensemble. – 6 Nous prendrons un taxi pour être à l'heure.

2 Bonjour ! Je suis le directeur du centre et je vous souhaite la bienvenue. Afin que ce séjour se passe le mieux possible, voici quelques consignes. Respectez-les **afin que** (1) chacun d'entre vous puisse bien se reposer. Le petit déjeuner est servi dès 7 h **afin que** (2) vous profitiez des soins avant midi. Par ailleurs, **afin que** (3) le médecin connaisse la situation de chacun, laissez votre dossier au secrétariat. Vous pourrez aussi, **afin de** (4) vous détendre, utiliser nos installations 24 h/24. Le soir, évitez le bruit **afin de** (5) garantir la tranquillité de tous. Bonne installation à tous !

3 1 afin de ne pas trop attendre à l'aéroport. – 2 pour ne pas être malade pendant le voyage. – 3 pour ne pas avoir de problème à la douane.

4 1 Choisissez le shampooing ROO pour que vos cheveux aient un bel éclat. – 2 Voyagez avec AIRBIZ pour ne pas perdre de temps. – 3 Réservez votre taxi VROUM pour ne pas être stressé. – 4 Achetez le stylo BUC pour ne pas faire de fautes.

Unité 44 | L'expression du but (2)

1 1 en vue de – 2 de manière à – 3 de façon à – 4 de manière à – 5 de peur de

2 1 de peur que les conducteurs aillent trop vite. – 2 de manière à ce qu'il y ait moins d'accidents. – 3 de façon à ce que les sportifs puissent s'entraîner. – 4 de manière que le tri soit facilité. – 5 de crainte que le stationnement soit trop sauvage.

3 Vous compléterez ce formulaire de manière que je vous inscrive. – 1 Écrivez en majuscules de façon à ce que ce soit

Grammaire du français

bien lisible. – **2** Donnez-moi votre numéro de manière que je vous envoie un SMS. – **3** Je dois tout vérifier de façon à mettre votre dossier à jour. – **4** N'oubliez pas votre médicament de peur d'avoir un souci. – **5** Gardez cette fiche de manière à la donner à l'anesthésiste. – **6** Téléphonez vite de crainte qu'il n'y ait plus de place.

4 *Production libre.*

Unité 45 | L'expression de l'opposition

1 **1** Alors que – **2** Contrairement à – **3** alors que – **4** S' – **5** au contraire de – **6** Au lieu de – **7** en revanche

2 **1** par contre, il fait frais dans le Nord. – **2** mais on dîne vers 22 h en Espagne. – **3** en revanche, il n'y a que 5 régions d'outre-mer. – **4** tandis qu'on roule à droite en France. – **5** s'il ne faut pas de visa pour aller en Belgique – **6** contrairement à la Pologne qui n'a pas de frontière avec l'Italie.

3 *Production libre.*

4 Si les bureaux de notre société sont à Paris, l'usine se trouvent en Bretagne. – **1** Ma collègue reçoit les clients tandis que (moi,) je n'ai pas de contact avec eux. – **2** Ma collègue est souvent au téléphone, en revanche, moi, j'envoie des mails. – **3** Mon bureau est tout petit alors que le sien est assez spacieux. – **4** Si j'invite parfois des clients au restaurant, elle n'en invite jamais. – **5** Au lieu de déjeuner à l'extérieur, elle reste au bureau.

Unité 46 | L'expression de la concession

1 Bien que je ne sois pas du quartier, je le connais bien. – **1** J'habite assez loin, **mais** j'y **viens** souvent. – **2** J'aime beaucoup cet endroit, **même s'**il **est** très bruyant. – **3** Il y a beaucoup de maisons modernes, **bien que** ce **soit** un quartier ancien. – **4** Les rues sont étroites, **pourtant** elles **sont** très fréquentées. – **5** On y rencontre des touristes, **bien qu'**il n'y **ait** pas de monuments célèbres. – **6 Bien** qu'il **devienne** un peu trop fréquenté, ce quartier garde une ambiance agréable. – **7** Le maire a supprimé un espace vert **sans que** les riverains **puissent** donner leur avis. – **8** La circulation reste difficile **malgré** l'aménagement d'un rond-point.

2 **1** Quelle que – **2** Même si – **3** Quoi que – **4** malgré – **5** Bien que – **6** sans que

3 **1** Le tourisme est essentiel à l'économie bien qu'il nuise à l'environnement. – **2** Où que j'aille, j'aime voyager. – **3** Les croisières se développent alors qu'elles sont une menace pour les océans. – **4** Quelles que soient les actions des gouvernements, le tourisme de masse détériore les sites naturels. – **5** Même si les tarifs sont très bas, cette région n'attire pas les vacanciers. – **6** La ville est envahie de touristes sans que les habitants puissent réduire leur nombre.

4 **1** J'ai beau être motivé, je ne réussis pas. – **2** Ils avaient beau avoir des compétences, ils étaient mal payés. – **3** Tu as eu beau travailler pendant longtemps, on ne t'a pas donné de contrat. – **4** Ils ont beau assister à toutes les réunions, ils ne comprennent pas les décisions. – **5** Tu auras beau insister pour avoir une augmentation, tu n'obtiendras rien. – **6** Elle a eu beau faire des efforts, rien n'a changé.

Unité 47 | L'expression de l'hypothèse (1)

1 **1** ne protégeons pas ; manquerons – **2** ne réagissons pas ; deviendra – **3** n'y aura plus ; limite – **4** continue ; diminuera

2 **1** Si j'avais le temps, je ferais les courses. – **2** Ils viendraient à la fête s'ils étaient libres. – **3** Si elle avait envie de sortir, elle viendrait avec nous. – **4** Si nous avions sommeil, nous irions nous coucher.

3 **1** réfléchissait – **2** saura – **3** étudiiez – **4** comprendrait – **5** prends

4 Si nous avions été invités, nous serions venus avec plaisir. – **1** Si **j'avais pris** des vacances, **j'aurais visité** le Portugal. – **2** Si Thomas **avait trouvé** un travail, il **serait resté** dans ce quartier. – **3** Si mes amis **étaient venus**, on **aurait fait** la fête. – **4** S'il y **avait eu** moins de bruit, je **n'aurais pas déménagé**. – **5** Si elles **avaient pu**, elles **seraient sorties** plus souvent. – **6** S'ils **s'étaient inscrits**, ils **auraient suivi** ce cours.

1 a – 2 f – 3 d – 4 b – 5 c – 6 e

5 *Production libre.*

Corrigés et transcriptions

Unité 48 | L'expression de l'hypothèse (2)

1 1 Elle a crié comme si la douleur était insupportable. – 2 Même si on a déjà été malades, on va se faire vacciner. / On va se faire vacciner même si on a déjà été malades. – 3 Il pourra reprendre le travail excepté si la fracture n'est pas consolidée. / Excepté si la fracture n'est pas consolidée, il pourra reprendre le travail. – 4 Nous souffrons encore comme si le traitement n'avait aucun effet. – 5 J'irai consulter un médecin sauf si la morsure de chien n'est plus douloureuse. / Sauf si la morsure de chien n'est plus douloureuse, j'irai consulter un médecin.

2 1 Au cas où tu n'aurais pas récupéré ton passeport, tu ne pourras pas aller à l'étranger. – 2 À supposer que les routes soient mal indiquées, j'utiliserai mon GPS. – 3 En admettant que je ne trouve pas d'hôtel, je ferais du camping. – 4 Nous prolongerions notre séjour dans la mesure où nous aurions assez d'argent.

3 Sans les progrès technologiques, le monde serait-il meilleur ? – 1 Tu ferais quoi **en cas de** coupure de courant ? – 2 **Sans** ce nouveau logiciel, nous ne pourrions pas proposer des plans très précis. – 3 On achèterait plus facilement sur Internet **sans** les menaces de piratage. – 4 **En cas de** perte de mon matériel, est-ce que je pourrais continuer mon emploi de traducteur ? – 5 **Avec** un ordinateur plus puissant, ils iraient plus vite.

4 1 au cas où – 2 Dans la mesure où – 3 En admettant que – 4 En cas d'

Unité 49 | L'expression de la condition

1 1 quand bien même – 2 à moins d' – 3 pour peu qu' – 4 à condition qu' – 5 pourvu que

2 Il remportera l'élection à condition que d'autres partis le soutiennent. – 1 À condition d'accepter certains compromis, il pourrait remporter l'élection. / Il pourrait remporter l'élection à condition d'accepter certains compromis. – 2 Je voterai pour eux pourvu qu'ils défendent l'agriculture urbaine. – 3 Ils risquent de perdre à défaut de négociation avec les partis de l'opposition. / À défaut de négociation avec les partis de l'opposition, ils risquent de perdre. – 4 Pour peu que le taux d'abstention soit élevé, ce sera la défaite. / Ce sera la défaite pour peu que le taux d'abstention soit élevé. – 5 Il se présentera quand bien même les sondages ne lui seraient pas favorables. / Quand bien même les sondages ne lui seraient pas favorables, il se présentera. – 6 À moins qu'elle se désiste, je voterai pour elle. / Je voterai pour elle à moins qu'elle se désiste.

3 1 Mécanicien, pour peu que tu fasses plusieurs stages, tu seras garagiste. – 2 Infirmier, il ne peut pas exercer dans une maison de retraite à moins de se sentir proche des personnes âgées. – 3 Journaliste, à défaut d'imagination, vous ne serez pas romancier. – 4 Elle est ingénieure, pourvu qu'elle se spécialise, elle postulera dans l'éco-conception. – 5 Policière, elle aimerait devenir inspectrice pénitentiaire quand bien même elle perdrait ses primes.

Unité 50 | Le discours indirect au présent

1 Il me demande ce que je fais. – 1 Elle me dit : « Tu as raison. » – 2 Je veux savoir où ils vont. – 3 On voudrait savoir si elle vient à la réunion. – 4 Elle te demande : « Qu'est-ce que tu en penses ? » – 5 Il me répond : « Je ne suis pas d'accord. » – 6 Il répond qu'il pense comme nous. – 7 On se demande ce que tu veux.

Direct : 1, 4, 5 – Indirect : 2, 3, 6, 7

2 Mot incorrect : 1 pourquoi – 2 comment – 3 à quelle heure – 4 combien – 5 quand – 6 s' – 7 qui

3 1 qu'il n'a pas encore reçu – 2 s'il est possible de le lui envoyer – 3 que c'est assez urgent – 4 qu'il ne pourra pas venir – 5 de nous excuser – 6 qu'on le lui envoie – 7 qu'on joint

4 *Production libre.*

grammaire du français

Unité 51 | Le discours indirect au passé

1 Nous arrivons ce soir. – **1** Nous arriverons demain matin. – **2** Nous arrivions toujours à l'heure. – **3** Nous arriverions plus tôt si nous pouvions. – **4** Nous allons arriver tout à l'heure. – **5** Nous sommes arrivés hier. – **6** Nous venions d'arriver. – **7** Nous serons arrivés. – **8** Nous étions arrivés bien en avance. – **9** Nous serions arrivés plus tôt si ça avait été possible.

qu'ils arriveraient : 1, 3 – qu'ils seraient arrivés : 7, 9 – qu'ils arrivaient : 2 – qu'ils venaient d'arriver : 6 – qu'ils étaient arrivés : 5, 8 – qu'ils allaient arriver : 4

2 **1** n'aimeraient – **2** faisait – **3** contribuait – **4** suffisait/suffirait – **5** comptait – **6** c'était – **7** avait vécu – **8** l'imaginait – **9** serait – **10** aurait

3 **1** le lendemain – **2** l'avant-veille – **3** le mois prochain – **4** le lendemain – **5** en ce moment – **6** deux jours plus tard

4 **1** le trouve – **2** j'aimerais – **3** êtes – **4** J'ai été reçu – **5** aujourd'hui – **6** m'a félicité – **7** m'a laissé entrevoir – **8** le mois prochain

Bilan

1 **1** Napoléon Ier était moins grand que Charles de Gaulle. / Charles de Gaulle était plus grand que Napoléon Ier. – **2** On roule plus vite sur une autoroute que sur une route. / On roule moins vite sur une route que sur une autoroute. – **3** La tour Eiffel est plus haute que la tour Montparnasse. / La tour Montparnasse est moins haute que la tour Eiffel. – **4** La cathédrale Notre-Dame est plus ancienne que le Pont Neuf. / Le Pont Neuf est moins ancien que la cathédrale Notre-Dame.

2 **1** moins de – **2** moins d' – **3** autant de – **4** autant d' – **5** autant – **6** plus – **7** moins – **8** plus de – **9** plus d' – **10** plus d'

3 Aujourd'hui, promotions spéciales. Venez nous voir au rayon vêtements. Vous découvrirez les modèles les plus récents de la saison d'hiver, les manteaux **les plus** confortables (1), les accessoires **les plus** pratiques (2) et **les moins** fragiles (3), le design avec **le plus** d'originalité (4). Pour vous satisfaire **le mieux** possible (5), nous vous offrons une garantie. Vous trouverez **la meilleure** qualité (6) aux **meilleurs** prix (7).

4 **1** moins de – **2** aussi – **3** pas autant de – **4** moins – **5** mieux – **6** les mêmes – **7** les moins

5 **1** Plus la farine est légère, mieux vous pouvez la travailler. – **2** Moins vous mettez de sel, plus vous préservez le goût. – **3** Plus la cuisson est courte, mieux le parfum se dégage. – **4** Moins les produits voyagent, meilleure est leur qualité. – **5** Plus vous les consommez rapidement, plus ils gardent leur saveur.

6 **1** Plutôt que – **2** telles que – **3** comme s' – **4** de plus en plus – **5** de même que

7 **1** à cause d' – **2** Comme – **3** à cause d' – **4** grâce à – **5** Comme – **6** Comme

8 **1** Les matchs sur terre battue sont reportés en raison de la pluie. / En raison de la pluie, les matchs sur terre battue sont reportés. – **2** L'arbitre a sifflé puisque le joueur a touché le filet. / Puisque le joueur a touché le filet, l'arbitre a sifflé. – **3** Si tu as fait une chute, c'est que tu manquais de pratique. – **4** Je n'ai pas obtenu mon brevet faute d'entraînement. / Faute d'entraînement, je n'ai pas obtenu mon brevet. – **5** Il détient le record pour avoir remporté trois championnats du monde. / Pour avoir remporté trois championnats du monde, il détient le record. – **6** Il a été disqualifié à la suite de tests anti-dopage. / À la suite de tests anti-dopage, il a été disqualifié.

9 **1** par manque de – **2** du fait que – **3** d'autant plus – **4** pour – **5** Suite à – **6** puisqu'

10 **1** Les pluies sont très fortes, c'est pour ça qu'il y a des inondations. – **2** Les rivières sont très polluées, donc les poissons meurent. – **3** L'air est pollué, alors il est difficile de respirer. – **4** Les vents ont été violents, c'est pourquoi les maisons sont abîmées. – **5** Il a beaucoup neigé, par conséquent, les routes sont fermées. – **6** Le climat se réchauffe tellement que les catastrophes naturelles vont augmenter.

11 **1** ce qui explique – **2** si – **3** c'est la raison pour laquelle – **4** tellement – **5** d'où – **6** pour – **7** de telle manière que

Corrigés et transcriptions

12 1 avant de – 2 après – 3 pendant que – 4 Après que – 5 jusqu'à ce que – 6 quand – 7 avant que

13 1 Dès que – 2 lorsque – 3 aussi longtemps que – 4 Chaque fois que – 5 au fur et à mesure que – 6 Au moment où – 7 En attendant d'

14 1 pour nous rassurer – 2 afin de ne pas salir la maison – 3 pour que nous le regardions ensemble – 4 afin que les voisins ne soient pas dérangés/afin de ne pas déranger les voisins – 5 pour que tu ne sois pas tout seul

15 1 de peur d' – 2 de manière qu'/de façon à ce qu' – 3 en vue d' – 4 de peur qu' – 5 de manière que/de façon à ce que

16 1 au lieu de – 2 mais – 3 Si – 4 en revanche – 5 alors que – 6 au contraire de

17 – Tu as vu ? La librairie à côté de chez toi est ouverte mais elle va peut-être fermer !
– Oui je sais ; ils **ont beau (1)** avoir des promotions, ils perdent des lecteurs, **alors qu' (2)** au supermarché, le rayon librairie marche bien !
– Il pense quoi, le patron ?
– C'est difficile pour lui parce que, **malgré (3)** tous ses efforts, les résultats sont mauvais. Il sait aussi que, **au lieu de (4)** venir au magasin, les gens achètent sur Internet. Il ne peut rien faire !

18 1 d – 2 a – 3 f – 4 b – 5 c – 6 g – 7 e

19 1 passerais – 2 m'achèterais – 3 serais – 4 pouvais – 5 coûterait – 6 avais – 7 aurais – 8 ferais – 9 était

20 1 Dans la mesure où tu ne trouverais pas de logement, je t'accueillerais chez moi. / Je t'accueillerais chez moi dans la mesure où tu ne trouverais pas de logement. – 2 Ma voisine t'hébergera au cas où ce serait nécessaire. / Au cas où ce serait nécessaire, ma voisine t'hébergera. – 3 Sans revenus suffisants, tu auras des difficultés. – 4 Être ici, c'est comme si on vivait une nouvelle aventure quotidiennement. – 5 Même si tout n'est pas parfait, l'expérience vaut la peine. / L'expérience vaut la peine même si tout n'est pas parfait.

21 1 On demanderait un crédit à supposer que certains aient des difficultés. – 2 On n'entreprendra rien sans la validation du projet par l'architecte. – 3 On ferait une nouvelle réunion au cas où les devis auraient augmenté. – 4 Les travaux commenceraient vite en admettant que les ouvriers soient disponibles.

22 1 pour peu que – 2 à défaut de – 3 à moins d' – 4 pourvu qu' – 5 quand bien même

23 1 combien de fois nous nous arrêterons / je m'arrêterai – 2 ce qu'elle veut découvrir – 3 s'il a obtenu un visa – 4 de me faire vacciner

24 1 de te prévenir – 2 qu'on l'attende / que nous l'attendions – 3 ce qu'on a prévu / ce que nous avons prévu – 4 si je veux bien me charger de sa – 5 si je pourrai conduire sa – 6 qu'il ira à son

25 1 « Nous nous sommes expliqués devant notre public. » – 2 « Mes supporters me suivront. » – 3 « Est-ce que le débat sera diffusé ? » / « Le débat sera-t-il diffusé ? » – 4 « Qu'est-ce que les candidats ont prévu ? » / « Qu'ont prévu les candidats ? » – 5 « Ne va pas voter ! » – 6 « Soyez responsables, exprimez-vous ! »

26 1 que la suite n'était pas encore – 2 que tous les acteurs étaient heureux – 3 avait remporté – 4 que certains avaient accepté – 5 que, en ce qui le concernait – 6 il venait de signer – 7 qu'il partait le lendemain